POSITIVE DISCIPLINE
FOR TEENAGERS

十几岁孩子的
正面管教

教给十几岁的孩子人生技能

[美] 简·尼尔森　琳·洛特◎著

尹莉莉◎译

北京联合出版公司
Beijing United Publishing Co.,Ltd.

图书在版编目（CIP）数据

十几岁孩子的正面管教／（美）尼尔森，（美）洛特著；尹莉莉译 .—北京：北京联合出版公司，2014.1（2021.3 重印）
ISBN 978-7-5502-2592-3

Ⅰ.①十… Ⅱ.①尼…②洛…③尹… Ⅲ.①青少年教育—家庭教育 Ⅳ.①G78

中国版本图书馆 CIP 数据核字（2014）第 007185 号

Positive Discipline for Teenagers
Copyright©1994, 2000, 2012 by Jane Nelsen and Lynn Lott
This translation published by arrangement with Three Rivers Press, an imprint of the Crown Publishing Group, a division of Random House, Inc.
Simplified Chinese edition copyright©2014 by Beijing Tianlue Books Co., Ltd
All rights reserved.

十几岁孩子的正面管教

作　　者：[美] 简·尼尔森　琳·洛特
译　　者：尹莉莉
选题策划：北京天略图书有限公司
责任编辑：李征
特约编辑：阴保全
责任校对：杨娟

北京联合出版公司出版
（北京市西城区德外大街 83 号楼 9 层　100088）
北京彩虹伟业印刷有限公司印刷　新华书店经销
字数 223 千字　　787 毫米×1092 毫米　1/16　18.75 印张
2014 年 2 月第 1 版　　2021 年 3 月第 15 次印刷
ISBN 978-7-5502-2592-3
定价：35.00 元

未经许可，不得以任何方式复制或抄袭本书部分或全部内容
版权所有，侵权必究
本书若有质量问题，请与本公司图书销售中心联系调换。电话：010-65868687

致中国读者

世界上各种文化中的父母们，在养育十几岁的孩子时都会经历挫折感、焦虑和恐惧。这是一段对父母和孩子来说压力都很大的时期。现在的十几岁孩子不仅会受到自己的父母、祖父母、其他亲戚和他们的社群成员的影响，还会受到电视、音乐、互联网和他们的同龄人的影响。

《十几岁孩子的正面管教》的这个修订版（第3版）会让父母们看到，他们的十几岁孩子仍然需要他们，但方式与孩子小时候不同了。十几岁的孩子们需要学会解决问题的良好技能，以及如何感觉到自己有能力做出好的决定——即便是没有别人在场的时候。

本书将帮助父母们更好地了解各种养育方式，以及在当今的世界中哪些方式管用、哪些方式不管用；会教给父母们如何激励十几岁的孩子，如何与他们沟通，如何赋予他们力量、教给他们人生技能，如何对待层出不穷的电子产品等等。本书还将教给父母们如何解决自己十几岁时未能解决的问题——这些问题可能在妨碍着他们养育自己的十几岁孩子；这将有助于打破基于恐惧的养育的毁灭性循环，并帮助父母们以鼓励和赋予孩子力量的方式管教十几岁的孩子。

  各种文化中的父母们的共同点，是我们对孩子的爱，以及为帮助自己的孩子成为他们最好的自己所需要的支持。我们希望你会在本书中找到这种支持和大量的鼓励。

祝福你们！

简·尼尔森 琳·洛特

引　言

还记得你现在这个十几岁的孩子刚学走路时的情形吗？那简直是个里程碑。你每一刻都不愿错过，而且，你对孩子很支持、很鼓励。你会牵着他的小手，开始和他一起走——但你知道，要让他学会自己走，你就必须放开他的手。你还知道，当你放开手时，他可能会摔跤，但你相信这是成长过程的一部分。

所以，你放手了，他摇摇晃晃地走了几步，摔倒了。你是怎么做的呢？你很可能是鼓励他："看你刚才走得多好！你走了好几步，你能做到。咱们再来试试！"你和孩子都很愉快。当孩子累了，不想再练习时，你不会勉强，而会等待一会儿。你相信孩子迟早能学会走路。

同时，你会为孩子准备好学走路的环境。你会在家里做好安全防护，将有尖角的地方包起来，将有可能伤到孩子的易碎物品挪开。你会创造一个安全的空间，让孩子发展自己的技能。我们将此称为"搭建桥梁"，而你就是那个造桥的人。当你的孩子很小、很无助的时候，你建的桥是两侧"护栏"离得很近的，以便孩子有安全的空间活动、探索、学习、成长。随着孩子逐渐长大和能力更强，你会将两侧"护栏"的距离增大，以便在保证安全的同时，让孩子有更大的活动空间。

现在，你的宝宝已经成了一个正学着成为成年人的十几岁孩子。"护栏"应该设在哪里呢？你因为害怕而将两侧护栏的距离缩小了吗？还是为了支持孩子的成长，而将护栏之间的距离扩大了？你知道在孩子掌握成年人的能力之前，你必须放手吗？你知道当你放手之后，孩子会跌跌撞撞，并会跌倒吗？当他摔倒或犯错误时，你理解这正是成长过程的一部分吗（你自己难道不踉跄、跌倒、犯错吗）？你会鼓励他、为他喝彩，并相信他终究会做好吗？

青春期是成长中的一个重要过程。在这个阶段，十几岁的孩子会努力探究自己是谁，并要独立于父母。有关大脑的研究确认了这一点，"青春期的大脑……使得十几岁的孩子不像一个未完成的草图，而更像一个精致、敏感、适应能力很强的造物，几乎就是为了完成从家庭的安全环境进入复杂的社会而完美地设计出来的。"[1]

问题是，大多数父母在这个阶段对孩子采用的很多养育方法，使得情况不是更好，而是更糟了，甚至到了妨碍和阻止十几岁孩子的大脑顺利完成其任务的地步。本书将帮助你在一种肯定你自己的价值、肯定孩子价值的相互尊重的环境中，教育、支持你的十几岁的孩子，并接受这个过程中的挑战。本书将给你提供很多方法，帮助你的十几岁的孩子最大限度地成为具有高度适应能力的成年人。而且，本书还有一个额外好处，即，你将学会探索自己十几岁时没有解决的问题，并让你阔步向前。

本书的每一章都非常重要，以至于很难决定哪一章应该放在

---

[1] 见 http://ngm.nationalgeographic.com/2011/10/teenage-brains/dobbs-text。——作者注

前面。我们认为，各章都有理由至少排在第一或第二的位置。因而，你可以按照自己感兴趣的任何顺序来读这本书，因为每一章都能帮助你再培训自己，使你能更有效地养育自己十几岁的孩子。

本书谈的是和善、坚定并且对孩子充满鼓励的养育方式。我们知道，度过十几岁的阶段，对你和自己青春期的孩子来说，可能会像经过一个"战区"。和善而坚定可能会离你而去，取而代之的是缺乏鼓励的养育方法。你对孩子成长的惊奇感，很容易随着幽默感的失去而消失。还记得这个十几岁的孩子小时候蹒跚学步时，你认为他有多么可爱吗？而现在，你可能会看着他，问自己："我这是生了个什么孩子？这个人是谁？这是怎么回事？我现在该怎么办？"很多人会告诉你，十几岁的孩子需要的就是控制（通过惩罚和奖励）。

尽管控制有时候会让你暂时产生一种成功的幻觉，但那些在有选择权、负责任、可信赖的环境里长大的孩子，才更可能发展出令其受益终生的社会和人生能力。本书将帮助你找到能起作用的答案和原则，而不是让自己或孩子认输或放弃。和自己的十几岁孩子相处，可以成为一次学习或重新学习相互尊重的含义的机会。当你学会以和善而坚定的方式养育孩子，而不是以控制的方式养育孩子时，你会发现自己这个十几岁的孩子有多么让人着迷。

如果你到目前为止一直在用"铁腕"方式养育孩子，那么，你的十几岁孩子将因为你给了他更多的空间而爱你。然而，他们可能会误解有更多的自由和选择的真正含义。在这种情况下，你需要帮助他们了解选择带来的责任。放弃控制与娇纵无关，而是相互尊重地分享控制。本书将让你看到很多种方法，让孩子成功地理解这种信息。

如果你一直在用娇纵和过度保护的方式养育孩子，你的十几岁孩子肯定不会为将要承担更多责任而兴奋。他们可能早已习惯了你为他们做每一件事情。他们可能会认为，责任是你的事。他们可能不熟练、懒惰，甚至会有点害怕。如果他们真的做不了需要做的事情，该怎么办？如果他们在尝试的时候显得很笨拙，该怎么办？如果他们在承担更多责任时压力很大，该怎么办？你要准备好，你的十几岁孩子会尽量让你相信，作为父母，你的职责就是继续为他们做他们能够学会自己做的事情。你要准备好，当你让他们为自己的行为承担责任时，他们会对你发怒。一旦他们"发过脾气"之后，你会高兴地看到他们多么容易承担起更多责任，而他们也会喜欢自己这种有能力、有才干的感觉。

你的责任，是让自己十几岁的孩子为人生做好准备。或许，你希望自己从孩子小时候早就开始这么做。那当然很好，但如果你没有，现在就是开始的时候。要记住，要一步一步地走，每一次致力于一种新方法，直到你觉得运用自如为止。你会发现，当你这样做的时候，养育会轻松很多。快乐地养育十几岁的孩子，完全是可能的。

目 录

致中国读者

引 言

第 1 章　怎样知道你的孩子进入了青春期
　　当孩子不再认为你能上天摘星星时

　　无论青春期的孩子是否喜欢,他们的身体和性发育都在成熟的过程中,经历着他们根本无法控制的生物学过程,突然而强烈的荷尔蒙变化,会造成情绪的突然波动……十几岁的孩子想要探索他们和自己的家人有多么不同,他们对各种事物有怎样的感受,是怎样思考的,以及自己有什么价值……

　　梦想中的十几岁孩子和正常的十几岁孩子 / 2
　　你的感受会让你知道孩子何时进入了青春期 / 4
　　养育十几岁孩子的压力 / 5
　　十几岁孩子的现在并不意味着永远 / 7
　　青春期的孩子需要搞清楚自己是谁 / 8
　　个性化往往看起来像叛逆 / 9
　　青春期的孩子经历着巨大的身体和情感变化 / 10

与同龄人的关系优先于家庭关系 / 11
十几岁的孩子要探索并运用自己的力量和自主 / 11
十几岁的孩子极其需要隐私 / 12
父母成了让十几岁孩子尴尬的人 / 14
十几岁孩子认为自己是全能的、无所不知的 / 15
不要煽起叛逆之火 / 16

第 2 章　你站在谁的一边
确保把爱的信息传递给孩子

作为父母,你当然是站在孩子一边的,但孩子往往不认为你站在他们一边……以"为了孩子的最大利益"的名义,很多父母都忘记了站在孩子一边意味着什么,忘记了怎样才能真正帮助十几岁的孩子培养成功人生所需的品质和人生技能……

积习难改 / 21
站在孩子的角度看问题并共情 / 23
倾听并保持好奇心 / 25
别再担心别人怎么想——要做对你的孩子最有利的事 / 26
用鼓励代替羞辱 / 27
确保把爱的信息传递给孩子 / 28
让你的孩子一起专注于解决问题 / 29
与孩子达成相互尊重的约定 / 31
改变需要练习 / 32

第 3 章　你的养育风格是什么
砖、地毯、幽灵,还是正面管教

养育风格既可能是鼓励式的,也可能会让人丧失信心……

任何一种养育方式,如果不能赋予十几岁的孩子成长为有能力的成年人的力量,就是注重短期效果的养育。然而,成功的、注重长期效果的养育,会使孩子掌握取得人生成功所需的人生技能……

  对十几岁孩子的常见养育风格 / 36
  娇纵、过度保护、解救型的养育 / 39
  摇摆不定 / 41
  忽视或放弃父母的职责 / 42
  和善而坚定的养育 / 44
  改变养育方式可能会很难 / 45
  用正面管教养育的孩子还会叛逆吗 / 49
  当你改变养育方式时,要让孩子知道 / 50

第4章　如何让错误成为学习的大好机会
  对错误感到兴奋

错误是成长和学习过程的一个自然组成部分。我们什么时候开始了对错误感到难为情?我们什么时候开始听到犯错误意味着我们无能,而不是发现错误是学习过程的一个组成部分?我们对错误的认知,很大程度上是由我们孩提时代从大人那里接收到的信息形成的……

  在孩子艰难时做一名啦啦队长 / 54
  启发式问题 / 55
  让孩子看到如何从错误中学习 / 57
  矫正错误的 4 个 R 的具体运用 / 59
  利用所犯的错误来理解后果和责任 / 60

第5章 怎样激励十几岁的孩子
是的,这是可能的!

鼓励是激励的关键。我们在本书中分享的每一种养育工具,都是为鼓励和激励十几岁的孩子而设计的。在这一章,我们将介绍六种肯定能激励孩子的方法……

致谢 / 67

幽默 / 68

让我们做个交易,并用东西担保 / 71

通过参与激励孩子 / 73

和孩子一起解决问题 / 75

坚持到底 / 76

第6章 你的孩子听你吗
沟通技巧

你和你的十几岁孩子真正在相互倾听吗?你说的那些话有什么效果吗?为什么你的十几岁孩子不愿意跟你多说?如果你的十几岁孩子感觉自己得到了倾听、理解和认真对待,他或她会跟你多说一些吗……

"还有其他的吗?"会激起你的好奇心 / 91

形成一个感受词汇表 / 93

直觉感受的沟通 / 95

抑郁的毛团 / 97

诚实:形成感觉词汇的一种工具 / 98

"我感到"句式 / 101

"你感到"句式 / 103

映射十几岁孩子的感受并不总是很容易 / 105

学会有效的沟通语言 / 106
有关沟通的简捷建议 / 108
积极主动,而不是被动反应 / 109

第7章　家庭会议对十几岁的孩子管用吗
一个能教给孩子很多东西的养育工具

家庭会议对于一个家庭的重要性,就像定期召开的员工会议对于任何一个运营良好的企业的重要性一样。在家庭会议上,在你们一起探究感受、发现各自眼中的现实并一起寻找家里问题的解决方法的过程中,你就能帮助你的十几岁孩子形成良好的品行……

运用家庭会议增进对各自眼中的现实的理解 / 116
真实的家庭会议什么样 / 122
利用家庭会议让孩子合作(包括家务活) / 124
一句鼓励的话:不要期待完美 / 126

第8章　怎样与十几岁的孩子共度"特别时光"
特别时光的魔力

在孩子十几岁这些年,孩子与你待在一起的时间会越来越少,以切实可靠的方式与孩子进行情感联结比以前更加重要了。我们称之为"特别时光"……

找到共度"特别时光"的有效方法 / 131
无声的陪伴 / 133
特别时光与同胞竞争 / 135

第9章 你是包办，还是在赋予孩子力量
让十几岁的孩子为人生做好准备

包办是为孩子做他们自己能做的事情。这是介入到孩子和其生活体验之间，是一种阻碍十几岁孩子能力发展的行为……赋予孩子力量则是不再站在你的孩子和他们的生活体验之间，但要随时在旁边给予支持和鼓励，这能让孩子练习从错误中学习，并增强他们的"能力"肌肉……

赋予孩子力量：具有长期效果的养育的基础 / 144

汽车和开车 / 147

兄弟姐妹和争斗 / 148

派对 / 149

衣着、头发、文身、穿孔、打眼 / 151

回家的最晚时间 / 153

金钱 / 154

家务活 / 155

房间 / 156

约会和性 / 157

学校 / 159

电子产品（手机、电脑、视频游戏、电视、IPOD、IPAD 以及下个月将要发明的任何其他东西）/ 161

购物中心、音乐会及其他活动 / 162

朋友、同龄人 / 164

挑战 / 165

第10章 你在教给孩子人生技能吗
培养能力和"我能"的心态

如果你希望你的孩子在经历人生挑战的时候,能有一种"我能"的心态,趁他们还在你身边并能从你的鼓励中受益时,教给他们一些人生技能还不算太晚……

利用孩子的兴趣 / 168

一起做好计划和安排 / 169

从头到尾预演一遍 / 171

用一些非常规的方法 / 174

让十几岁的孩子教你 / 176

运用常规 / 177

得到别人的帮助 / 178

变成一个游戏 / 180

第11章 你的孩子与网络有多亲密
网络和其他电子产品的挑战

十几岁孩子的父母现在面临着几年前尚闻所未闻的挑战,那就是如何对待互联网、社交网络、手机、短信、色情短信、网络暴力、电视真人秀及网络游戏……

互联网和社交网络:是资产还是负债 / 184

一位电脑高手父亲的建议 / 188

有时候需要极端干预措施 / 189

社交网络、YouTube以及其他网络选择 / 190

网上学校 / 192

电视真人秀 / 193

第 12 章　他们为什么那样做
十几岁孩子的心理学

作为父母,你不必成为训练有素的心理学家,但是,知道如何了解你的十几岁孩子眼中的现实,是有帮助的。事实上,如果没有这种了解,你就只能是臆断。当你基于这些臆断采取行动时,你的行为会与你的十几岁孩子为什么那么做完全无关……

了解一点心理学会大有帮助 / 196

行为是由个人观念驱使的 / 197

想法,感受,行为 / 199

孩子的那块"家庭馅饼"能解释他们的很多行为 / 202

没有问题的孩子 / 204

错误的行为目标建立在潜在的信念之上 / 204

错误目的及其隐藏的信念 / 205

错误目的的识别 / 210

四种性格类型 / 215

你不必独自做 / 216

第 13 章　你该如何对待可怕行为
对你自己和你的十几岁孩子要有信心

某些可怕的话题,在我们举办的各次父母课堂和讲习班上都会出现。这些话题将在本章集中讨论,包括交友、团伙和恃强凌弱、吸毒和其他成瘾行为、性行为和艾滋病、性侵犯、自伤和自杀行为、饮食问题以及成年的孩子不独立……

朋友,或缺少朋友 / 223

当你不喜欢你的十几岁孩子的朋友时 / 225

恃强凌弱 / 227

药物滥用以及其他成瘾行为 / 229
十几岁孩子的性行为、怀孕和性传播疾病 / 243
性虐待和乱伦 / 245
自伤 / 247
十几岁孩子的自杀问题 / 249
饮食紊乱 / 252
不愿离家的年轻人 / 254
总结 / 255

第14章　你自己十几岁时没能解决的问题在妨碍你吗
再养育你自己

养育一个十几岁的孩子,会引出你自己在青春期没有解决的很多问题。你在十几岁时没有解决的全部问题都依然在你的潜意识里潜伏着,等待着另一个机会。即使这些问题没有表现出来,它们也影响着你如何养育你的十几岁孩子……

站在你自己一边,往往对孩子有益 / 262
错乱的舞步 / 263

结　语
从基于恐惧的养育到基于勇气的养育

基于恐惧的养育 / 268
基于勇气的养育 / 269

第 1 章

怎样知道你的孩子进入了青春期

当孩子不再认为你能上天摘星星时

　　当萨莉长到十几岁的时候，妈妈觉得她变成了另一个人。她的穿着不一样了，有了不一样的朋友，成了一个摇滚乐迷，并且开始弹吉他。在这些表象之下，她仍然是萨莉，但是现在她有了一个新身份："摇滚歌手"萨莉。一个朋友问萨莉的妈妈："萨莉小时候对超级英雄感兴趣吗？她曾经让你在她的紧身衣上绣上W，以便她可以扮成'神奇女侠（Wonder Woman）'吗？你认为那样可爱吗？"妈妈想起了自己那时认为萨莉有多可爱，笑了。她的朋友接着问："对现在的萨莉，你还这样认为吗？想象一下她穿着摇滚歌手的衣服的样子。这就是现在的状况，她正在尝试一种新的身份，但这个身份并不是真正的萨莉。"

　　想想你现在的个性与自己十几岁的时候有多么不同，能够帮助你理解这种状况。尽管你感觉自己孩子的青春期会永远持续下去，但青春期只是成长过程中一个短暂的时期。无论如何，它都不会是最终的结局。

梦想中的十几岁孩子和正常的十几岁孩子

在养育十几岁孩子的讲习班中，我们会通过一个"给十几岁的孩子画个像"的活动，来挑战一些先入为主的观念。我们将讲习班的学员分成两组，要求其中的一组描述一个"正常的"十几岁孩子——大多数父母看到的自己的十几岁孩子。我们让他们可以夸张一些。把这些父母的描述综合起来，就是十几岁的孩子以自我为中心，听声音很响的音乐，不承认权威，更喜欢朋友而不是家人，房间很乱，贴满了各种海报，看重汽车和独立的生活方式，同龄人穿什么就穿什么（无论其风格多么粗俗），总是带着耳机、玩着电子游戏，吸烟、喝酒。这一组父母对此的评价包括：

"哦，这些说法比较夸张，并不是所有的十几岁孩子都这样。"

"但是，这确实描述了十几岁孩子的叛逆，因为他们大多数都像这样。"

"这提醒了我，如果我的十几岁的孩子收拾他的房间，那就不正常了。"

"现在想想，我十几岁的时候也是这样。"

最后这句话对于这一组父母来说，是个很好的提醒，让我们想起了我们每个人在青春期之后会继续成长和变化。

我们要求另一组父母描述一个"梦想中的"十几岁孩子，或大多数父母希望自己的十几岁孩子成为的样子。把他们的描述综合起来看，这个十几岁的孩子会在学校的正式舞会上被选为"最受欢迎的女生"或"最受欢迎的男生"，信守承诺（"我保证会准时到，就像平常一样"），自愿帮助他人，喜欢和父母交谈（"让我来告诉你们我生活中的所有事情吧"），只吃健康食物，不看电视，喜欢运动，赢得两种奖学金（一种是运动方面的，另一种是学业的），在学术能力评估测试（SATs）中获得高分，每年一月份就安排好暑期的工作，用他或她自己的钱理发或买化妆品，并且将剩下的钱为上大学或者买车存起来，尊重每个人（包括兄弟姐妹），在坚持自己的主张时也尊重别人，不把时间浪费在玩电子游戏上，是个优等生。这组父母对此的评价包括：

"这样一个十几岁的孩子不会有任何朋友。没有人能受得了他或她。"

"我有个朋友的孩子就是这样。我可受不了她。"

"我的十几岁的孩子就是这样，尽管她在大多数时候好像压力都很大。"

"我现在知道了我总是期待着自己的十几岁孩子很完美，尽管我自己不完美。"

"我认识一两个这样的十几岁孩子，我认为他们很了不起。"

父母们往往认为这种梦想中的十几岁孩子是"好孩子"。你或许没有想到过，但这样的孩子最终可能会成为取悦他人的人，并且会时时寻求他人的赞同。他们的父母以他们为标准，并且会跟他们的兄弟姐妹说："为什么你就不能像你的哥哥或姐姐一样呢？那样我至少会有一个不给我找麻烦的孩子。"这种"好孩子"只有在得到这种赞扬时，才能感觉到自己的价值。很多这种十几岁的孩子，在自己犯下第一个大错误后，便会崩溃。有一些在进入大学并发现自己不是唯一特别的学生时，无法面对竞争。由于无法处理这种压力，有一些孩子甚至会自杀，因为他们认为自己无法保持出类拔萃。另一些孩子则很晚才开始自己的个性化过程，有时候会把大学一年级的时光荒废在参加各种派对上，而不是用在学习上，因为这个时候没有了来自父母的压力。

所有十几岁的孩子都在努力想搞明白的是："我是谁？我足够好吗？"这个过程在外人看来非常不同，取决于每个十几岁的孩子自己。不要被表面现象所蒙蔽。要想不遭遇任何危险就度过青春期，是非常困难的。要记住，如果你幻想有一个梦想中的十几岁孩子，那么这个孩子很可能会因为完美主义的问题而苦苦挣扎。

你的感受会让你知道孩子何时进入了青春期

你的孩子的大多数重大变化，都会让你产生某种情感反应。想一想，当孩子接受如厕训练的时候，你是多么兴奋。回忆一下，当孩子对你的每个要求都说"不"的时候，你是什么感受。回想一下，当孩子第一天上学或者第一次在朋友家过夜时，你的那些感受。现在，想一想随着孩子进入青春期，你有过的那些感受。你有过和下面这些父母所经历的震惊和压力相似的感受吗？

赫布记得，那天，他偶然发现自己11岁的女儿金在不到一天的时间里，给同班一个男孩发了210条短信。大部分短信说的都是他们多么喜欢对方，以及想亲吻对方。赫布的另一个女儿，15岁的梅西，在11岁时对男孩甚至对发短信都没有兴趣，因此，当意识到11岁的女儿已经进入了青春期时，他非常吃惊。

玛克辛带着继子去买新的冬季夹克。售货员把夹克装入购物袋后，她的继子走开了，并开始向商店外走去，把购物袋留在了柜台上。玛克辛抓起了购物袋，被继子这么不领情的行为惹恼了。当她在汽车旁看到他时，问他是怎么回事。他说："我不会让任何人看到我拎着个购物袋穿过购物中心。那太傻了。"玛克辛不知道自己是想拥抱他还是毙了他。

桑迪还记得，她那天看到自己的侄子时有多震惊，这个以前从来不注意自己的袜子是不是一对或头发有没有梳过的男孩，裤子吊在胯上、网球鞋没有鞋带、满头的摩丝。他已经完全掌握了最新潮的"十几岁"的打扮。

皮特跟他的朋友说："我不知道我13岁的儿子特弗雷到底怎么了。这一分钟他还是我最好的朋友，下一分钟就冲我大喊大叫，对我就像对待敌人一样。我开始严厉惩罚他，不能让他认为他能逃脱对这种恶劣行为的惩罚。我不记得自己什么时候这么生气过。"皮特的朋友忍不住笑了起来。"皮特，"他说，"欢迎来到十几岁孩子的世界。你荣升了。"

养育十几岁孩子的压力

压力，就是你认为生活应该什么样和生活实际是什么样之间的那个距离。压力的这个定义（尽管可能跟你以前听到的不一样）是很有用的。既然压力是由你的想法造成的，你就可以通过了解这些想法，并找到改变自己现在的生活，或者改变自己对生活的期望的方式，来减轻自己的压力。这种方法不需要你做深呼吸（尽管做几次深呼吸也无害），或慢跑（尽管我们鼓励以各种方式锻炼身体），或吃药或者喝酒（真的）。在下面这个活动中，我们会让你看到减轻压力有多么容易。

拿出一张纸。在纸的顶端，写下你认为自己十几岁的孩子应该什么样。然后，在纸的底端写下他实际是什么样。看看这之间留下的空白，用"压力"两个大字把整个空白填满。压力，就是由生活应该什么样（你认为的）和实际生活之间的空白来代表的。

这时，你就能明白为什么自己会感觉压力那么大了——因为这两者之间的空白可能很大。现在，想想你在压力很大时会做些什么，把这些事情写在那张纸中间的某个位置。你写下来的，就是你感到压力时的应对行为。如果你仔细看一看，就会发现，这些应对行为可能会增加你的压力。

下面是比较巧妙的部分，叫做"折纸"。你需要做的是将这张纸的底端往上对折，使你写下的两句话挨在一起（父母们，你可能需要让自己十几岁的孩子为你做这一步）。当你看到这两句话挨在一起，中间没有了压力时，你怎么想、有怎样的感受和决定？

艾美尝试了这个活动。在纸的顶端，她写道："儿子总是拖延到最后一刻才完成家庭作业，这让我都要发疯了。我讨厌一直唠叨他。"

在纸的底端，她写道："无论我怎么做，他只会生气，并且更加拖延。让人感到恼火的是，他通常总能将作业做完，但却给他自己和我带来那么大的压力。"

艾美说，顶端和底端的话之间的空白，很好地表明了她的压力。她对待压力的方式是感到生气，并且耿耿于怀："为什么他就不做自己应该做的事情呢？"于是，无论儿子在做什么，她都会打断他，并且不厌其烦地让他去做作业。当这种方式不管用时，她会威胁取消他的一些特权，并且会感到很生气。然后，她会认为自己作为母亲很失败，因为没办法改变他。

当她将纸对折，使两句话挨在一起，没有了中间的空白时，她说:"真是徒劳。我所有的发脾气和唠叨一点作用都没有。我想知道,如果我认可他总能在最后一分钟完成自己的作业,会怎样呢?这会助长他的拖延吗?哦,我现在的做法没让他有任何改变。认可他,至少可以让我消除压力。而且,当我赞扬他而不是唠叨他的时候,他脸上的表情一定很有趣。"

这个活动已经帮助很多父母知道了如何消除(或极大地减小)压力。如果你能理解,十几岁孩子现在的样子并不意味着他们永远都如此,你也会减少自己的压力。

十几岁孩子的现在并不意味着永远

玛丽十几岁时,妈妈常常唠叨她,让她不要把用过的盘子留在自己的房间或者放在水槽里不洗。现在,玛丽则经常唠叨自己的丈夫,让他不要把用过的盘子搁得房间里四处都是,或者放在水池里不洗。布莱恩十几岁的时候,显得很以自我为中心、很自私。现在,作为成年人的布莱恩是个社会工作者,为有需要的人提供法律援助。

想想你自己十几岁的时候。作为一个成年人,你和那个时候在哪些方面不同了?你更有责任感了吗?你在生活中更有目标和动力了吗?你是否没那么自私了?更能体谅别人了吗?把你从十几岁以来发生巨大变化的那些方面列一个清单,你会发现非常有用。

尽管看上去不然,但十几岁的孩子还没有长大。他们的行为只是暂时的。十几岁的孩子想要探索他们和自己的家人有多么不同,他们对各种事物有怎样的感受,是怎样思考的,以及自己有什么价值。这种和家庭分离的过程,叫做"个性化"。

孩子的个性化，早的开始于10岁或者11岁，晚的开始于18岁或者19岁。有些人从来没有过个性化（这与生理的变化不同），或者直到成年才在下面所描述的个性化特征方面取得大进展（这些特征在后面有更详细的讨论）。

个性化的特征

1. 青春期的孩子需要搞清楚自己是谁。
2. 个性化往往看起来像叛逆，因为十几岁的孩子在试探家庭的价值观。
3. 青春期的孩子经历着巨大的身体和情感变化。
4. 与同龄人的关系优先于家庭关系。
5. 十几岁的孩子要探索并运用自己的力量和自主。
6. 十几岁的孩子极其需要对父母保留隐私。
7. 父母成了让十几岁孩子尴尬的人。
8. 十几岁的孩子认为自己是全能的、无所不知的。

要记住，这些特征的出现是连续的，从一个没有到几乎全部都有。十几岁时的成长，对于每个孩子来说都是各不相同的。

青春期的孩子需要搞清楚自己是谁

当你的孩子开始对你保留秘密的时候，你就知道他开始进入个性化的过程了。你还记得自己十几岁时的秘密吗？当我们让父母们做一个叫做"十几岁的秘密"（你在十几岁时，做过什么不想让父母知道的事情）的活动时，他们说着自己的故事，大家笑成了一片，他们曾经在晚上悄悄地溜出去、试验吸毒和喝酒、在汽车后座上做爱、扳倒奶牛，还有一些在今天肯定会被判刑的恶作剧。这些父母有公司的首席执行官、教师、校长、机械师、医生、水暖工，都因为自己的十几岁孩子做着自己十几岁时做过的事情而担心得要死。

个性化往往看起来像叛逆

尽管大多数父母对自己十几岁孩子的叛逆都很担心，但如果孩子在这个时期不叛逆，才是更应该担心的。十几岁的孩子必须开始与自己家庭的分离，而叛逆给了他们这种能力。一开始，十几岁的孩子可能会通过挑战对于自己的家庭来说很重要的事情（家庭价值观），或者做一些与父母的愿望正好相反的事情进行叛逆。之后，他们可能会以其他方式叛逆——但是，最初的个性化主要是一种反抗父母的反应，做与父母的期望相反的事情，是最简单、最自然地表现自己不同的方式。如果十几岁的孩子不被允许叛逆，他们就可能在二十几岁、三十几岁或者五十几岁的时候叛逆。那些不叛逆（个性化）的十几岁孩子，会成为不惜一切代价寻求别人赞同的人——害怕承担风险，或者不认同自己。

如果十几岁的孩子能够在一种支持的氛围中（见第9章）完成自己的个性化过程，他们到二十几岁的时候，便更可能回归家庭的价值观。他们遇到的不尊重的评判、惩罚和控制越多，就越可能被"卡在"个性化的过程中，就越不可能回归家庭的价值观。

青春期的孩子经历着巨大的身体和情感变化

无论青春期的孩子是否喜欢，他们的身体和性发育都在成熟的过程中，经历着他们根本无法控制的生物学过程。除了这种大变化造成的骚动和矛盾的感觉，青春期的孩子还会对这种变化的速度感到焦虑——他们可能会觉得自己的身体与同龄人相比成熟得太快或太慢（大多数父母都宁愿孩子成熟得慢一些，但大自然有它自己的规律）。

生理成熟的过程，伴随着突然而强烈的荷尔蒙变化，会造成情绪的突然波动。没有任何预兆，十几岁的孩子会这一分钟还很高兴，下一分钟对你可能就会粗暴、蛮横。另外，有些十几岁孩子的身体生长速度非常快，以至于他们会真正经历"成长之痛"——他们的身体真的会疼。

大多数研究者相信，在青春期，大脑会经历"第二波"发育。同时，他们的身体向成年人的发育也开始了，这种荷尔蒙和新的大脑发育结合的力量是势不可挡的。负责很多"成年人"功能（比如对冲动的控制、情绪管理和调节、问题的解决等）的前额皮质，仍然在成熟的过程中。十几岁的孩子主要通过大脑边缘系统（也就是所谓的原脑）处理情感和做出决定。也就是说，他们用"直觉"对其他人做出反应、识别自己的感受、做出决定。这是十几岁的孩子比较冲动、易激动、易冒险的部分原因。他们需要帮助来明确自己的感受，并将感受与大脑联系起来，才能全面考虑问题（在第 6 章讲述沟通的部分有更详细的介绍）。

大脑尚在发育，并不是做出错误选择和错误行为的借口，但这确实有助于父母和老师们理解为什么十几岁的孩子需要情感联结、有教益的和善而坚定的管教，以及良好的生活技能（还有耐心——大量的耐心）。理解大脑的发育，还有助于大人少将十几岁孩子的行为当成是针对自己的，并在给孩子设定和执行限制时，保持冷静、和善和坚定。

与同龄人的关系优先于家庭关系

这可能会让你气疯，但是，进入青春期最明显的标志之一，就是你的孩子开始担心自己是被那些很酷的同龄人群体"接受"，还是"排斥"，而且，他们对自己的认定就基于自己的这种身份。他们可能认定自己是"胜利者"或"失败者"，如果他们相信自己是"失败者"，"叛逆"行为就会更加严重。这对孩子来说，是很困扰、很痛苦的。他们内心深处担心着自己能否很好地归属于同龄人时，怎么可能有时间担心自己与家人的关系呢？

尽管与同龄人的关系有助于十几岁的孩子与家庭分离，但父母们往往将孩子对朋友的专注理解为对父母的拒绝或叛逆。不要将孩子的个性化过程当做是针对你的。要有耐心。如果你能避免权力之争和批评，你的十几岁孩子到二十几岁的时候，将成为你最好的朋友之一。

十几岁的孩子要探索并运用自己的力量和自主

当朋友或者邻居告诉你，你的十几岁孩子多么好、多么有礼貌时，你会感到震惊吗？你是否会奇怪："你说的是谁呀？"

这可能是孩子得到良好养育的一个标志。尽管你的十几岁孩子在你面前感觉能安全地"测试"自己的力量,但在外面的公开场合,他们会按照从你这里学到的去做。

十几岁的孩子有一种强烈的欲望,要搞清楚自己能做什么——他们需要试探自己的力量和在这个世界上的重要性。这意味着,他们想要确定,在没有别人的指导和命令的情况下,自己能够为自己做什么。父母们通常会认为这是对自己权力的一种挑战,因而造成了权力之争。关键在于,要学会以能够教给十几岁孩子重要人生技能的尊重的方式支持其探索。十几岁的孩子在家里感觉越安全,他们在个性化过程中的痛苦就越少。

十几岁的孩子极其需要隐私

你可能会奇怪,你的十几岁孩子能把自己的每一个想法和感受通过 Facebook 或其他社交网站告诉全世界,却要对你保有隐私。这是因为十几岁的孩子并不一定有理智吗?或许,你只需要停止问问题,并成为他在 Facebook 上的一位好友。

因为十几岁孩子的发育速度很快,并且不受他们的控制,他们被家人盯着会感到非常尴尬。因为十几岁的孩子在努力搞清楚什么对自己是重要的,他们经常在确定自己根本不想参与某些事情之前,未经父母同意而参与一些活动。为了避免惹麻烦或让你失望,十几岁的孩子会想出办法来尝试一些你可能不允许的活动,而不告诉你,比如把衣服和化妆品藏在包里,到学校后再换;偷偷地吸烟;看你告诉他们不能看的成人电影;在日记里写下自己最隐秘的想法;或者跟他们认为你不赞同的同伴出去玩耍。十几岁的孩子保护自己隐私的另一种方法,是公然说谎。

十几岁的孩子经常撒谎，因为他们爱你，想保护你。他们想做自己能做的事情，而不伤害到你的感情。还有些时候，他们撒谎是为了保护自己——免于听到你的难听看法以及可能做出的恶劣行为。下面是十几岁孩子对撒谎原因的一些说法：

"我为了能去舞会撒谎，是因为如果没有其他父母在场，我妈妈甚至连商量的机会都不给我。"

"我对妈妈很诚实，因为她对待我的方式就像对待比我年龄大的孩子，并且她还教给我喝酒时怎样做一个对自己负责任的人。"

"我大一、大二的时候撒过谎。从那以后，我决定不再向父母撒谎。我告诉了他们，因为我不想撒谎；我现在什么事情都会告诉他们。我一直对妈妈很尊重。"

"我不会跟父母讲他们不想听到的事情。他们只想听到好消息，所以我就编造一些事情，比如：'派对上有个女孩真傻，居然喝醉了（这个女孩其实就是我）。'"

"如果告诉妈妈真实情况，我会感到是在贬低自己，因为她成长的环境，她理解不了。"

"是否说真话，取决于你的父母：有些可以说，另外一些则会让我们被禁足。"

当你理解了自己十几岁孩子撒谎的动机时，你就能够更有效地创造一个让孩子感到安全的氛围，从而向你说真话——在大部分时间。如果知道说真话会受到责备、羞辱或者伤害，有多少人愿意说真话呢？如果知道说真话意味着不能做自己想做的事情，又有多少人愿意说真话呢？

你不大可能为了核实父母是否会让你从自己的错误中学习而说真话。另一方面，如果你的父母在帮助你探索各种可能性的同时，允许你犯错误，你或许愿意说真话。如果你知道，既使自己犯了错误，父母对你也会支持和鼓励，你说真话的可能性会更大。

你的十几岁的孩子需要隐私，可能会让你感觉很可怕。你可能会担心，如果不知道孩子的所有情况，你就是个不负责任的父母。你可能会害怕，如果自己不警惕，孩子有可能会吸毒（或者做出其他灾难性的行为）。这里有个消息可以告诉你：如果十几岁的孩子想做这些事情，无论父母多么警惕，他们也会做。他们只会更加隐蔽，以便自己不被抓到。

对可能发生的灾难性事件的最好的预防，就是和自己十几岁的孩子建立和善而坚定的关系——要让他们知道，无论发生什么事，对你来说他们都是最重要的。你要睁大自己的双眼，并在孩子需要你的成年人的智慧时，伸出援手，帮助他们搞清楚什么是对他们最重要的。

父母成了让十几岁孩子尴尬的人

有时候，十几岁的孩子和父母或家人一起在公众场合时，会感到很尴尬，甚至不愿意被人看到和父母、家人在一起。家人之间一直存在的相互喜爱，可能会突然成为十几岁孩子的禁忌。他们甚至会贬低自己的父母，并让父母知道自己认为他们有多傻。这种状况只是暂时的，除非父母小题大做，造成未来的怨恨。

通常，孩子们在父母面前的行为并不能代表他们的真实感受。我们和十几岁的孩子打交道时，往往让他们用四五个形容词来描述他们的父母。他们的选择总是让我们不可思议地备受鼓舞。那些一直相信自己十几岁的孩子恨自己的父母，听到的是孩子将自己描述为亲切、友好、有帮助、公平，即便这些孩子在早上、中午、晚上一直跟父母吵架。有一位继母，在听到孩子认为她是家庭的一员时说："天哪，我没有想到你会把我当成一家人。"这个孩子说："为什么不呢？你就是一家人。"尽管这位继母一直把这个孩子当做自己的孩子，但她没有想到孩子也会这么想。

十几岁孩子认为自己是全能的、无所不知的

那些总是要告诉十几岁孩子应该穿什么、吃什么、什么能做、什么不能做的父母，似乎就是不理解，十几岁的孩子认为自己从来不会生病、不会感冒、不需要睡觉、永远靠垃圾食品或者不吃任何东西都能够生存。很多父母都奇怪自己的孩子这些年是怎么生存下来的，但事实是大多数十几岁的孩子都做到了。对于一些父母来说，我们提倡的方法似乎是对孩子的娇纵，可能会出现严重的后果。事实恰恰相反。

不是娇纵

有时候，一些父母在看了我们列出的个性化特征之后，会有强烈的反应。他们的话都很相似："你不能不履行父母的责任，放任孩子自己个性化。"而且，"个性化"这个词是带着明显的讽刺意味说出来的。

我们不是提倡放任孩子自己个性化。这是娇纵——一种在孩子学习宝贵经验的时候，剥夺了来自于父母的支持的养育方式。十几岁的孩子需要指导，但不是外在的控制——这只会增强孩子的叛逆。

不要煽起叛逆之火

要记住，十几岁孩子的叛逆通常都是暂时的（1~5年）。然而，如果你不理解叛逆是个性化的一部分，反而小题大做，叛逆就可能会延续到孩子的成年。当父母使用和善而坚定的方法时，叛逆就不大可能走向极端。当你否认这种正常的成长过程时，个性化便会变成全面的叛逆。

如果你能放轻松，并记住这几年你的孩子正在尝试着努力弄明白自己在想什么，你就能更喜欢他们了。如果你能放轻松，你就能够相信他们现在的所作所为并不是对你有任何坏印象，也不预示着他们长大后的样子。有了这种新的心态，你就能够专注于具有长期效果的养育，并且学着成为你的十几岁孩子能够信任的引路人和帮助者。

需要记住的和善而坚定的养育工具

1. 如果你对孩子的说服、责骂、长篇大论的说教、羞辱都不成功，你的孩子就可能已经进入了青春期。要抱着一种"这难道不是很有趣吗"的心态，坐下来寻找一些线索。

2. 要找出自己十几岁孩子的问题，而不要认为他们像你十几岁时一样。时代已经变了。

3. 要提醒自己，你的十几岁的孩子正在长大，但还不是成年人。

4. 要审视一下自己的行为，看看是否在煽起孩子的叛逆之火，而不是尊重他们的个性化过程。要复习一下个性化的特征。

5. 要努力进入到自己十几岁孩子的内心世界，并尊重孩子在整个青春期旅程中的个性。

6. 要用特别时光与和善而坚定的支持，来平衡你的十几岁孩子对隐私的需要。

7. 要运用本书中提供的一些对待"成长中"的十几岁孩子的建议，而不要求助于惩罚和控制。

练习

我们认为，你和自己十几岁孩子的关系是非常宝贵的，值得你每个星期花一点时间，将你对每一章最后的练习的回答写在一本日志里。这将帮助你增进自己的认识，或实践一种新行为。你可能会感到深受鼓舞，因为经过一点正确方向的指导，你发现了自己拥有那么多的内在智慧。通过花时间把你的回答记录在日志里，你将更容易得到领悟、从自己的错误中学习、拓展自己的视野，并更好地利用自己的内在智慧。

当你认识到你的十几岁孩子的所说所为只关乎他们自己，而无关于你时，你就能不再因为他们的行为而责备你自己，或认为他们是针对你了。你的孩子是个独立于你的人，错误和成功都属于他们自己，他们会从自己的错误中学习，成功也是他们自己的。

1. 为了帮助你认识到孩子是个独立于你的人，请想出孩子让你实在烦恼的一件事，或从下面列出的行为中选择一个：

   a. 逃课
   b. 花很多时间待在自己的房间里
   c. 拒绝和家人一起外出度假
   d. 把你给他作为礼物的衣服交换出去
   e. 喜怒无常
   f. 忘记做家务

g. 在电影院不想跟你坐在一起
h. 不想上大学

2. 看看下面两种心态：

a. 把孩子的行为当做是针对你的，是指你对自己说，孩子的行为和你的失败或成功有关系。比如，我是个糟糕的父母；我是个好父母；别人会怎样想？我为他做了那么多，他怎么能这样做呢？她肯定恨我，否则她不会这样做。

b. 不把孩子的行为当做是针对你的，意味着你告诉自己，孩子的行为和他或她自己有关，而与我无关。比如：这对他来说很重要；她需要自己弄明白；他在探索生活和价值观对他来说意味着什么；这对她不重要；我相信，他能够从自己的错误和遇到的挑战中学到有用的东西；我想知道这对于她来说意味着什么。

3. 现在，回到那个让你烦恼的行为上，并写下你采取第一种心态时会怎样做。然后，写下你采取第二种心态时会怎么做。

4. 跟自己十几岁的孩子谈谈你从这个活动中学到了什么。

第2章

你站在谁的一边

确保把爱的信息传递给孩子

现在的十几岁孩子,希望能够成为自己人生飞机的驾驶员。他们想让父母爱他们、支持他们、接受他们,但不要干涉他们追求自己的生活——除非在他们想要什么的时候。有时候,十几岁孩子的行为就好像要把父母踢出他们的飞机一样。

很多父母想驾驶自己十几岁孩子的人生飞机。他们害怕,如果将控制权交到孩子手里,孩子就会陷入麻烦、受到伤害或遭遇失败——甚至生命受到威胁。带着这种恐惧,他们往往变成无效的父母,并且由于控制过多而招致孩子更多的叛逆。

如果你学会了一个和善而坚定的父母的正面管教技巧,你就能始终作为副驾驶待在自己十几岁孩子的人生飞机上——在鼓励你的十几岁孩子成为一名熟练而负责任的驾驶员的同时,在必要时随时支持并指导孩子。而且,像任何一个副驾驶一样,有时候需要你驾驶这架飞机，但这种时候非常少。

康妮想学习如何成为儿子布拉德人生中一名熟练的副驾驶，所以，为学习更多有关正面管教的知识，她参加了一个养育学习小组。在这个小组中，她很快就发现，为什么自己想成为儿子人生飞机驾驶员的努力会败得那么惨。通过体验式活动，她得以"进入儿子的内心世界"，并体验到了在她控制（过于坚定）儿子时他为什么反叛，以及当她反过来走到另一个极端并对儿子娇纵（过于和善）时，他为什么会利用这一点。一旦理解了和善与坚定并行的重要性，康妮几乎都等不及运用她学到的方法了。

然而，当康妮得知布拉德逃学后，她完全忘记了自己学到的新方法，试图跳回到驾驶员的位置，并开始用她控制孩子的老方法。她把布拉德逼到他的房间里，对他不负责任的行为进行长篇大论的说教。

布拉德的回应是让妈妈别再烦他，这让康妮的说教升级成了对布拉德不尊重长辈的激烈责骂。

布拉德反驳说："我没看到你尊重我。"

康妮这时气得不行，她感到想要因为儿子这样对她说话而揍他。然而，她想起了自己在养育学习小组中学到的要确保把爱的信息传递给孩子，意识到了正在发生的事情，并改变了自己的方式。她说："儿子，你知道我是站在你这一边的吗？"

布拉德反驳道："我怎么会知道？"然后，他眼泪汪汪地说："你总是贬低我，我怎么会认为你是站在我这一边的？"

康妮震惊了。她真的不认为自己一直在贬低他。她认为自己一直是在指出他的错误，并努力激励他做得更好。

康妮搂住了儿子，努力忍着眼泪，说："我没有想到自己一直在伤害你，而不是在帮助你。太对不起了。"

当布拉德忍受着妈妈长篇大论的说教和对他缺点的斥责时，他怎么能够知道妈妈是站在他这一边的呢？幸运的是，康妮在养育小组学到的东西足以让她猛然意识到自己的做法无效，并能够改变自己的方式。在离开儿子的房间时，她说："为什么我们不等到咱们俩的心情都更好一些时，再来讨论这件事呢？"

积习难改

当然，作为父母，你是站在孩子一边的，但孩子往往不认为你站在他们一边。事实上，太多的时候，你的行为让任何一个机敏的旁观者都会受到愚弄。以"为了孩子的最大利益"的名义，很多父母都忘记了站在孩子一边意味着什么，忘记了怎样才能真正帮助十几岁的孩子培养成功人生所需的品质和生活技能。

你越焦虑，你的孩子就越不会认为你站在他们一边。有些十几岁的孩子会奇怪，为什么你好像突然之间就对他们那么苛刻。或许，由于你受着经济状况和就业市场的各种可怕信息的轰炸，并且一次又一次地听说越来越多的二十几岁的孩子在努力找工作却找不到，你会认为最好现在就对孩子施加压力。这种施压可能会从你为孩子能够上一所梦寐以求的幼儿园，一直到让孩子崩溃的各种考前准备，以及为孩子申请大学的简历作各种修饰。在媒体渲染"当今的世界与你们这代人成长时的世界已经不同了，世事变得艰难多了"时，你很容易会不相信自己的经历（即，"我犯过错误，但我现在也还好"），并会相信一种幻觉——"如果我的孩子犯了错，他们的结局就不会好"。

正面管教并不是假装这个世界是个轻松的地方，也不是否认你要确保自己的孩子为过上一种幸福、成功的生活做好准备的自然愿望。正面管教的养育方法是专门为帮助十几岁的孩子成长为能有效地处理生活中的各种挑战并仍然快乐的成年人而设计的。

当父母们听到经济前景糟糕时，他们很容易就会想自己十几岁的孩子在学业上全得 A（即使父母们不得不以惩罚或甜言蜜语哄骗孩子学习，或者帮他们写论文），或者没有不良记录（即便这意味着把孩子锁在家里，或者为他们不在事发现场而撒谎）会有用，而不是让孩子按自己的步调成长和犯错误。但是，这是一种短视的观念。如果各门功课都得 A 的学生没有学会如何以一种负责任的方式——从自己的错误中学习——追求对他们有意义和能带来成就感的东西，他们所得到的机会就毫无意义。

当你让你的恐惧、评判和期望控制自己时，很容易就会忘记你是站在谁的一边。在这种时候，重新采用你最熟悉的养育方式是再自然不过的（关于养育方式的详细信息，在第 3 章有更详细的介绍）。

当控制型父母批评、责骂、说教、纠正、盘问、贬低，并表达他们的失望时，孩子们感受不到父母的支持和爱。十几岁的孩子会体验到控制型父母的爱是有条件的。他们相信，父母唯一会"站在他们一边"的时刻，就是他们完全按照父母的要求去做的时候。这会造成一种存在感的危机。他们如何能够既按照父母的要求做，又能发现自己想成为什么样的人呢（正常的叛逆并不是在跟父母对着干，而是孩子自我发展的需要——除非父母控制过多）？

另一方面，那些放任、溺爱孩子的父母，会允许自己十几岁的孩子有太多自由，却不要求他们承担任何责任。他们会娇惯自己的十几岁孩子，给他们买汽车、电子产品和过多的衣服，而不用孩子做出任何贡献。娇纵型父母为把孩子从自己行为的后果中拯救出来，并帮助他们摆脱那些本来可以成为很好的学习机会的困境而不断地介入。这不是一种站在十几岁孩子一边的有益方式，也不能帮助孩子学到形成个人能力感所需的生活技能。

如果孩子受到忽视，他们也不会感到父母是站在他们一边的。父母对孩子的忽视有很多种形式，从吸毒到沉迷于工作，到因为养育太难或太不方便而放弃。

我们给父母们提供了7个小建议，能够让你通过"在纠正前先进行情感联结"，使你的十几岁孩子相信你支持他们，而不是反对他们。如果你觉得你和孩子的关系又退回到了原来的旧模式，就要回顾一下这7个建议，并再次尝试。

和你的十几岁孩子建立情感联结的7个建议
1. 站在孩子的角度看问题并共情。
2. 倾听并保持好奇心。
3. 别再担心别人怎么想——要做对你的孩子最有利的事。
4. 用鼓励代替羞辱。
5. 确保把爱的信息传递给孩子。
6. 让你的孩子一起专注于解决问题。
7. 与孩子达成相互尊重的约定。

站在孩子的角度看问题并共情

你接到学校打来的一个电话，说你的十几岁孩子今天逃了两节课，放学后被留校了。你的血液开始沸腾。你等不及孩子回家，就想让她知道你有多么生气、她的行为多么不可接受。你的孩子对这件事根本不在乎，决定在留校结束后和朋友们一起在外面玩，回家吃饭晚了。她一进家门，你就在厨房里开始喊叫："你惹了这么多麻烦。马上过来。你去哪里了？你到底怎么了？"

站在你的十几岁孩子的角度想象一下。如果你受到了这种方式的对待，你会有什么感受？你会觉得受到激励和鼓励要做得更好吗？你会对自己探索世界并自己决定什么事情对自己有意义（有时通过犯错误）的能力感到自信吗？你相信自己的父母正在以鼓励而不是令人沮丧的方式给予你所需要的指引和品格训练吗？你会相信父母是"为了你"而不是"反对你"吗？

我们希望，当你遇到类似这种情形时，你能够把自己长篇大论的激烈指责放在一边，先跟自己十几岁的孩子建立情感联结。深吸一口气，记住对你来说最重要的事情——你是多么爱这个孩子。要用一种温和的语调，搞清楚她发生了什么事情。

还记得康妮和布拉德吗？康妮陷入了没有倾听就长篇大论地说教的老套路。在意识到自己的行为好像是在反对儿子而不是进行情感联结时，康妮做的第一步，是通过问启发式问题和共情，找到从儿子的角度看问题的方法。她带着一种支持而非攻击的心态走近布拉德，问布拉德是否愿意退学，因为他已经17岁了，法律并不强迫他上学。布拉德对这种新方式感到很疑惑，问道："那我做什么？"

康妮很真诚。"这是个好问题。我也不知道。或许就像你现在这样——睡懒觉、下午干点活、晚上跟朋友们一起玩。当然，你得去找个工作，并且要付房租。"

很长时间以来第一次，布拉德不再戒备，并显得愿意跟妈妈分享他的想法："我并不真想退学，但我希望去上成人业余补习学校。"

康妮惊奇地大声问："为什么？"

布拉德能感觉到妈妈真的想知道原因，所以，他解释了自己不想成为高中辍学生。在成人业余补习学校，他能把自己在普通学校落下的功课赶上。如果还在现在的学校，他就不得不在暑假期间将这些课补上，而他不想毁掉自己的暑假。另外，由于成人业余补习学校允许学生们按照自己的进度学习，布拉德觉得自己能比纯粹为赶进度学得更好。

倾听并保持好奇心

启发式问题和认真倾听，能够向你的十几岁孩子表明你是站在他们一边的，能让你对他们产生一种积极的影响（在纠正之前先进行情感联结）。回想一次你没有倾听或没有表现出任何好奇心的时候，你得到了什么结果呢？现在，想象一下那次情形，想象一下你在带着好奇心倾听，并且没有试图替孩子解决问题。

启发式问题与大多数父母通常问的"20个问题"① 不同。启发式问题的目的，是要帮助十几岁的孩子理清自己的想法以及自己的选择造成的后果，而不是说服孩子按照你的方式思考。不要问孩子问题，除非你真的对孩子的看法充满好奇。如果你的十几岁孩子在说出了真实想法后受到了惩罚，启发式问题就不会起到作用。

帮助十几岁的孩子探究他们的选择所造成的后果，与将后果强加给他们有很大的不同。强加一个后果（一种经过拙劣伪装的惩罚）是要让孩子为他们所做的事情付出代价，通常会招致孩子的反叛。启发式问题是要让孩子们探究发生了什么、什么原因导致的、他们对此有什么感受，以及能够从这种经历中学到什么。

---

① Twenty questions，1940年代在美国的电台很流行的一种游戏节目。其基本规则是从参与游戏的人中选择一个人作为回答者，其他人作为提问者。回答者心中想一个题目或一个东西，由提问者提出问题来推测回答者想的是什么。回答者只能以"是"或"不"来回答。提问者只能问20个问题。——译者注

别再担心别人怎么想——
要做对你的孩子最有利的事

一旦致力于站在布拉德的角度看问题并支持他的想法，康妮便决心不再害怕别人会怎么想。她还抛弃了自己对上业余补习学校的十几岁孩子都是普通学校的失败者的成见。相反，她审视了其中的好处。她告诉布拉德，她相信如果允许他在一种相互尊重的氛围中按照自己的进度学习，他就会做得非常好（很多补习学校的老师会比普通学校的老师更尊重地对待十几岁的孩子）。康妮答应给两所学校打电话，看看怎样办理转学手续。在康妮又一次参加学习小组时，她了解到跟布拉德一起打电话要比替他打电话效果更好，但她要成为一个和善而坚定的母亲的努力已经有了很大的进步。

后来，康妮告诉学习小组的其他父母：

我不知道这会有怎样的结果。我只知道我感觉跟我儿子更亲近了，因为我进入了他的内心世界，并且支持他按照他自己的想法过他自己的生活。我已经从让我们俩都感觉像个失败者的权力之争中走了出来，所以，我们会寻找让我们两个人都感觉像胜利者的解决方法。

我审视了自己对于成为一个"好"母亲所存在的问题。每当我试图让他做我认为最好的事情时，我就变成了一个说教、讲大道理、控制型的妈妈——而他会反叛。但是，当我努力通过和善而坚定的养育方式支持布拉德做他自己时，他就愿意跟我交谈并一起寻找解决办法。每当我担心别人会怎么想时（通常是那些我无论如何也并不真正尊重其观点的人），就会在我与儿子之间造成疏远。记住我站在谁的一边，并据此采取相应的行动，真的非常有益。

一年后，康妮跟大家说，布拉德在补习学校做得很好。他已经赶上来了，并在下一个学年回到了普通学校。康妮相信，他之所以做得好，是因为这个解决办法是他自己的主意，而不是一种惩罚。他也不用再反叛康妮的控制，而能专注于自己的行为了。

你越多地改变自己而不是改变你的十几岁孩子，你就越能够让孩子有责任心、有能力并关心别人。显然，布拉德很在意自己的教育问题，但是他的解决办法与妈妈原来认为的方法不一样。

你要提醒自己从长期来看什么才是对孩子最好的，要确定你如何才能把自己的关注点放在那些对你的十几岁孩子最好的事情上，而不是担心别人的评判。

用鼓励代替羞辱

康妮已经知道了支持儿子和让他感到挫败之间的区别。她知道了羞辱布拉德并不能鼓励他或激励他做得更好。

一群女高中生给那些想用鼓励替代羞辱，以便与孩子建立情感联结并邀请孩子合作的大人们提出了下面的建议。看看下面这些话，并和你的十几岁孩子分享一下。问问孩子想要补充或者去掉哪些：

"有时候,我讨厌跟父母说话,因为他们总是小题大做。有些事情很小,不需要说起来没完。"

"友好一些会更好。你们教我们一些事情没关系,但要更像一个大姐姐、大哥哥或朋友。"

"永远不要责备我们做了什么事情,而要先问清楚。"

"如果我们做错了什么,不要大喊大叫,因为当你对我们嚷嚷时,我们的第一反应就是反叛。大喊大叫或试图吓唬我们是不管用的。你听上去很傻,而且会让我们很愤怒。相反,要与我们真正地交谈,并且要真诚。"

确保把爱的信息传递给孩子

洛娜,是一位与康妮同一个养育学习小组的母亲,她分享了确保将爱的信息传递给孩子的成功经验。洛娜的女儿玛拉有一天晚上没有回家。虽然洛娜很生气,又担心玛拉可能沾染毒品,但她从参加养育小组中记住了,责骂和长篇大论的说教只会造成父母与孩子的疏远。她没有只想着自己的担心和愤怒,而是决定建立情感联结。

当玛拉于第二天早上回到家时,洛娜说:"我很高兴你没事。我很担心你。在你说话之前,我想让你知道我爱你,并且站在你一边。"

玛拉看上去真的感到很抱歉,她说:"妈妈,真的对不起。我昨晚在斯蒂菲家看电视,看着看着就睡着了。"

洛娜说:"出现这种事我能理解,但要是你一醒来就打个电话,我会很感激——即使是在半夜,这样我就会知道你没事。"

玛拉给了她一个拥抱,又说了一次:"妈妈,对不起。"

洛娜很喜欢跟女儿之间的这种亲密,并且感觉自己对这种新技巧运用更自如了,她接着说:"我能看出来,如果你认为我会像往常一样责骂你,你在犯了错误之后可能就不想给我打电话。我想让你知道,我会努力不再那样做。无论你犯一个错误多少次,你都可以给我打电话,我会站在你一边,而不是反对你。"

养育学习小组的其他父母对玛拉的故事都很怀疑,开始了"是的,但是……":"但是,你让她逃脱了在外面过夜应受的惩罚。""但是,你相信她真的只是睡着了吗?"洛娜对这些并不感到担心,因为她深刻地理解了确保把爱的信息传递给女儿会改善自己和女儿之间关系的概念。她告诉自己的同学:"玛拉已经'得逞'了,她已经在外面呆了一夜。惩罚她改变不了这一点。我以前认为惩罚能够吓住她,让她不再做同样的事。可相反,她只是更擅长尽量掩盖自己做的事情了。我也怀疑她说的睡着了可能并不是事实——或者至少不是全部的事实。严厉地盘问她,也不能帮助或改变任何事情。我真的相信,当她知道我爱她、信任她,并且为她创造一种让她能安全地自己思考而不是为我考虑或反对我的环境时,情况就会改变。我想,要改变由我造成的出于我的恐惧而不是出于我的爱的养育模式,是需要时间的,但这正是我要做的。另外,在我打下了爱的基础之后,我能够跟玛拉谈并说出我的感受,努力达成一个让我们两个人都感觉受到了尊重的约定。"

让你的孩子一起专注于解决问题

洛娜能够看到,现在已经和玛拉形成了一种能一起寻找解决办法的足够亲密的关系。过去，她会告诉女儿怎么做，如果女儿不服从，她就会用一些惩罚或剥夺其某种权利的方式威胁女儿。而现在，她用寻找解决方法代替了，她问："我们能就你回来晚要给我打电话达成一致吗？"

玛拉说："如果真的很晚了，你已经睡了怎么办？"

洛娜说："即使我睡了，如果我不知道你是不是平安，我也睡不好。你任何时间都可以给我打电话。"

玛拉回答："我从来没有想过你会为我担心。我一直认为你会冲我发脾气。你不用为我担心，妈妈，但以后不管我什么时候要晚回来，我都会给你打电话。"

那天晚上，玛拉回到家后，去了父母的房间，给了他们一个晚安拥抱——这是她好几个月以来都没做过的事情。

后来，洛娜告诉养育小组的其他父母："多大的变化啊！以前，我从来没有想过当她不体谅人时，我冲她发脾气她会有什么感受。我只是冲她嚷嚷，并指责她。这一次，我让她明白了我有多么爱她，并且我们找到了一个对我们俩都有用的解决办法。我仍然不知道她说在朋友家的沙发上睡着了是不是真的——但是，我过去采用的处理方式根本就不能鼓励她说实话。相反，还给我们之间的关系造成了很大的裂痕。现在这种方法让我感觉好多了。玛拉的独立仍然让我感到害怕，但是，至少我们现在有了一种更可能鼓励我想要的那种沟通的情感联结。"

小组里的其他父母被洛娜的智慧和信念深深感动了。这促使他们审视了自己基于恐惧的行为，以及他们由此得到的不满意的结果。

回想一次你真正为自己的孩子担心或害怕的时候。你是对自己的十几岁孩子说教和责骂，而不是让他们知道你有多爱他们、多为他们担心吗？在纠正孩子的行为之前，你跟孩子建立情感联结了吗？

大多数十几岁的孩子真的不喜欢让自己的父母生气。如果你心平气和地说出你的感受，他们就会听你的，即便他们在当时显得毫不在意。要注意你的十几岁孩子在接下来的 24 小时的行为变化。通常，你不用等这么长时间，就能看到他或她的亲切或友好举动。情感联结往往能够导致孩子自我纠正。

很多父母都有洛娜的养育小组中那种"是的，但是……"的担心，并且相信洛娜的做法过于娇纵孩子，她让玛拉"逃脱"了对不尊重行为的惩罚，而且洛娜应当弄清楚玛拉是否在说谎或吸毒。如果我们更认真地审视一下这些担心，就会发现，其他任何方法都不能解决任何问题，只会让事情变得更糟。如果玛拉的妈妈变成一个控制型的母亲，玛拉只会变得更叛逆、行事更隐秘。洛娜无法强迫玛拉跟她说出实情，但她能创造一种让玛拉觉得说实话很安全的环境。通过和善而坚定，玛拉的妈妈给女儿做出了相互尊重的榜样。在让玛拉一起想出一个解决办法之前，洛娜很有智慧地跟孩子建立了情感联结，这样找到的解决办法是玛拉更可能遵守的，因为这是她以尊重的方式参与想出来的。

与孩子达成相互尊重的约定

有些父母会以一种威胁的口气对自己十几岁的孩子说："这就是我们要做的。你同意吗？"十几岁的孩子会怨恨地回答"当然"，而心里却想着别烦我了。他们甚至会祈求老天保佑事情能够顺利，但他们并不打算遵守约定。他们可能只是在数着过去了多少天、多少个小时以及多少分钟，直到他们能够抽身去做自己想做的事情。

我们鼓励你和孩子达成的约定，是你能够通过跟自己十几岁的孩子说"我不能同意那样做，但我愿意和你一起作头脑风暴，直到我们能达成一个让我们双方都感觉尊重的约定"，而让孩子尊重地参与的。你常常需要对一个十几岁的孩子说："我宁愿继续讨论，直到找到我们俩都喜欢的办法。但现在如果这不可能，我们就按照以前的方式做，直到我们能够达成一个对双方都尊重的约定。"

如果你们达成了一个约定，要试行一段比较短的时间，看看情形是否有所改善。如果没有改善，就和你的十几岁孩子约一个时间，再做头脑风暴。

改变需要练习

改变旧习惯是需要时间的。即便当你决定自己想成为孩子人生的副驾驶而不是驾驶员时，即便当你想站在自己十几岁孩子的一边时，你也很可能会发现自己滑向了基于过去的恐惧而形成的旧习惯中。做出改变，可能感觉就像你第一次学骑自行车时摇摇晃晃的经历那样笨拙。坚持练习，你会掌握的。

而且，要记住你也是一个重要的人。我们发现，父母们认为他们应该放弃自己的需要和生活，直到孩子长大离开家。如果你以这种方式养育孩子，你的十几岁孩子可能会认为世界是围着他们转的，甚至会变本加厉。当你尊重自己，并且向你的十几岁孩子表明你也有需要和愿望，也要过自己的生活时，你的十几岁孩子将会茁壮成长。

需要记住的和善而坚定的养育工具

1. 换到副驾驶的位置，以便你能够对自己十几岁的孩子产生积极的影响，而不是试图支配他们的生活。

2. 记住，作出改变是需要花时间的，而且，当你害怕时，你可能会滑回到自己熟悉的养育方式中。要坚持练习。

3. 要用"和你的十几岁孩子建立情感联结的 7 个建议"（见第 23 页），来创造一个爱和尊重的基础。

4. 问问你的十几岁孩子，他或她对于提醒你可能在不知不觉中使用了羞辱而不是尊重的沟通方式有什么建议。

5. 记住，在做出会影响你的十几岁孩子生活的决定或采取行动之前，要先和他们谈一谈。

6. 当你发现自己正在跳着"错乱的舞步"时（见第 14 章），要确定你是否愿意尝试一种能帮助你更多地站在自己一边的新舞步。

7. 无论你何时开始练习，你都会变得更好，所以，要练习，练习，再练习。

练习

当你的十几岁孩子认为你站在他或她一边时，他们做出极端行为的冲动就会大大地减少。下面这个活动能帮助你意识到自己没有站在你的十几岁孩子一边，并知道如何做出补救。

1. 回想一个你不尊重地对待自己的十几岁孩子的情形。在你的日志里描述出这个情形。

2. 想象一下你是个十几岁的孩子。如果你有一个在这种情形中像你一样行为举止的父母，会怎样？你会有什么感受？你会做出什么决定？你会认为你的父母站在你一边吗？

3. 你从这个活动中能学到什么？在这个情形中，你作为父母可以有什么不同的做法吗？想象一下会是什么情形，并描述在你的日志中。

  4. 问你的十几岁孩子，他或她认为你站在谁的一边。用"建立情感联结的7个建议"改善你们的关系，选择一些能让你的十几岁孩子知道你站在他或她一边的不同做法。

第3章

你的养育风格是什么

砖、地毯、幽灵,还是正面管教

养育风格既可能是鼓励式的,也可能会让人丧失信心。这一章,我们将讨论四种不同的养育方式,其中三种是让人丧失信心的(注重短期效果的养育),另一种则对十几岁的孩子和父母都是鼓励式的(注重长期效果的养育)。任何一种养育方式,如果不能赋予十几岁的孩子成长为有能力的成年人的力量,就是注重短期效果的养育。然而,成功的、注重长期效果的养育,会使孩子掌握取得人生成功——成长为一个快乐的、对社会有贡献的人——所需的人生技能。

卡里·纪伯伦[①]在其散文诗集《先知》"关于孩子"一章中,

[①] 卡里·纪伯伦(Kahlil Gibran),1883~1931年,黎巴嫩诗人、作家、画家,被喻为"艺术天才"、"黎巴嫩文坛骄子",是阿拉伯现代小说、艺术和散文的主要奠基人,20世纪阿拉伯新文学道路的开拓者之一。其散文诗集有《泪与笑》、《先知》、《沙与沫》等。——译者注

精彩地说明了我们所提倡的养育风格的根基：

你们的孩子，都不是你们的孩子，
乃是生命为自己所渴望的儿女。
他们是凭借你们而来，却不是从你们而来，
他们虽和你们同在，却不属于你们。
你们可以给他们以爱，却不可以给他们以思想。
因为他们有自己的思想。
你们可以荫庇他们的身体，却不能荫庇他们的灵魂。
因为他们的灵魂，是住在明日的宅中，那是你们在梦中也不能想见的。
你们可以努力去模仿他们，却不能使他们来像你们。
因为生命是不倒行的，也不与昨日一同停留。

尽管纪伯伦这首朴素而优美的诗令人鼓舞，但是，大多数父母都不知道如何将这首诗运用于自己的生活。在你读这本书的时候，你将获得很多理念，让你知道如何改变你的养育方式，成为一个既不娇纵又不控制孩子的非常积极、有益的父母。我们还介绍了很多注重长期效果的养育技巧，用来处理大多数十几岁孩子的父母所关心的养育挑战——所有的养育技巧都是以尊重为基础的——既尊重十几岁的孩子，也尊重父母。

对十几岁孩子的常见养育方式

第一种养育风格叫做"控制型"。想一想砖头。它坚硬、沉重、空间有限、边角粗糙，而且很锋利，会划伤人。砖头是控制型养育风格的象征。很多父母认为，控制自己的十几岁孩子是他们的责任，是父母职责的一部分。父母们似乎相信，如果他们不能迫使孩子做对孩子好的事情，那么，他们就是娇纵型的父母。这些父母用某种形式的惩罚或奖励，作为控制孩子的主要方法。对于十几岁的孩子，最常见的惩罚是禁足、取消特权、减少孩子的零花钱、体罚和情感虐待，以及收回对孩子的爱和赞同。

努力获得对孩子的控制，让父母们感觉自己已经履行了职责。然而，控制型的父母没有考虑他们的做法带来的长期效果。这种养育方式会让孩子们：

1. 认为强权就是公理。
2. 相信："为了得到你的爱，我不得不放弃我自己。"
3. 逃避贡献，除非有外在的奖励。
4. 为得到更大的奖励而操纵父母。
5. 反叛或顺从。

*注重短期效果的养育会让人精疲力竭。*在这种养育风格中，父母的职责就是随时捕捉孩子的坏行为，以便能对孩子进行惩罚和说教，还要随时捕捉孩子的好行为，以便给予奖励。十几岁的孩子能够学会承担什么责任呢？或许，他们学会承担的唯一责任，就是不被逮到，为了获得更大的奖励而操纵父母，或者当奖励不再诱人时拒绝服从。

如果十几岁孩子的所有权利都被剥夺了，他们就永远没有机会学习承担责任——或者从自己所犯的错误中学习。另外，这样的十几岁孩子将永远没有机会发现并设立自己的界限。如果父母一直扮演这种角色，十几岁的孩子又如何学会承担责任呢？教给孩子不负责任的最好办法之一，就是做一个控制型的父母。

案例：一位参加我们的讲习班的父亲，在放弃对孩子的控制的问题上质疑我们。他解释说,他15岁的女儿晚上回家的时间,总是比他给她规定的晚。上次她回家晚了一个小时,他对她禁足一个星期。当问他认为女儿从中学到了什么时,他说:"她知道了她无法逃脱对这种行为的惩罚。"当被问到他对此有什么感受时,他说:"我感觉很好。我的职责不是做她的好朋友,而是做她的父母。"

进一步的探究发现,尽管他很痛恨父母在他十几岁时对他禁足,但他现在相信,设立规则和限制,并在孩子违反时进行惩罚,是他作为父母的职责。他对自己履行了这一职责有一种成就感,尽管他承认禁足并没有解决问题。他的女儿继续回家晚,他继续对她禁足。他说:"我突然想到了,我十几岁时的行为就像我女儿一样,只要我住在家里,就一直反抗我父亲。我一直不遵守晚上回家的时间规定,直到我离开了家,并感觉自己喜欢早点回家以便能好好睡一觉。而且,我现在仍然不想跟我父亲有任何关系。我不希望自己跟女儿的关系也变成这样。好吧,我准备学习一些其他方法了。"

我们知道很多父母不想听,但我们要说的是,任何形式的控制或惩罚,对十几岁的孩子都是很不尊重的,而且对于达到养育的长期目标来说是极其无效的。对于十二三岁以下的孩子,有时候因为他们的不良行为而取消其特权是合适的,但是这种措施的实行要对父母和孩子都尊重,并且看上去要合理,而且要事先达成一致。然而,当孩子进入青春期并将自己看做成年人时,他们将不会认为禁足和取消特权是尊重的或合理的。

控制型养育风格的另一个危险是,它会造成孩子永远依赖父母。那些从来没有逃脱过父母控制的孩子,可能会认定他们的全部生活就是围绕着他们认为父亲或母亲想让他们做的事情转。他们长大后往往会成为努力寻求别人赞同的人,找其他人继续控制他们。这对他们的婚姻、养育、交友和工作都是灾难性的。

有些在控制的环境中长大的孩子会成为迟开的花朵。最终，他们可能会去做心理治疗，从中找到学会成长所需要的支持——父母不曾给予他们的支持。他们没有学过自己做出选择和决定所需的技能。需要一定的时间，才能让迟开的花朵相信，成为一个脱离自己的父母的独立的人，并放弃自己对在生活中为得到别人赞同而需要怎么做的错误认识，是很好的事情。

娇纵、过度保护、解救型的养育

如果你不是一块砖，你会更像一块地毯，让每个人在你上面踩来踩去，掩盖问题而不是解决问题吗？娇纵型的父母可以把自己比做地毯，这是第二种注重短期效果的养育风格，因为他们会过度保护、溺爱并解救自己的十几岁孩子。

这种养育方式会让孩子们：

1. 期待从别人那里得到过分的服侍。
2. 把爱和得到别人对自己的照顾完全等同起来。
3. 更在乎物质，而不是人。
4. 学会："我无法处理自己的苦恼或失望。"
5. 相信："我无能。"

娇纵型的养育方式，似乎让父母觉得自己已经尽到了职责，因为他们从痛苦或折磨中保护或解救了自己的孩子。然而，注重短期效果的养育剥夺了十几岁孩子学习自立和韧性的生活技能的机会。他们不会知道自己能够从痛苦和失望中挺过来，甚至能从中学到东西，而是在长大后成为极其以自我为中心的人，坚信这个世界和父母都欠他们的,并且他们有权得到自己想要的一切。因而,娇纵不是一种好的养育方式,无法帮助十几岁的孩子成长为具有良好品格和人生技能的成年人。

案例:科蕾塔是个娇纵型的母亲,女儿杰西每次在商店里想要一个玩具或糖果时,她都会让步。毕竟,科蕾塔想保护杰西免受任何痛苦。当杰西就要完不成一项作业时,科蕾塔会立即解救女儿,她会放下自己的所有事情,跑到图书馆或书店去找资料,以便能帮助杰西完成作业。

到杰西上八年级时,科蕾塔和杰西形成了一个固定的模式。杰西认定,自己在学校里是否受欢迎,取决于她是不是学校里穿得最好的女孩。她要求买越来越多的衣服。如果母亲说"不",杰西就会哭着央求,并会威胁说如果得不到自己想要的,她就不去上学了。科蕾塔就会屈服。想象一下,杰西正在培养一种怎样的品格和技能。

杰西在上大学时,通过刷信用卡继续着自己物质至上的生活方式。没用多久,她就负债累累。在绝望中,她发现了通过欺骗她做兼职工作的雇主来多拿钱的办法。杰西被逮住并被解雇了,几乎快破产了。所以,她向妈妈哭诉,妈妈又将她解救了出来。由于科蕾塔没有看到自己作为一个娇纵、过度保护、解救的母亲如何在当初造成了问题,她继续让事情越变越糟。

如果母亲允许杰西体验她的选择造成的后果,她应该早就被赋予力量了(注意:我们没有说科蕾塔应该强加后果。允许十几岁的孩子体验自己的选择带来的后果,与把后果强加给他们完全不同)。可以以一种很尊重的方式让孩子体验后果。科蕾塔本该做的最能鼓励女儿的事情,是对杰西表现出共情,对自己愿意花钱的数额设立明确的限制,并帮助杰西用头脑风暴找到自己承担财务责任的方法。尽管这对于她们母女两个来说都不容易,但会赋予她们力量。

娇纵、过度保护和解救可能会让你显得像个圣徒——你的十几岁孩子甚至会很喜欢。但是，这种养育风格不能帮助你的孩子学会自己飞翔。当你避免过度保护和解救孩子时，你的十几岁孩子当时可能会认为你不在乎他们，他们甚至会指责你不爱他们。但是，这不会持续很长时间——时间一长，他们就明白了。

想一想你在哪些方面可能在过度保护和解救孩子，并因而剥夺了他们培养自立能力和相信自己有能力的机会。要从中选择一些你可以用和善而坚定来代替这种模式的领域。坚定，只要求你别再那么娇纵孩子；和善，可能要求你共情，然后要花时间训练孩子，或解决问题，或者向孩子表明你对他们处理问题的信心。

摇摆不定

或许，像很多父母一样，你会在一种注重短期效果的养育风格和另一种之间摇摆不定。你可能发现自己对孩子控制太多了，然后，出于内疚，就转向了娇纵。在你读这本书并尝试书中的一些理念的过程中，你会发现自己用在注重短期效果的养育方式上的时间在减少，而花在注重长期效果的养育方式上的时间在增加。你会理解自己的做法。你会知道在赋予你的十几岁孩子力量时，什么管用，什么不管用。这有助于你意识到自己目前大多数时候采取的是哪一种养育方式。

忽视或放弃父母的职责

这种养育方式就像是一个看不见的鬼魂或者一个心不在焉的外人。你的十几岁孩子几乎不知道你在他们身边，或者可能会感到他们需要养育你。忽视和放弃养育，是另一种注重短期效果的养育方式。这种养育风格会让孩子们知道：

1. "我不重要，而且也许不可爱。"
2. "我唯一的选择就是放弃，或找到一种归属于其他地方的办法。"（既可能是建设性的方式，也可能是破坏性的方式）
3. "父母不关注我，是我的错；所以，我一定要以某种方式行事，并改进自己，让自己值得父母爱。我必须证明我可爱。"
4. "我不能继续当个孩子了，因为这个家里必须要有人承担起责任，所以我猜这个人应该是我。我必须照顾我的兄弟姐妹和父母。"

尽管对孩子的忽视有多种形式——有些会很严重（比如，父母有药物滥用、情感和心理问题、沉迷于工作，或者完全漠视孩子的身体、情感或心理健康）——但很多忽视，比如冷漠、情感上不关心孩子，以及缺乏沟通，是由于父母的无知或错误的信念。有时候，忽视是绝望的结果——相信不管你做什么，都不起作用，所以还不如什么也不做。

案例：一位母亲抱怨丈夫拒绝管她从上一次婚姻中带来的一双儿女。他期待她处理所有的管教问题，但又批评她的养育方法。尽管他激烈地抱怨继子女的行为，但他拒绝直接跟他们打交道。结果，这两个孩子觉得这个从他们上幼儿园开始就和他们生活在一起的大人不爱他们，觉得自己不重要，并且对他缺乏尊重。这位继父看不到自己的行为是对继子女的忽视：他为这个家提供经济来源，给孩子们的母亲提供养育建议，并且和妻子共同养育着两人亲生的年幼孩子。

幸运的是，这位继父接受了一些心理咨询。当他意识到自己一直在忽视继子女时，他向他们承认了这一点，说他犯了个错误。他告诉他们，他爱他们，他们对他很重要。他找各种办法和每个继子女单独度过特别时光。他不再对这两个孩子的事情不管不顾（事后又向孩子们的母亲抱怨），而是通过直接向孩子说出自己的感受和想法，并倾听两个孩子的想法和感受，让自己融入他们的生活。

放弃，是另一种常见的忽视方式。这些父母不是控制孩子，而是尽量不理会孩子的行为，强烈地希望孩子的问题行为会自动消失。通常，孩子的问题行为不会自动消失。无论十几岁的孩子多么经常地说希望父母不要干涉他们，但实际上，他们需要并希望得到一些指导。他们仍然需要一个副驾驶。尽管他们的行为就好像要把你踢出飞机一样，但如果你真的离开，他们会感到自己被抛弃了。他们想要的是一个能够通过和善而坚定的养育方式尊重地对待他们的副驾驶。

而且，即便孩子似乎对你说的话一个字也听不进去，但实际上他们会听，尽管可能需要几天、几周甚至几年的时间，他们才会以你能注意到的方式让你看到这一点。

对很多父母来说，对自己的孩子有信心并控制自己的行为，而不是控制自己十几岁孩子的行为，看上去就好像什么事都没有做。其实，这意味着停止做那些不管用的事情。有时候，一个副驾驶能做的全部事情，就是给孩子爱和信任。而且，即便这可能达不到想要的短期目标，但从长远来看，无论对父母还是十几岁的孩子，其回报都是非常丰厚的。比如，当一位母亲不再控制或忽视孩子时，她发现儿子开始更尊重她了。她懂得了榜样确实是最好的老师。

和善而坚定的养育

和善而坚定的养育——一种注重长期效果、鼓励式的养育风格——是本书的核心。我们称之为正面管教的养育方式。在每一章，我们都会提供一些超出本章概述所讨论的成为一个和善而坚定的正面管教型父母的养育技巧。和善而坚定的父母会让孩子们知道：

1. 伴随自由而来的是责任。
2. 要做到相互尊重。
3. "我能学会有价值的人生技能，比如解决问题、沟通以及对他人的尊重。"
4. 错误是学习的机会。
5. 家庭成员有他们自己的生活，而且"我是宇宙的一部分，而不是中心"。
6. "我的父母会在一种没有责备、羞辱和痛苦的氛围中，通过让我探究我的选择带来的后果，让我承担责任。"

和善而坚定的养育意味着更关注长期的后果和目标，而不是即时的短期措施。如果想转变为注重长期效果的养育，父母们首先要解决的一个问题，就是转变对犯错误的认识。尽管人在成长过程中会犯很多错误（而且，我们在一生中都会不断地犯错误），但我们往往将犯错误和失败等同起来，而不是将它看成是学习的机会（见第4章）。下面这个故事提供了一个例子，让我们看到朗达如何抵制住了解救女儿的冲动，而采用和善而坚定的养育方式支持女儿学习人生技能。

朗达的女儿，贝琪，因为对老师在教室里处理一件事情的方式感到生气，跟老师约好了见面。贝琪让妈妈跟她一起去见老师。由于相比于眼前这件事，朗达更关心女儿的长远能力发展，所以她同意了，但说："为支持你，我会和你一起去，但我知道你会很好地向老师表达你的感受。"

当贝琪磕磕巴巴地跟老师说话时——尽管两人在去学校路上的车里练习时，贝琪能毫无困难地表达自己的观点——朗达就站她身边。之后，朗达感谢了老师抽时间来见她们，然后告诉贝琪，在她跟老师谈自己的想法和感受时，妈妈感到多么骄傲。朗达只字未提贝琪的紧张。

朗达的长期目标是帮助她的女儿培养勇气。她知道，随着时间一年一年地过去，贝琪在遇到麻烦或遭到欺负时，需要维护自己的利益并表达自己的看法。如果妈妈静静地站在她身边时，贝琪能练习说出自己的看法，她终有一天能自信地独自处理各种情形。

改变养育方式可能会很难

改变你的养育方式几乎就像学习一门全新的语言。你生活在一种我们将自己熟悉的语言称为"传统智慧"的文化中。现在的传统智慧就是要事无巨细地管着孩子。有时候，"直升机式养育"这个词就用来描述这种流行的事无巨细的养育风格。你身边的几乎每个人都会遵循这种传统智慧——包括大多数学校基于惩罚和奖励的管教方法。很少有人会想象和善而坚定的正面管教型养育是什么样。当你采用一种新的养育方式时，你会显得别出心裁，而且很多人会批评你，认为你很"怪"。甚至你的十几岁孩子也可能会让你别再努力帮助他们承担责任，就像"正常"的父母那样对他们禁足就行了，以便他们能继续原来的生活，做自己想做的事情。要改变你的养育方式，需要三个步骤来克服所有这些阻力。

　　第一步，是要理解为什么这是一个好理念。你已经在这一章和前面两章了解了"为什么"。即便有了这种理解，改变原来的旧模式也会很难。这要求一种思维模式的转变——你真的必须用一种完全不同的新眼光看待你自己和你的十几岁孩子。

　　第二步，是要学习有效的养育技巧来代替原来的旧模式。这一步并不像听上去那么容易。你可能会发现自己在用熟悉的方式对孩子的行为挑战做出"反应"，即便这些方法无效。你需要原谅自己，并从自己的错误中学习，然后通过练习你的新技能选择"主动行动"。因为原谅你自己（和你的孩子）的错误是如此重要，你将在第4章了解到正面管教的这一基本原则的更多内容。

　　第三步，是要承认放弃控制可能会很吓人。这在我们的养育讲座和我们对十几岁孩子的父母提供咨询的过程中非常明显。我们需要花好几个小时帮助父母们理解为什么原来的方法不管用、教给他们新的养育技巧，并讨论控制为什么是一种幻觉。父母们都会赞同地点头，然而，最后总会有人问："但是，对于＿＿＿我该怎么做呢？"内心里，我们会叹息一声，并且想：难道他们没有看到我们一直在说的能有效地处理这种情形的至少6种养育工具吗？当然，我们不会大声说出来，但这样的问题总会让我们思索，为什么他们不理解呢？显然，我们可能忘记了改变并不容易。吸收新的理念、进行大量的练习，并从错误中学习，都是需要时间的。我们还意识到，很多父母问的是错误的问题。只要他们在问这样的问题，和善而坚定的养育对他们就不会有效。

错误（注重短期效果）的问题

1. 我怎样才能让我的十几岁孩子"介意"我呢？
2. 我怎样才能让我的十几岁孩子理解"不"呢？
3. 我怎样才能让我的十几岁孩子听我说话呢？
4. 我怎样才能让我的十几岁孩子合作并按照我说的做？
5. 我怎样才能"激励"我的十几岁孩子（这是让孩子"做我认为最好的事情"的另一种说法）？
6. 我怎样才能让这个问题消失？
7. 对这种情况的惩罚或后果是什么？
8. 我记不住这些新的养育工具，我有什么问题吗？
9. 这需要多长时间？

这些问题可能在你看来是完全合理的。如果是这样，你就仍然是注重短期效果的养育心态。当下面这些问题成为你关注的主要问题时，你就会转向注重长期效果的养育心态。

正确（注重长期效果）的问题

1. 我怎样帮助我的十几岁孩子变得有能力？
2. 我如何才能进入我的十几岁孩子的内心世界，并支持他或她的成长过程？
3. 我怎样帮助我的十几岁孩子感觉到归属感和自我价值感？
4. 我怎样帮助我的十几岁孩子学会社会和生活（合作）技能，比如解决问题的能力、明确自己的感受并将这些感受说出来（也称为形成感受词汇）的能力？
5. 我该如何开始尊重我的十几岁孩子在什么对他或她最好的

问题上抱有不同的观念呢？

6. 我和我的十几岁孩子怎样才能把这个问题当做一次从我们的错误中学习的机会呢？当我们犯错时，如何才能够学会再尝试一次，而不是放弃呢？

7. 我如何才能学会提醒自己改变需要时间呢？

8. 我怎样鼓励自己每次迈出一小步就足够了？

9. 我如何才能对自己和我的十几岁孩子有信心？

这些"正确"的问题代表了你真正想问的问题吗？这些问题的有趣之处在于，当这些问题得到回答时，就不需要问那些"错误的"问题了。当十几岁的孩子受尊重地参与解决问题的过程时，他们可能不"介意你"（无论如何，"介意你"都不是真正健康的），但他们更可能会合作。他们很可能会从你的鼓励中找到内在的动力，而不是反抗你的控制。而且，要记住，当十几岁的孩子感觉自己得到了倾听，并且当你运用了让他们倾听的技巧时，他们更有可能倾听。

不要奋力避免问题的产生，就好像它们是绊脚石一样，把出现问题看做是学习的机会，对你和你的十几岁孩子是一件多么能赋予你们力量的礼物啊！一旦认识到这一点，你就会节省很多父母浪费在试图让孩子避免犯错误上的时间和精力。

你越感觉不舒服，就说明你做得越好。你可能对惩罚、解救或过度保护孩子感觉比较舒服，因为你已经习惯了这样，并相信这是对的。但是，你和你的十几岁孩子能从这种经历中学到什么呢？另一方面，当你说"不，我不能给你滑雪的钱"，或者"我对你昨天晚上回来那么晚感觉很不好，我想跟你谈谈"时，你可能会感觉很不舒服。贝琪的妈妈在看着女儿磕磕巴巴地跟老师谈自己的感受和想法时，感到很不舒服，很多次都禁不住想介入并解救女儿脱离困境。但是，她没有介入，因为，她培养贝琪勇气的愿望比她缓解贝琪当时困境的需要更强烈。

和善而坚定的养育可能会让你感觉不舒服，因为你可能体验不到注重短期效果的养育方式通常会产生的那种即时效果。有时候，这可能让你感觉好像是让自己的十几岁孩子逃脱了惩罚。当你的行为和你的长期目标联系起来时，就需要对长期效果有充分的信心和深刻的理解，才能相信自己做得对。我们打过交道的很多父母都直到一两年之后才有机会看到他们努力的结果。要有信心！

用正面管教养育的孩子还会叛逆吗

很多父母形成了一种错误的信念，认为如果他们在孩子小的时候使用了正面管教的方法，孩子到十几岁时就不会犯错误了。正相反，那些以民主和尊重的方式养育的孩子往往对冒险、反叛和学习更自信。

让我们假定，你从孩子很小的时候开始，就一直采用和善而坚定的养育方式。你在家庭会议上使用解决问题的技巧，而且你的孩子已经变得很有责任感并很合作。你和他们的关系很好，并且坚信他们能够顺利渡过青春期。这不是事实。十几岁的孩子就是十几岁的孩子。

这个世界上没有能够驯服荷尔蒙或改变大脑发育的技术。而且，当那些荷尔蒙在身体里开始乱蹿时，你的孩子将开始他们青春期的发育任务。

不要惊慌。你的孩子十几岁这几年不需要你质疑自己正在学的这些东西，并疑惑："如果这种正面管教的方法不管用怎么办？"你可能会告诉自己应该对孩子进行更多的道德说教，花更多的时间为孩子设立目标，并且对孩子进行更多的控制，以便你的孩子不会像现在这样那么不体谅、不尊重人。你可能想知道自己是否应该在为时过晚之前收紧缰绳。这段时期对任何父母来说都不容易，但我们能够保证，通过收紧缰绳或使用惩罚和控制"激励"孩子，不会让事情变得更好。实际上，用这些方法只会让事情变得更糟。

知道在正面管教方式下养育的孩子往往会感到能更自由地在父母眼皮底下反叛，而不用偷偷摸摸或者一直等到上大学，对你来说或许是有帮助的。他们甚至会利用你传递给他们的信息来助长自己的反叛，比如"但是，我想是你告诉过我，你想让我自己思考并倾听我内心的声音"，以及"你为什么这么生气？你一直教我错误是学习的机会。我们能修好那个撞坏的挡泥板"。

当你改变养育方式时，要让孩子知道

当你决定运用和善而坚定的养育方式，并改变你和自己十几岁孩子的关系时，要让孩子知道。你将极大地改变自己的角色，而你的十几岁孩子需要知道能够期待什么。放弃惩罚或解救孩子是一个最大的变化，所以，一定要跟你的十几岁孩子解释这一点。要承认你犯了一个错误，承认惩罚和解救没有用，并且承认你打算改变。考虑到你过去或许说过很多你并没有真正坚持到底的话，你的十几岁孩子很可能会观察一下，看看你是否真正做出任何不同的事情。

我们的目标是帮助父母们形成运用和善而坚定的养育方式的勇气和技巧，以便他们的孩子能够形成做一个负责任的成年人的勇气。这个成长过程，对父母和十几岁的孩子都是一种丰富的经历。

需要记住的和善而坚定的养育技巧

1. 要运用具有长期效果的养育方式，而不是控制或娇纵，来帮助你的十几岁孩子变得更有责任感、更自立、更有能力。

2. 当你忍不住想控制孩子时，要问自己："从长期来看这有用吗？"如果没有用，就要使用和善而坚定的养育方式。

3. 尽管事无巨细地控制你的孩子的生活可能会让你感觉更舒服，但这并不能让孩子成长为一个健康的成年人。要让你的十几岁孩子管理他或她自己的生活。

4. 当你理解为什么改变你的养育方式是个好想法，当你用更有效的方法代替那些过时的方法，并且当你接受放弃控制很可怕时，你就迈出了和你的十几岁孩子一起完成更多你想做的事情的脚步。

5. 通过给你的孩子更多空间从他们的错误中学习，能够帮助他们平衡自由和责任之间的关系。

6. 要专注于大局，并要提醒自己出于恐惧的养育方式会阻碍孩子的成长。你不必做完美的父母。

7. 花时间让自己冷静下来，以便你有机会帮助你的孩子学习和成长。

练习

1. 想想最近你对控制自己的十几岁孩子这种短期目标更感兴趣的一个情形（这是你的行为可能由"爬行动物脑"[①] 支配的时候）。在你的日志里描述出这个情形。

[①] 一种比喻的说法，喻指当人生气的时候会失去理性，而且不愿意听别人的观点。——译者注

2. 想一想你怎样以一种更加理性的方式处理相同的情形，才能有助于你的十几岁孩子学会一些为他或她的成年做好准备的技能。把你的处理办法写下来。这会帮助你为再遇到这种情形做好准备。

3. 你在一些方面过于娇纵自己的十几岁孩子吗？如果是这样，在你的日志中解释一下。

4. 考虑一些可以用来"断奶"的技巧，以帮助你的十几岁孩子变得更自立。把它们写下来。

5. 想想你为让你的十几岁孩子免于体验自己的选择所造成的后果而解救他们的情形。详细描述出这个情形。

6. 当你下一次忍不住想解救自己的十几岁孩子时，你会怎么做？你怎样和善而坚定地教会你的孩子一些重要的人生技能？

7. 尽量想一个情形，你由于沮丧或能力不足（或者由于沉迷于工作、药物滥用、情感问题，或其他任何原因）而忽略了你的孩子。在你的日志中描述出这对孩子的影响。

8. 为了改善你和你的十几岁孩子的关系以及和你自己的关系，你愿意做出改变吗？写下你要采取的具体行动。

第4章

如何让错误成为学习的大好机会
对错误感到兴奋

什么时候错误得到了这么坏的名声？错误是成长和学习过程的一个自然组成部分。我们什么时候开始了对错误感到难为情？我们什么时候开始听到犯错误意味着我们无能，而不是发现错误是学习过程的一个组成部分？我们对错误的认知，很大程度上是由我们孩提时代从大人那里接收到的信息形成的。

有时候，关于错误的负面讯息是很明显的："坏丫头。你不应该摸那个花瓶。你在幼儿园里上课时不应该说话。"我们肯定你还能想出对可能犯的错误的很多其他警告。事实上，她不会因为摸了花瓶就是"坏丫头"；如果她不想摸花瓶，她就不是一个正常的学步期孩子了。我们震惊地发现，在一些幼儿园，孩子们会因为在课堂上说话而得到"红牌"。对年龄小的孩子们来说，当他们对学习——无论是社会交往方面的，还是学业方面的——感到兴奋时，想说话是他们在这个发育阶段的正常行为。

有时候，这种信息是不那么明显的。当你送孩子去幼儿园或者去玩时，说"要小心"、"要乖"，这对孩子正在萌芽中的自信心和学习的快乐会造成多大的损害？通过这些话，关于犯错误的负面含义就暗示给了孩子。想象一下，如果你说，"快乐地玩吧，看你能从自己的错误中学到多少东西"，会传达多么不同的信息。这会营造一种自由的氛围，让孩子们在不丧失任何自尊的情况下，从始终是生活一部分的无数错误中学习和成长。

在孩子艰难时做一名啦啦队长

父母们究竟从哪里得到一个荒诞的观念，认为若要让孩子做得更好，就得先让孩子感觉更糟？人们在感觉糟糕时，无法学习任何正面的东西。最有效的学习，发生在人们感觉良好的时候。如果你因为孩子犯的错误而严厉责备他们，他们只会感觉很糟，无法从错误中学习。但是，如果你能改变自己的心态，把错误看成是大好的学习机会，并再次尝试，你的孩子在今后就可能会用不同的方式处理问题，并且会对自己更有信心。

关于错误的一个问题是，错误的发生是没有预兆的，所以，你无法为之做出计划，但你仍然能从中学习。我们建议你开始一个日常惯例，让家里的每个人在晚餐时分享自己的一个错误以及他们从中学到了什么——每天都这么做。

眼睁睁地看着自己的孩子犯错会很难，尤其是大错，除非你对孩子和自己很有信心。你相信自己是那种在孩子把事情弄得一团糟时能给予孩子支持，而不是让孩子遭受一大堆内疚、羞辱、指责和惩罚的父母吗？

当你的十几岁孩子接二连三地犯错误时，搞清楚如何保持那种"继续,你能做到!好,太棒了!"的心态并非总是很容易的。当你的儿子或女儿第一次喝得醉醺醺地回到家里时,你不会赶快跑去把这件事写进孩子的成长日记里。当你刚刚花了一大笔钱给你的十几岁孩子矫正牙齿,而孩子怎么也不戴牙套时,你不会感觉很受鼓舞。当你的十几岁孩子因为把全部时间都花在玩 Facebook 或 Xbox 上,而不是做家庭作业,导致有一门功课不及格时,你也许不会感觉想给她的爷爷奶奶打电话夸耀她——尽管当她小时候坐在高脚椅上把自己的食物丢下来给狗吃时,你会马上给他们打电话。那时候,你不会责骂孩子这种与其年龄相符的行为,而可能会在她的椅子下面铺一大块塑料布。当你的十几岁孩子想把醒着的每一分钟都用来给朋友发短信时,似乎就没那么可爱了,尽管这也是与其年龄相符的行为。

在你的孩子十几岁的这个阶段,你的职责就是以鼓励和支持——而不是用巴掌和惩罚——来帮助他或她从错误中学习。

如果十几岁的孩子确定自己不会因为所犯的错误而受到批评或惩罚,他们或许会愿意告诉你自己犯的一些错误。如果他们感觉到和父母探讨一些可能性是安全的,他们或许甚至会避免犯某些错误。然而,大多数十几岁的孩子学会了隐藏自己的错误,以避免父母的指责和暴怒。或者,他们学会了隐藏自己认为并没有错的行为,以避免父母的说教和控制。

启发式问题

父母们最常犯的错误之一,就是说、说、说,告诉、告诉、告诉。当孩子犯了一个错误时,大多数父母会告诉孩子发生了什么事,是什么原因造成的,对此应该有什么样的感受,以及应该怎么做。然后，他们还会加上某种形式的惩罚，以"给他们一个教训"。如果父母们能够停止"告诉"并开始"问"，他们就会更有效。

我（简·尼尔森）最喜欢举的一个启发式问题的例子，是我最小的女儿玛丽有一次告诉我，她打算在九年级毕业派对上一醉方休。尽管我很想说，"哦，不，你不能这么做！你不知道那有多危险吗？你想毁掉自己的一生吗？如果你那样做了，会被禁足一个月，并且你将失去所有特权。"但我忍住了。

相反，我深吸了一口气，说："跟我说说看，你为什么想那么做？"

玛丽：很多孩子都那么做，而且看上去他们喝醉时都很开心。
我：你现在不喝酒，你的朋友们是怎么说你的？

玛丽想了一会儿。（当孩子知道你真的很好奇，并且你几乎能看到他们的思考之轮在转动时，你就会知道自己问了一个启发式问题。）

玛丽：他们总是跟我说钦佩我，为我感到骄傲。
我：他们没有试图强迫你喝酒吗？
玛丽：真的没有。他们有时会试图让我喝，但当我说"不"时，他们不会强迫我。我只是认为自己想要尝试一下。
我：在你喝醉后，你认为你的朋友会怎么说你？
玛丽：嗯……他们也许会对我失望。
我：你认为你对自己会有什么感觉？
玛丽（思考了很长一段时间）：我可能会觉得自己像个失败者。（又想了一会儿）：我猜我不会那样做了。

我：听上去像个好决定。我相信你会思考自己真正想要什么样的生活，而不是随大流。（好吧，我在这里确实有点说教，但我不认为她会当成一次说教。）

启发式问题能够帮助孩子探究他们的选择带来的后果，而不是把后果（惩罚）强加给他们。多年后，玛丽告诉我，她确实试着喝过几次酒，但真的不喜欢，并决定不让喝酒成为自己的习惯。她的朋友们说她会适应的，但她想的是为什么我要适应呢？

帮助你的孩子自己思考，要比让他们偷偷摸摸地做事和反叛好得多。并非所有的孩子都会决定滴酒不沾。毕竟，大多数父母都会在社交场合喝酒（如果不是酒鬼的话）。帮助十几岁的孩子思考负责任地喝酒和不负责任地喝酒之间的区别，难道不是更好吗？

只有当你真正对孩子的想法、感受和学到的东西感兴趣时，启发式问题才会有效。当你生气时，可能很难做到这一点。要等到自己平静下来，再问孩子启发式问题。这样说可能会更有效："我现在对这件事太生气了，但是我爱你，想在我平静下来后再跟你谈。"有时候，最好的办法是把问题放到家庭会议的议程上，让全家人一起讨论，然后用头脑风暴想出解决办法。

让孩子看到如何从错误中学习

随着你的成长和作为父母的意识的增强，你会发现自己过去做的很多事情都是无效的，甚至可能是让你的孩子丧失信心的。你的十几岁孩子不是唯一能够从错误中学习的人，你也能。考虑到十几岁孩子的经验、知识、支持体系和正处于成长过程中，你的孩子已经尽了自己的最大努力。而且，你也是如此。教给孩子错误是学习的大好机会的最好方法之一，是你自己要实践这个原则。当你犯错误时，你既可以感到自己无能、丢脸，并且认为自己是个失败者，也可以从中寻找学习的机会。当你犯的错误涉及其他人时，下面的"矫正错误的4个R"能够帮助你。

矫正错误的4个R
1. 承认（Recognition）
2. 承担责任（Responsibility）
3. 和好（Reconciliation）
4. 解决问题（Resolution）

承认：意味着你要意识到自己犯了一个错误。把自己看作一个失败者，并沉湎于自责和羞愧中是无益的，倒不如认识到你所做的是无效的。

责任：意味着要看到你在错误中应该承担什么责任（或许，你以某种方式招致了孩子的反叛或让他们丧失了信心），并且愿意为此做一些事情。

和好：意味着要告诉你的十几岁孩子，如果你以不尊重的方式对待了她，或以任何方式伤害了她，你都很抱歉。你注意过当你道歉时，孩子会多么快地说"没关系"吗？他们是非常宽容的。

解决问题：意味着要和你的十几岁孩子一起想出一个你们双方都满意的解决办法。一旦你承认了自己的错误、为错误承担起责任，并且向孩子道歉，你通常就创造出了一种有助于解决问题的氛围。

矫正错误的 4 个 R 的具体运用

一天，我正在美发店做头发，我的女儿玛丽不停地烦我。她一直跟我要钱并问我还有多长时间才能做完头发，而且几乎每 5 分钟就打断一次我和美发师的交谈。

当我们终于回到家后，我气极了，以至于说她是被宠坏的捣蛋鬼。她反驳说："好啊，你一会儿不要跟我说对不起！"（她对"矫正错误的 4 个 R"非常熟悉。）

我正受着"原始脑"的支配，说："你不用担心，因为我不会那样！"

她跑回了自己的房间，"砰"的一声摔上了房门。我意识到（承认）自己说她是被宠坏的捣蛋鬼是犯了一个错误（在这件事情中，我犯了好几个错误，但这个错误就足以引起事端了）。我去她的房间向她道歉，但她还没有准备好听我说。她正忙着在《正面管教》一书中划着一些段落。

她说："你是个骗子！你教别的父母要尊重他们的孩子，可是你却骂我。"

她说得对。我感到很内疚，悄悄地离开了她的房间。一开始，我没有把自己的错误看做一次学习的机会。相反，我在想我应该放弃自己此时这个职业，因为我没做到自己宣扬的理念。

不到 5 分钟，我女儿来到我身边，给了我一个拥抱，并且说："对不起。"

我说："宝贝儿，我也对不起你。当我叫你被宠坏的捣蛋鬼时，我就是个被宠坏了的孩子（承担责任与和好）。我因为你不能控制你的行为那么生气，而当时我也没有控制自己的行为。"

她说:"没关系。我当时真的是一个被宠坏的捣蛋鬼。"

"是啊,"我说,"但我能够看出来,我对你的不尊重怎样激化了你的行为。"

她说:"是的,但我确实打断了你说话,并且一直烦你。"

这就是当我们愿意为造成的问题承担起我们那部分责任时,事情通常的发展方式:孩子会从我们做出的榜样中学习,并承担起他们自己的那部分责任。我和女儿通过决定下次我去做头发之前要制订一个计划,解决了这个问题(解决问题)。我会告诉她我做头发需要多长时间,她将决定自己在这段时间内想做什么,我们会在两个人都办完事情之后再碰面。

我本来会因为自己没有身体力行自己宣扬的理念而沉浸在内疚中。但相反,我的女儿和我都学到了宝贵的一课。

利用所犯的错误来理解后果和责任

不要因为只关注错误本身,而让自己一直抱着批评自己的心态和内疚感,如果你能够帮助孩子评估他们对自己所做的决定的想法和感受,以及他们下次怎样做才能得到一个不同的结果,你能教给自己孩子的将会更多。你可以采用同样的办法评估自己所犯的错误。

贝基,一个参加十几岁孩子养育讲习班的母亲,问道:

我该怎么办呢?我知道自己犯了个错误。我16岁的女儿不把精力放在学校的功课上。她说能够得C她就很满意了,但是,如果她的学习成绩不提高,她根本上不了大学,尤其是她选择的大学。我告诉她,在完成全部家庭作业,并且经过我检查,以确保作业完整无误地完成之前，她不能做别的事。她同意了，但是到我检查作业的时候，她解释说她很难集中精力，就是无法完成作业。她或许有注意力不集中的问题，但我认为她这样说是为了让我别再逼她做作业。

我告诉她："小丫头，别认为你这样说我就能放过你了。你必须坐在书桌前写作业，否则你就不能去你的朋友家。"她在书桌前坐了差不多一个小时，心不在焉地在纸上乱画，很不高兴并且很痛苦。我们都很痛苦。后来，她给我留了一张便条，上面写着："我觉得自己一点儿都不爱你。"我知道自己完全做错了。我能够看得出来，威胁肯定不是和善而坚定的养育方式，但我不知道我还能怎么办。

讲师回答说：

记住，错误是学习的大好机会，所以，我们别再把这个情形看成"错的"了，而要把它看成是一次机会，搞清楚你真正想要什么、发生了什么、什么原因导致的，以及你下次可以怎么做。

然后，贝基和讲师通过下面这些问题，回顾了当时的情形，以找到一个更好的解决办法。

讲师：你为什么想让自己的女儿取得更好的成绩？
贝基：对我来说，她有机会上大学是很重要的，因为我没有这种机会，我想我错过了。我不希望她错过。
讲师：你认为她理解这一点吗，尤其是你不希望她错过上大学的机会？
贝基：哦，不理解。
讲师：让我们先记住这一点。到提建议时，我们再回头谈。

为什么你认为她能够做得更好，却对得 C 感到很满意呢？

贝基：我认为，她确信自己想上的那所大学更看重为社区服务，而不是学业成绩，她参加了很多社区服务项目。

讲师：你有过这种感觉吗，想把注意力集中在自己认为最重要的事情上？

贝基：有过。我能理解这一点。

讲师：你能看到自己是如何跳过了对你和女儿都重要的问题，而陷入了权力之争，并恶化成了报复循环吗？

贝基：能。在威胁说不让她去朋友家之后，我感觉很糟糕，尤其是因为我知道这几个女孩要为学校募集善款的地点列一个清单，但我不能让她逃脱那样跟我说话而应受的惩罚。所以，我赢了这个回合，但她当然报复了我。当我看到她的便条时，我既伤心又沮丧。

讲师：根据我们发现的这些问题，你能想到我们在讲习班上讨论过的可以用于这种情形的任何原理和方法吗？

贝基：想不出来。我感到自己真的被卡住了。我想象不出能用哪种逻辑后果。

讲师：太好了！如果你想不出逻辑后果，可能就意味着逻辑后果在这个情形中不适用。正如我以前提到的那样，我们大多数人太迷恋于后果，以至于我们经常会在不适用的情况下运用后果，或者我们会试图通过将惩罚称为逻辑后果而将其伪装起来。确保把爱的信息传递给孩子，说出你的愿望，进入孩子的内心世界搞清楚她想要什么，然后和孩子一起制订一个你们两个双赢的计划，怎么样？你愿意把这些做一下角色扮演，看看感觉如何吗？

贝基：当然。

讲师：好的。你愿意扮演自己的女儿，我来扮演妈妈吗？

贝基：愿意。这会让我现在感觉容易一些。

讲师：从你女儿说的话开始吧。

贝基（女儿）：妈妈，对我来说，在那些科目上取得比 C 更好的成绩并不重要。

讲师（妈妈）：对我来说，你取得足够好的成绩，进入自己想上的大学，真的很重要。

贝基（女儿）：我也是这么想的，但我用谷歌查了这所大学的入学要求，发现它们更看重社区服务而不是成绩，我有了很多社区服务项目可以写到入学申请表上。

讲师（妈妈）：很好，我很高兴你研究了入学要求。这让我知道了进入那所大学对你来说很重要。我不愿意你因为一些本来能够得 B 或 A 而结果却得了 C 的科目，错失上大学的机会。如果我跟我们学院负责入学申请的指导老师约个时间，看看她是否赞同你做的这些研究，可以吗？她帮助过很多孩子进入大学，而且我确信她以前帮助过一些孩子进入你选择的那所大学，她有第一手资料，知道那所大学说的和做的是否一致。然后，我们可以在下一次家庭会议上讨论这件事，以便我们能制订出一个计划，让我们两个都达到目标。

贝基（女儿）：当然可以。谢谢你，妈妈。

讲师：作为女儿，你现在有什么感觉？

贝基：我感觉到了爱和尊重，并愿意和你一起在家庭会议上制订一个计划。

讲师：在我听起来，你现在好像已经开始避免权力之争和报复循环了。这更有可能让每个人都得到自己想要的，同时还能教给你的女儿有用的观念和技能。

下面是能帮助父母们在犯了可能导致权力之争、反叛和报复的错误之后，改善对孩子的理解和沟通的一些观念和技巧：

改正错误的 6 个步骤

1. 回归规则的精神，而不是其字面意思（精神是要帮助女儿进入她选择的大学。规则的字面意思是做你的家庭作业，否则就会受到惩罚）。

2. 你愿意受到怎样的对待，就要怎样对待孩子——以理解、尊严和尊重的方式（如果有人仅仅因为你想做自己认为最好的事情而威胁要惩罚你，你会怎样）。

3. 要告诉孩子，对你来说什么是重要的，以及为什么（确保把爱和尊重的信息传递给孩子）。

4. 搞清楚对你的孩子来说什么是重要的，以及为什么。

5. 要愿意对规则破例（这与娇纵不同）。

6. 约定一个时间（家庭会议或其他时间），制订一个能够满足所有涉及到的人的需要和愿望的计划，而不是总是破例。

当你发现自己陷入了一种会在你和你的十几岁孩子之间造成疏远的冲突时，你要问自己："我的行为是出于自己的恐惧和愤怒，还是出于对孩子的爱和信任？"然后，用上面的 6 个步骤来改正你的错误，并帮助你记住能够鼓励你和孩子做得更好的和善而坚定的养育技巧。

需要记住的和善而坚定的养育技巧

1. 要经常告诉你的十几岁孩子，错误是学习的大好机会。

2. 要相信你的孩子能够自己作决定并从错误中学习。

3. 要通过友好地问你的孩子一些"什么"和"如何"的问题，帮助你的十几岁孩子探究他们的选择带来的后果。

4. 十几岁的孩子是有着自己感受的年轻人，应该得到理解、尊严和尊重的对待。

5. 告诉孩子对你来说什么是重要的，以及为什么（确保把爱和尊重的信息传递给孩子）。

6. 搞清楚对你的孩子来说什么是重要的，以及为什么。

7. 愿意对规则破例（这与娇纵不同）。

8. 不要匆忙地解决问题，而要定一个时间，或者等着开家庭会议，一起制订出一个让所有人都能够遵守的计划。

练习

深吸一口气。向你的十几岁孩子寻求帮助。你要充满好奇，并善于倾听。现在，让你的十几岁孩子给你举一个他们认为你作为父母曾经犯过的错误的例子。要用"矫正错误的 4 个 R"，写下你对每个"R"的回答，或者跟你的孩子一起讨论你的答案。4 个 R 是指承认错误、承担责任、和好、解决问题。

第 5 章

怎样激励十几岁的孩子
是的,这是可能的!

当父母们问"我该怎样激励我的十几岁孩子"时,他们通常的意思是:"我怎样让我的孩子按我的想法去做?我怎样让她在生活中找到平衡?我怎样才能让他离开电脑、到户外去,或者随便做点事情,而不是坐在那里无所事事呢?"

鼓励是激励的关键。我们在本书中分享的每一种养育工具,都是为鼓励和激励十几岁的孩子而设计的。在这一章,我们将介绍六种肯定能激励孩子的方法:致谢、幽默、做个交易或让孩子提供担保品、通过参与激励孩子、共同解决问题,以及坚持到底。

致谢

人在感觉更好时,才会做得更好。没有什么事情能像你因为一件感觉良好的事情而得到一个致谢或者对你的肯定，更能激励你了。对每个人来说都是如此，但对于那些听到的经常是大人没完没了的批评、唠叨以及对他们的抱怨的十几岁孩子，尤其如此。如果你习惯于用赞扬作为对孩子的一种激励，你有时可能很难找到自己的十几岁孩子值得赞扬的事情。这就是我们建议鼓励孩子的原因，因为即便在你的孩子心情沮丧并犯错误时，鼓励仍然管用。

确保每个人都能得到一个致谢或感激的场合，就是家庭会议（第7章有更详细的介绍）。如果你们每周都召开家庭会议，而且每次都从一些积极的事情开始，你的十几岁孩子或许就会因为这一点而想参加家庭会议。一个15岁的男孩说，他每周最喜欢的时刻就是在家庭会议上得到感激或致谢的时候。

在每一周，都要找一些办法，让你的孩子知道他们有多么独特、你感激他们的哪些方面、他们小时候有多么可爱。要跟孩子讲讲他们小时候的故事。要问他们是否希望别人说说他们做的什么事情，或希望别人喜欢他们什么，或者关注他们什么，然后，你要确保告诉孩子他们想听的话。他们会喜欢听这些，即便他们告诉了你他们想听什么。

幽默

十几岁的孩子喜欢幽默感，并且，对幽默的反应要比说教和唠叨好得多。下面几种情形说明了父母如何运用幽默赢得了孩子的合作，并让气氛轻松了起来。

当一个十几岁的女孩忘记布置餐桌时，她的母亲把晚餐直接放到了桌面上。大家都对这种荒谬的情形大笑了起来。从那以后，餐桌都能及时布置好了。

彼得是一位父亲，有三个十几岁的孩子。他常用打赌和猜猜看的游戏来激励孩子们，并且会加上一些幽默。当彼得注意到孩子们没有按照约定完成家务活时，他会说："有人忘记做自己答应做的事情了。谁第一个猜出来是什么事情，我就给他1美元。"三个孩子会满屋子跑，想找出谁是忘记做家务的人，以便能赢1美元。

还有一次，彼得说："我打赌2美元，你们在橄榄球比赛开始之前打扫不完院子。"他使用的打赌和游戏方法很有效，因为不经常用，而且出乎孩子们的意料。如果彼得试图用打赌作为奖励或贿赂，孩子们就会感到父亲不那么尊重他们，因为他这样做是在暗示孩子们帮助做家务的唯一目的就是为了钱。

一天，在商场里，抱着同样好玩的心态，彼得将购物清单撕成了两半，一半给了他的儿子，另一半给了儿子的一个朋友。彼得说："如果你们能在15分钟内找全自己那一半购物清单上的每一样东西，我就带你们两个去吃披萨。开始！"顾客们吃惊地看到这两个十几岁的孩子在商场里四处跑着将商品往购物车里扔。

有时，幽默感是把事情做好的唯一方式。当莎伦15岁的继子科尔来到家里后，没用多久家人就知道了他的存在。一开始，是莎伦的梳子不见了，然后是一半的厨用毛巾找不到了，最后，是几条毯子消失了。他打电话时不停地走着、扭着、转圈、跳舞，直到电话线乱七八糟地缠在一起。科尔还把他的脏盘子、杂志和汽水罐扔在莎伦的卧室里，他每天放学后躺在莎伦的床上看电视，因为他自己的房间太乱。一天，当莎伦开始布置餐桌时，在橱柜里却找不到任何餐具，用来剪调料的剪刀也不见了，她终于忍无可忍了。

"科尔·彼得·安德森，"莎伦喊道，"马上过来！"科尔慢悠悠地走进厨房，问道："你干吗这么一本正经的？你今天工作不顺利吗?"莎伦握紧拳头,准备好好数落一下科尔的"罪行",这时她决定试试另一种办法。她知道科尔很叛逆,而且非常善于挫败那些告诉他去做什么事,或者在他不做时就发脾气的大人。

莎伦停了一下,然后问:"科尔,你看过今天报纸上你的星座图吗?"

"莎伦,你在说什么?我从来不看星座。你知道的。"

"好吧,听听这个。"莎伦一边说,一边打开了晨报,一脸严肃地开始读了起来:"报纸上是这么说白羊座的。今天,你会感到有一种难以抗拒的冲动,想把莎伦的剪刀送回厨房,把所有的脏盘子和餐具都洗干净、放好,把缠在一起的电话线解开,并且把莎伦的梳子放回她的浴室。"

"让我看看。我想你是在跟我开玩笑,莎伦。"科尔一边说,一边去抢报纸。

"你赶快去做这些事情,我一会儿会把它给你剪下来看。"莎伦逗科尔说。科尔的嘴咧到耳朵上,笑着说:"莎伦,你真怪。"几分钟之后,他把一个装满了脏盘子的洗衣篮拿进了厨房,把剪刀放回了原来的位置,并开始整理电话线。莎伦走过去,给了科尔一个大大的拥抱,并且说:"谢谢,伙计!"

还有一次,莎伦问科尔是否希望她帮助他克服拖延的毛病。"莎伦,这是家族遗传。我们家所有人都拖延。这已经融入我们的血液了。"

"嗯,如果你愿意,我有一个能帮助你改掉这个毛病的主意,但我不会告诉你,除非你求我。"

"好吧,莎伦,我求你。拜托,拜托,拜托,你有什么主意?"科尔开玩笑地说。

"你知道大多数事情都有开始、中间和结束吧?我注意到你开始得非常好,中间也不错,而结束得却很糟糕。你要么给自己做一张名片,写上:'科尔·安德生,一个拖拉的人,再小的事情都会拖延'，要么你可以试试我的 ABC 快乐计划。"

科尔问："什么是 ABC 快乐计划？"

"我不能告诉你，但我可以做给你看。你准备好了吗？"莎伦问。科尔知道他又一次被耍了，但是，莎伦有办法帮他挽回面子，并且能够让事情变得很有趣，所以，他决定配合她。"好吧，莎伦，我准备好了。"

"我们从 A 开始。去你的车里，把所有的厨房毛巾和家里的毯子都拿进屋里来。"科尔打开房门向他的汽车跑去，抱了满满一大抱东西回来。"然后呢，莎伦？"

"下面是 B。把你抱着的所有毛巾和毯子放到洗衣机里，加上洗衣液，开动洗衣机。然后，站在洗衣机旁，看看你能不能猜出 C 是什么。"

"我猜，C 是我应该把这些东西叠好，并收起来。"科尔若有所思地说。

"聪明的孩子。我就知道你会理解 ABC 快乐计划。你不觉得开心吗？我知道我很开心。"莎伦笑着说。科尔摇着头，用一种很特别的表情看着莎伦，好像在说"大人有时真奇怪"。

如果莎伦说科尔懒惰、叛逆，就会把上面任何一种情形变成一种对抗。她对自己是想生活在和谐中还是战争中做出了决定。莎伦越依靠自己的幽默，科尔就越会合作，而不是陷入与她的"战争"。

让我们做个交易，并用东西担保

就像幽默一样，十几岁的孩子也喜欢做交易。这是平等交换——对十几岁孩子的公平感和思维方式很有吸引力的一个概念——的一种方式。由于十几岁的孩子可能会非常以自我为中心，并且期待这个世界围着他们转，在其他办法都无效时，与他们做个交易能激励他们。

交易有好坏之分。坏交易是那些你无法坚持到底或不现实的，或者与孩子的年龄、技能、生活经历不相符的交易。由来已久的"如果你发誓好好照顾小狗，我们就养一只"，就是坏交易的一个例子。大多数孩子在得到一只宠物几周之内，就会对照顾宠物感到厌烦，而到那个时候，你跟小狗已经有了感情，就舍不得将它送到宠物领养机构了。

一个好的交易应该是："如果你能在工作日帮我遛狗，我会在周末帮你一个特别的忙。"如果你无法看到孩子是否遛狗，这个交易就可能成为一个坏交易。下面是坏交易与好交易的另一个例子。"如果你保证用完车后给车加油，你今晚就能用这辆车。"这是一个坏交易，因为你的十几岁孩子已经拿到了车，所以，这个交易没有任何影响力。一个好的交易应该是："如果你在出发前把车洗了，今晚你就能用这辆车。"

下面是另外一些好交易。"只要你能在周三晚饭前干完该干的家务活，这个星期我都不会再为这件事烦你了。如果周三晚饭前没能做完，我会等你干完后再开饭。"如果你能遵守这个最后期限，并且如果你在周三晚饭时能在家执行，这个交易就会管用。另一个好交易是："我要跟你做个交易。如果你能找别的家长送你们去看电影，我会开车去电影院接你和你的朋友们回来。"下面这个交易怎么样？"我要跟你做个交易。如果你能为买那件新毛衣（吉他、游戏机等等）存钱，我就给你配上同样数目的钱。"

拿物品作担保，对十几岁的孩子真的很管用。如果他们想借你的什么东西，他们需要给你担保，在他们归还你的东西时，再把作担保的物品还给他们。好的担保物品可以是孩子喜欢的一件衣服、一个 iPod、iPad、手机等等，应该是你的孩子珍惜的东西。

通过参与激励孩子

达娜在一次养育课上分享说:"我女儿赛琪的学习成绩非常好。在大多数考试中,她总能得最高分,而且她不觉得学习有什么难的。在最近一次家长会上,她要求老师给她更有挑战性的学习任务。"小组里的其他妈妈都想知道达娜是怎么做的,才激励赛琪做得这么好。

达娜是这样说的:"我知道,对赛琪管用的方法是向她解释学习好的益处。我用能够利用的每一次机会向她指出这一点。当她学习新东西的时候,我会给她提供更多的信息,使她的学习达到一个更高的水平,然后向她指出这就是学习之所以这么酷的原因——你学会一个新东西,就为你开启一个全新的世界。

"比如,她学习行星时,我说:'有人相信还有更多的行星,我们现在甚至还不知道。'这促使她问了更多的问题,很快,我们就上网搜索答案了,因为我也不知道她的问题的答案。

"而且,正如老话说的那样,'孩子从我们的行为中所学到的,要比从我们的言语中学到的更多',所以,我通过读书、参加一些我想了解的事情的学习班,以及通过把她的家庭作业放在优先位置等方式,一直在努力让她看到我对学习的热爱。

"我们有一句座右铭:'先学习后玩。'而且我们一直在这么做。她知道,最好是先完成学习任务,这样她就不用在最后一分钟感到很大压力了。比如,对于读书报告作业,我们会在月初拿到需要读的书,数一下书的页数,并确定她一晚上需要读多少页,以便在需要交报告前的那一周她能有时间度周末。我的目的是要让她看到,如果每天读一点,按时完成读书报告真的不难。

我认为，如果我们最后一分钟才开始动手写读书报告，我和孩子都会很沮丧，而且会压力很大，这会让这件事失去乐趣。让她看到这真的并不很难，帮助她喜欢上了这件事情！

"或许，最重要的是，我发现，在她做家庭作业的时候，我需要在她身边，因为她很容易转移注意力。如果我走开，我发现她会玩橡皮或照镜子——诸如此类的一些事情！所以，我会坐在她的书桌旁，或者我做饭时让她在厨房的桌子上做作业，这样我就能帮助她专心写作业，并且能帮助回答一些问题。这需要付出很多，但对我来说是值得的，所以，我喜欢能够在她的生活中有这种影响力，可以帮助她有一个好的开始。

"现在，她不需要我像以前那样监督她了。比如，两周前，她参加了一个万圣节晚会，晚上10点才结束，而她正在努力成为学校的'超级读书家'（要求是一个月中的每一天都要阅读课外书）。所以，她为了不漏掉那天的阅读，尽管回到家已经很晚了，还坚持读了（我什么都没说，也没有精疲力竭地陪她）。还有一天，她熬夜到很晚才做完老师布置的作业，因为对她来说，完成作业很重要。这是她自己的想法，不是我的！

"总之，我认为，教孩子热爱学习，并且父母为此做出奉献、参与是值得的。我坚信，父母的参与是孩子成功的关键！"

达娜分享的这种激励方式是对孩子的支持，没有唠叨、贿赂、苛求或惩罚。达娜的参与包括陪赛琪做功课，而不是强迫她。达娜成功的证明是，通过一开始花时间陪伴孩子并坚决到底，让赛琪养成了习惯，现在她能独自学习了。

和孩子一起解决问题

威利从5岁起,就把自己每年过生日和圣诞节得到的钱都存了起来,他告诉每个人,他有一天会为自己买一辆很酷的汽车。拿到驾照后,威利告诉父母他要去买车。父母拦住了他,并且说:"没门。你刚刚拿到驾照,还没有准备好拥有一辆属于自己的车。""但我一直在攒钱,而且你们以前从来没有告诉过我不能买车。"威利抱怨道,"这不公平,你们阻止不了我,这是我的钱。"

对于威利和他的父母来说,这是坐下来运用"一起解决问题的4个步骤"的一个多好的机会啊。

一起解决问题的4个步骤
1. 让十几岁的孩子说出他或她的问题和目标。
2. 父母说出自己的问题和目标。
3. 如果孩子的目标和父母的相差很远,要一起用头脑风暴找到一些可供选择的办法。
4. 孩子和父母挑一个双方都能接受的选择,并试行一段时间。

当威利和父母按照这些步骤进行时,发现威利的问题是他一直在等待并想要一辆自己的车,以便他能体验自己多年努力的结果。他希望这辆车看上去是某种样子、开起来是某种感觉,并计划好好爱护它。他不想让别人开。他的父母则担心,如果他有了自己的车,他会认为自己去任何想去的地方不征求父母的意见都没关系。他们还担心，他会因为花太多的时间待在车里、开车次数太多以及为支付养车的费用而出去工作，使学习成绩下滑。经过多次的头脑风暴之后，他们决定，威利可以买车，只要他同意无论去哪里、多么经常用车都征求父母的同意。如果他的家庭作业受到影响，他同意把车钥匙交给父母，直到他把落下的功课赶上来。

因为自己同意了，威利很可能不会有太多怨言就交出车钥匙。然而，即便威利在参与解决问题时得到了充分的尊重，他也不大可能主动提出交出自己的车钥匙。这时，很可能需要坚持到底。

坚持到底

到现在为止，我们讨论的对十几岁孩子的激励办法都是相当快捷而容易的。坚持到底更为复杂，并需要父母更多的指导，但这种努力是值得的，因为这是一种肯定能真正帮助十几岁孩子遵守约定的一个方法。坚持到底，是专制或娇纵的一种极好的替代方法。采用坚持到底的方法，你可以满足情形的需要，而同时又能保持相关各方的尊严和尊重。坚持到底，还是一种帮助十几岁的孩子学习人生技能的方法，这是他们在学着成为有贡献的社会一员的过程中保持对自己的良好感觉所需要的。

然而，在让你看到如何坚持到底之前，我们将尽量说服你停止使用一种不管用的方法——逻辑后果。太多的父母认为，当十几岁的孩子不遵守约定时，他们就应该体验相应的逻辑后果。不是这样的。大多数逻辑后果都是经过拙劣伪装的惩罚，这愚弄不了十几岁的孩子。如果一个逻辑后果看上去像一个惩罚，听上去像一个惩罚，并且感觉像一个惩罚，那么，它就是惩罚，即便被叫做"逻辑后果"。我们说"大多数"逻辑后果都是经过拙劣伪装的惩罚，是因为有些逻辑后果真的符合逻辑并且是有益的。

因为逻辑后果的使用现在已经变成了一种比较流行的养育方法，父母们可能难以接受我们将要谈到的对十几岁孩子使用这种方法的说法。你或许不喜欢听到我们说大多数逻辑后果对十几岁的孩子通常都无效。因为十几岁孩子的主要人生任务中包括试探自己的力量，他们会把逻辑后果的使用看做是一种控制他们的方式。一旦你认识到十几岁的孩子怎样看待逻辑后果，你就会明白坚持到底的概念更能激励孩子。

什么是坚持到底

坚持到底，是一种以尊重的方式对待十几岁孩子的四步法，即便在他们抵制时也能教给他们合作、人生技能和承担责任。无论你是要试图让自己的十几岁孩子离开电脑、加入家人的活动，还是让他们对自己和家庭承担起责任，坚持到底都很管用。关键在于坚持到底要包括你，因为你是唯一执行坚持到底的人。结果就是，你的十几岁孩子也能坚持到底，但绝大多数时候必须有你的参与。要把这当成你作为副驾驶的主要职责之一。

有效地坚持到底的4个步骤

1. 跟你的十几岁孩子进行一次友好的讨论，了解所出现问题的相关信息（先倾听，然后说出你的想法）。

2. 和你的十几岁孩子一起用头脑风暴寻找解决办法（要运用你的幽默，可以加入一些夸张的解决办法）。选择一个你和你的十几岁孩子都同意的解决办法。要找到一个你和孩子都喜欢的解决办法可能需要进行一些协商，因为你喜欢的解决办法可能跟孩子喜欢的不一样。

3. 要和你的孩子就执行的日期和最后期限达成一致（稍后你会明白这为什么是必要的）。

4. 要足够了解十几岁的孩子，知道他们可能不会遵守最后期限，并要通过和善而坚定地让他们承担责任，坚持让他们执行约定（见第 80 页，"坚持到底"在现实中的运用）。

在我们提供有效的"坚持到底"的例子之前，重要的是要了解一些使坚持到底遭到挫败的陷阱。

挫败"坚持到底"的 4 个陷阱

1. 相信十几岁孩子的思考方式和你的一样，优先考虑的事情也跟你的一样。
2. 对孩子评判和批评，而不是只对事不对人。
3. 事先没有对具体的最后期限达成一致。
4. 没有保持对你的十几岁孩子和你自己的尊严和尊重。

在我们的讲习班中，为了帮助父母们学习坚持到底的艺术，并让他们看到这种方法真的管用，我们通常会请一个志愿者角色扮演一个没能做到自己同意完成的一项任务（比如修剪草坪）的十几岁孩子。然后，我们会指着"有效地坚持到底的 4 个步骤"，让这个志愿者假装我们分别作为父母和十几岁的孩子已经进行了这些步骤。进行角色扮演时，我们让扮演孩子的人坐在一把椅子上，并假装他或她在玩电子游戏。规定的最后期限到了，但该做的事情还没有做。然后，我们会角色扮演一个大人，通过运用下面的"有效地坚持到底的 4 个提示"，坚持让孩子完成自己该做的事情。

有效地坚持到底的 4 个提示

1. 话语要简洁而友好（"我注意到你没有做那件事。请你现在做好吗？"）。

2. 如果孩子拒绝做，就问："我们的约定是什么？"

3. 如果孩子还是拒绝，要闭上你的嘴，使用非语言沟通（争论后，指指你的手表，会意地笑笑，给孩子一个拥抱，再指指你的手表）。这有助于你理解"少即是多"的概念。你说得越少，就会越有效。你说得越多，就给孩子争论提供越多的"弹药"——他们就会每次都赢。

4. 当你的十几岁孩子让步时（有时会带着极大的恼怒），要说："谢谢你遵守我们的约定。"

我们要求这个扮演孩子的志愿者做到"把心思放在当下"。我们的意思是，这个志愿者应该对我们当时的做法做出回应，而不是以一个十几岁孩子对那些不尊重他们的做法的反应做出回应。当这个志愿者这样做时，这个"十几岁的孩子"与父母达成一致的速度快得简直令人大吃一惊（在稍作抵制之后）。

很多父母不以为然，并且说："我的十几岁孩子不会那么快就妥协。"我们不同意他们的看法，并通过让他们再看"挫败'坚持到底'的 4 个陷阱"，以及问角色扮演十几岁孩子的那位父母下面这些问题，向他们说明了为什么。

1. 在任何时候，你觉得受到批评或评判了吗？

2. 在任何时候，你觉得我们没有保持尊严和尊重吗——对你和对我们自己？

3. 我是不是对事不对人？

4. 知道你同意过一个具体的最后期限，使这个情形有多大的不同？

那位志愿者对前两个问题的回答总是"不",对第三个问题会说"是",而对最后期限的回答则是,很难找理由再拖延。这个志愿者还说,当我们不再说话,并面带微笑的表情("有效地坚持到底的提示"第 3 条)好像在说"辩解的不错,但是你和我都很清楚"时,是非常有效的。

另外一些父母反对"坚持到底",因为他们不认为自己有必要提醒孩子遵守约定。他们希望自己的孩子不用提醒就能"负起责任"。我们会问这些父母下面这 5 个问题:

1. 当你不花时间以尊严和尊重的方式提醒孩子时,你花时间责备、长篇大论地说教和惩罚他们,或者替他们做该做的事情吗?
2. 这会让他们改变行为吗?
3. 你注意过你的孩子对于对他们重要的事情有多么负责吗?
4. 你真的认为修剪草坪和做其他家务对你的孩子来说很重要吗?
5. 你不经提醒就能记住完成你答应要做的每一件事情吗——尤其是那些你并不想做的事情?

尽管坚持到底需要花时间和精力,但比起责备、说教和惩罚,它让人更愉快,并且更有效。即使家务活并不是十几岁的孩子喜欢优先做的事情,但是让他们做点家务却是很重要的。坚持到底能够实现这个目标。

"坚持到底"在现实中的运用

当你改变自己的行为时,你的十几岁孩子的行为就会改变。

当孩子们同意了一个包含最后期限（准确到分钟）的约定时，他们在承担责任时就会有一种公平感和责任感。

13岁的科里没有像自己答应的那样洗自己的衣服，也没有更换他的床单。科里的妈妈杰美说："我想和你谈谈你洗衣服和换床单的事。我们晚饭后谈吧。"他们坐下来后，杰美问科里，他洗衣服和换床单遇到了什么问题。她发现，他是不太清楚怎样开洗衣机，怕把它弄坏。杰美跟科里说了她的问题，即她不想看到他穿着脏衣服去上学、睡在脏床单上。

科里说他愿意自己洗衣服，但是需要帮助教他学会使用洗衣机。杰美同意帮助，说："我希望你这个星期选一天下午的6点到洗衣房见我，我教你使用洗衣机。我还希望你每个星期选一天洗衣服和换床单。像我们这么多人的大家庭，最好每个人都有自己的洗衣日。我会在一个小时后来找你，看你选择了哪一天。"

一个小时后，科里说他觉得星期二学习使用洗衣机应该没问题，把这天作为他的洗衣日也很好。杰美说："好。星期二下午6点我们在洗衣房见。"

但是，到了星期二，当杰美按照约定时间来到洗衣房时，科里不在那里。杰美发现科里正在电视机前看电视，她说："你还记得你选择的学习使用洗衣机的时间吗？"

科里说："哦，妈妈，我现在不想，我要看这个节目。"

杰美很友好，但很执着地说："我们是怎么约定的？"

科里答道："我们约定的6点，但我想再过一会儿，妈妈。"

杰美只是带着友好但期待的眼神站在科里面前。终于，科里说："噢，好吧！这可真够愚蠢的！"

杰美没有理会儿子的挖苦，只是说："谢谢你遵守约定。"

每个星期二，科里和妈妈都会上演几乎相同的一幕。杰美会说："还记得你选择的洗衣服和换床单的日子吗？"无论科里怎么争辩或奚落，杰美都会以一种友好的方式坚持到底，而避免说教和辱骂。她知道，如果科里对洗衣服和换床单感到很兴奋，绝对是不正常的。但是，对她来说，重要的是科里能帮家里一些忙，还能具备信守承诺的技能。通过和科里达成一个约定，并在之后坚持到底，她使自己和儿子之间省去了很多烦恼。

杰美放弃了科里不用提醒就能记住做这件事的念头。她意识到，作为一个13岁的孩子，科里考虑更多的是怎样才能买一个新滑板，或者怎样告诉爸爸他的成绩单上的糟糕分数，而不是洗衣服和换床单。她决定，每周运用一次坚持到底的方法，只要不演变成一次权力之争，就是值得的。当科里终于不用提醒就能记住洗衣服和换床单之类的事情时，她感到很惊喜。

当你没有坚持到底时，十几岁的孩子就会知道

1. 他们不必遵守约定。如果你不遵守，他们为什么要遵守呢？

2. 你说的话不用当真，你只是说说而已。他们会以你为榜样。

3. 操纵对于逃避承担责任是有用的。

4. 他们怎么做都没事，因为你不会通过坚持到底让他们承担责任。

5. 爱就意味着让别人"让步"。

我们在本章介绍的方法，要比和你的十几岁孩子签订书面协议有更多的成功机会。大多数采用书面协议方式的父母会发现，他们很少会跟踪协议的执行，而且往往太复杂，无法坚持到底。十几岁的孩子为了让父母别再烦自己，愿意签任何书面协议。如果一个约定要写下来，也应该采取记录的形式，而不是协议。协议通常包括对违反协议行为的某种形式的处罚（或惩罚）。而约定不包括处罚或惩罚——只需要坚持到底。

即便是成年人，也会忘记约定中的一些细节。把约定写下来，你就可以经常核对："我们到底是怎么约定的？"那么，坚持到底就不会变成专横行为。

有些家庭会在家庭会议上做出决定，并把一致同意的决定记到一个笔记本上。还有一些家庭则会把写有决定的便条贴到日历或冰箱上，直到这个新约定成为常规日程安排的一部分。有些书面约定采取任务表的形式。坚持到底是帮助孩子和大人遵守承诺的最有效的方法。

关于坚持到底的最后几点建议

如果你能事先训练自己和你的十几岁孩子，坚持到底就会容易得多。通过花时间和你的十几岁孩子一起练习达成一致目标的必要步骤，你就能让坚持到底顺利得多。不要用协商新的约定来代替坚持执行原来的约定。对一个计划，你需要做到善始善终（在一次家庭会议或解决问题时段，协商一个新的约定是可以的，但重要的是要将原来的约定坚持到底，直到这个约定被正式改变）。

坚持到底永远不应该包括威胁。它在让你的十几岁孩子拥有他们的权力的同时，也让你保有自己的权力。这会让每个人都感觉很好。一旦你形成运用坚持到底的习惯，当事情没有按计划进行时，你就能保持一种幽默感。坚持到底可以成为丰富你和你的十几岁孩子关系的一种极好的方式。

坚持到底，能够帮助父母们变得积极主动并体贴孩子，而不是被动反应和不体谅孩子。一旦你理解了十几岁的孩子有他们自己优先要做的事情——即便他们需要按照你认为应该优先的一些事情来做——你就能把他们的抵制看做是可爱、招人喜爱和正常的，而不是懒惰、不体谅人和不负责任。坚持到底能够让养育变得令人愉快、迷人和开心。

需要记住的和善而坚定的养育技巧

1. 你可以用鼓励的方式激励你的十几岁孩子，这与试图让他们做你想让他们做的事情有很大的不同。

2. 幽默、担保、做交易和参与，都是积极激励的工具。

3. 有一个肯定能让你的孩子遵守约定的办法——坚持到底。一开始，这可能需要你做大量的工作，但是，训练你和你的十几岁孩子养成更好的习惯所花的每一分钟都是值得的。

4. 要反复看"有效地坚持到底的4个步骤"、"挫败'坚持到底'的4个陷阱"和"有效地坚持到底的4个提示"，因为这与你作为父母——以及作为一个人——通常的回应方式有很大的不同。

5. 为了实行坚持到底，在一件事情的最后期限到来时，你必须在场。如果你一开始就不在场，坚持到底从长期来看就不会有效。

6. 如果你发牢骚或抱怨运用坚持到底的方法需要做的事情太多，就记录一下你用来提醒和唠叨你的十几岁孩子的时间是多少。要注意唠叨对你和你的十几岁孩子造成的影响。做一个备忘录，看看你唠叨的事情中有多少次是孩子真正完成的。我们称之为"现实检验"。

7. 坚持到底能够帮助你少说一些话，并且你的孩子会更听你的。

8. 对于事先的准备，要毫不犹豫，而且，你或许甚至可以和一个朋友作练习。你可以一直听"在这个过程中赋予十几岁的孩子和你自己力量"的 mp3，作为你的现场指导。这真的很有用！①

---

① 可以在我们的网站 www.positivediscipline.com 下载。——作者注

9. 我们不推荐你和你的十几岁孩子签协议。如果你们需要写下一些东西作为对你和孩子的提醒，那是尊重而有效的。而订立一个协议，意味着你在像对待一个客户或对手一样对待自己的十几岁孩子。如果你们确实订了一个协议，就不要对你的十几岁孩子的态度感到吃惊。

练习

1. 想想你唠叨孩子的一个情形（卧室里的脏盘子，房间里四处乱扔的衣服、鞋子和书，散发着臭味的宠物笼子，等等）。

2. 看看"有效地坚持到底的 4 个步骤"、"挫败'坚持到底'的 4 个陷阱"和"有效地坚持到底的 4 个提示"，并和你的十几岁孩子一起设定一个情形，练习一个星期。

每当你感到有唠叨的冲动时，重读一下这一章（这本书最后或许会被你翻烂）。

第 6 章

你的孩子听你吗

沟通技巧

你和你的十几岁孩子真正在相互倾听吗？你说的那些话有什么效果吗？为什么你的十几岁孩子不愿意跟你多说？如果你的十几岁孩子感觉自己得到了倾听、理解和认真对待，他或她会跟你多说一些吗？在这一章，我们将让你看到如何以一种让你和你的十几岁孩子都感觉得到了倾听和理解的方式沟通。在第 11 章，我们将专门讨论十几岁孩子沟通的另一种方式——网络、短信、社交网络和手机。

当你看到"沟通"这个词时，诚实地说，你首先想到的是什么？我们敢打赌，是说话。如果你像大多数十几岁孩子的父母一样，你或许已经说得太多了。这里有个测试。下次你开始"说话"（说教、提醒、唠叨、哄劝等）时，看着你的十几岁孩子，看看他们是否在翻白眼、给朋友发短信，或者看电视。他们或许会直视着你，但你只顾着说，以至于没有注意到他们的心已经

"走开"了。如果你感到自己被忽视了，很可能是你的十几岁孩子真的在忽视你。到孩子人生中的这个阶段，他们甚至对父母的话充耳不闻。你是否发现自己在说："我得告诉你多少次？你听见我说的话了吗？这是我第一百次告诉你了。"这是说明你的做法无效的一个很好的线索。

还要想想你真正要表达的意思。很多抱怨自己的十几岁孩子不听话的父母，真正的意思是说孩子不服从他们。你有很多同伴，因为大多数十几岁孩子的父母都会不停地说，而大多数十几岁的孩子很多时候都充耳不闻。

注意：倾听是沟通的首要因素，不是"说"，而这是父母们最欠缺的养育技能。当父母们问："我的孩子为什么不听我说呢？"我们会问："你是否给孩子做出了榜样，让他们知道什么是倾听？也就是说，你先倾听他们了吗？"

关于倾听，人们已经谈过很多，以至于你会认为大多数人都知道如何倾听，但是，他们不知道。简单地说，倾听是很难的，因为很多问题阻碍着倾听。人们通常会将听到的任何事情都看成是针对自己的；他们想维护自己的立场，解释、纠正、反击或者粉饰。父母们跟孩子在一起时，尤其会牵涉进"自我"——也就是说，他们把自己孩子说的话都当做是针对自己的。或者，他们会一直认为，"说"是教孩子的最好方式——即便他们自己的经历已经向他们证明这不管用。你可能想将下面这些倾听障碍清单抄在一张纸上，贴到你卧室的镜子上，以便每天都能看到，直到你克服了自己干扰倾听过程的那些做法。

倾听的障碍

1. 当你的十几岁孩子试图自己把事情想清楚时，你为了当一个"好"父母而介入解决孩子的问题或解救孩子，而不是倾听。

2. 试图劝说十几岁的孩子相信他们没有那种感受或看法，以便他们能有"正确的"看法和感受。

3. 对自己的观点进行辩解。

4. 为给孩子上一堂道德或价值观的课，而打断孩子的话。

5. 把十几岁孩子说的话当做是针对你的，使你自己十几岁时未解决的问题成为沟通的障碍。

6. 用你的十几岁孩子说的事情来惩罚、批评、辱骂并说教他们。

通过将"listen（倾听）"这个词中的字母重新组合一下，你就会发现良好倾听的关键：silent（沉默）。在倾听时要保持沉默，因为你无法同时听和说。

我们邀请一群十几岁的孩子列一个清单，写出他们认为能帮助父母更好地沟通的前10个建议。他们列出了不止10个建议。下面是我们最喜欢的一些（在看这个清单时，你或许会注意到，其中的大多数对于你的十几岁孩子改善倾听技巧也是很好的建议，但父母作为家里的成年人，需要首先改变）。

十几岁孩子对父母提高沟通技巧的建议

1. 不要长篇大论地说教。

2. 说话要简短而亲切。

3. 不要以高人一等的口气对我们说话。

4. 听我们说——不是要说服我们。

5. 不要说了一遍又一遍。

6. 如果我们有勇气把自己做的错事告诉你们，不要发脾气，不要反应过度。

7. 不要打探或盘问我们。

8. 不要在另一个房间里大叫，并期待我们赶紧跑过去。

9. 不要通过说"我把这件事做了,因为你没有时间"之类的话,试图让我们感到内疚。

10. 不要做你无法兑现的承诺。

11. 不要把我们与兄弟姐妹或朋友进行比较。

12. 不要跟我们的朋友谈论我们。

下面这些技巧,只有在父母们对于理解自己十几岁孩子的内心世界由衷地感兴趣,并且愿意尊重孩子眼中的现实时,才会有用。

帮助你倾听的技巧

1. 要认识到,你做一件事情时背后的感受,要比你实际做的事情更重要。如果你在听孩子说话时虽然保持着沉默,但却在读报纸或者想着其他事情,这种沉默就没什么价值。有效的倾听需要用不加掩饰的身体语言表明你的兴趣。

2. 要尊重孩子眼中的现实。要接受看待问题的方式不止一种的事实(难道你不希望别人对你的看法表现出兴趣吗?好,你的十几岁的孩子也喜欢)。

3. 表现出共情。要说:"我能理解你为什么会有那种感受,或这样看那件事情。"这并不意味着你以同样的方式看待那件事情,只是意味着你理解你的十几岁孩子怎样得出了他或她的结论。

4. 要有好奇心。要问一些让你的十几岁孩子能够说出更多信息的问题。比如:"那让你有什么感受?那件事为什么对你很重要?你能给我举一个我让你那么生气的例子吗?我经常那么做吗?还有其他事情让你烦恼吗?"

最后这个问题("还有其他事情吗?"),是一个值得更多探讨的问题。很多父母跟我们说过,与他们用过的任何其他办法相比，记住反复问这个问题，更能让他们进入自己十几岁孩子的内心世界，并且理解核心问题所在。

"还有其他的吗？" 会激起你的好奇心

父母们往往对他们刚刚得到的一点信息就做出反应，尽管这些信息实际上离关键问题还很远。要防止对表面信息做出反应的诱惑，并要不断地问这个问题："还有其他事情让你烦恼吗？对这件事，你还有其他要说的吗？"要保持足够的好奇心，以引出越来越多的信息。一开始，这可能会显得有点难堪和虚假，但要坚持练习。一旦你度过了感到笨拙的阶段，就会变得更自然了。你会发现自己变得真的好奇并感兴趣了。

阿黛尔分享了她13岁女儿的故事。她和女儿一起拜访她的一位朋友时，阿黛尔主动提出让女儿帮助这个朋友临时照看孩子。然而，她疏忽了事前没有征求女儿的同意，而这是她女儿指出过很多次的一个问题。阿黛尔一直想对女儿的需要更体贴一些，但她有时会忘记。在回家的路上，她注意到女儿满脸不高兴，便问："怎么了？"女儿生气地说："没什么。你总是这样。你没有问我，就提出让我帮人家照看孩子。"

尽管阿黛尔认识到自己犯了一个错误，但她能看出来，女儿需要点时间才能接受她的道歉。因而，阿黛尔决定等一等，过一会儿再说这个话题。那天晚上，她问女儿，她能否在女儿的床上坐一会儿。女儿说："无所谓。"所以，阿黛尔坐了下来，并开始摸女儿的头发。过了一会儿，她说："生活有时会很难，尤其是当我们感到不被理解的时候。"女儿的眼泪顺着脸颊流了下来。几分钟后，阿黛尔说："对不起，我对你不尊重，没有先问你就提出让你承担一件事情。我犯了一个错误。"

"不仅仅是这样，妈妈。"女儿说。

"还有什么？"阿黛尔问。

"我感到太尴尬了，没办法说不。"

"还有其他的吗？"

"如果我放学后去照看孩子，我不知道怎么能完成家庭作业。"

"还有其他的吗？"

"我不想照看她的孩子，因为他们很难哄，一点都不听话。"

阿黛尔点点头，说："谢谢你让我知道你的感受。如果你愿意，我可以给她打电话，告诉她我犯了个错误。想先睡一觉再做决定吗？"

女儿说："好，但也许没那么糟。明天早上我会告诉你。爱你，妈妈。"

阿黛尔展现了有关沟通的很多重要理念。她没有通过说"我们需要谈谈发生了什么事情"，使女儿的情绪成为一个大问题，而是等到了事情平静下来。然后，她通过坐在女儿的床上，跟女儿"待在一起"。假如阿黛尔要求和女儿谈谈，女儿就会将此看作开始一次说教或惩罚的一个信号。

阿黛尔认识到了按自己的信念去做，要比说教自己的信念有效得多。她想跟女儿好好地沟通，所以，她自己必须先成为一个更好的沟通者。从长期来看，运用这种方法将意味着十几岁的孩子会更可能"听"父母的行为，而不是"听"父母的说教。尽管他们可能在短期内会与你做出的榜样对着干，但当你平静并尊重地实践自己的信念时，你会高兴地看到孩子在成长的过程中接受了你那么多的价值观。阿黛尔典型地示范了：等到合适的时间再跟孩子谈，为自己的错误道歉，倾听女儿的感受并且不带任何评判，不试图替女儿解决问题或改变女儿的感受和看法。

形成一个感受词汇表

要学会运用关于感受的词汇，从你的内心和直觉进行沟通。不要隐藏感受，而要帮助你的孩子识别并说出自己的感受。你可能像很多不知道自己有什么感受的成年人一样，他们无法帮助自己的十几岁的孩子，而这个年龄的孩子有很多感受等待着被说出来。学会识别并表达你的感受，是你给孩子的一件伟大礼物。

悲伤、孤独、爱、同情、共情和理解，是来自内心的感受。真诚、害怕、愤怒和勇气，是来自于直觉的感受。在沟通中，任何一种方式都不能解决全部问题。有时候，来自于你的头脑的判断和分析会起到最好的作用；另一些时候，你需要倾听来自于内心的爱、同情或者悲伤；还有些时候，需要你来自于本能的真诚，或者倾听你的恐惧、愤怒或者勇气。很多沟通问题的解决方法，是要找到这些方式之间恰当的平衡。

乔伊斯离婚后，意识到她和女儿茱莉亚之间的感情已经出现了很大的裂痕。当乔伊斯学会了用头脑、心和直觉进行沟通的技巧后，她就能够弥合这种裂痕了。她跟我们分享了从她的日记里摘录出来的这段经历：

大约6个月前，茱莉亚带我去看一部电影。电影开始之前，我们一直在聊天，我开始倾听她，而不是跟她争论。

在我开始倾听之前，我没有意识到我以前根本没有倾听过。我能够看到，我在过去是怎么立即运用头脑、尽量解释我的观点，而不是用心倾听她的。

我约束着自己，才忍住了没有说话。聊天结束后，我有一种很不舒服的感觉，觉得什么问题都没有解决。我没有像往常那样做，比如给她提建议或者告诉她看待问题的"正确方式"（实际上是我的方式）。然而，过了几周后，我注意到我们的关系变好了，虽然还有一些拘束。

在这次初次"倾听"体验的大概一个月后，家庭聚餐后，我开车送她回家。她是特别提出让我开车送她回家的。我能看出来她想跟我说点什么事，但她很紧张。因此，我决定发自内心地跟她交谈。我说："我对我们之间的裂痕感觉太不好了。我们的关系是表面上的。我爱你，我认为你也爱我，我们俩在一起时很愉快、很亲热，但感觉是那么表面化。我只是希望我们能做一些事情，弥合这种裂痕。"

茱莉亚说："我再也不会谈这件事情了。我已经经受了很多。我不会再陷入这件事情中了。"

我接着说："我认为我现在能更好地倾听了。我学到了很多。我以前认为自己知道怎么倾听，但实际上我不知道。请让我再试一次。我想知道你经受了什么。"

所以，茱莉亚才开始跟我谈。听着她说的那些话，我非常痛苦。真正地倾听着她，让我的心都碎了。她告诉我，她觉得在她生命中最痛苦的时候，那个以前总是帮助她面对痛苦的人抛弃了她（在我和丈夫离婚期间）。她想知道，如果我真的爱她，怎么会那么做。她意识到她以前相信的很多东西都只是谎言——她妈妈只是一个人，但并不是她相信应该怎样的那个人。

茱莉亚说："在某种程度上，我得感谢你，因为经历过这些之后，我成了一个更好的人，因为我的人生在前行，并且过得还不错。以前，我想的只是下一次派对在哪。我没有真正认真对待过任何事情。我认为人生只是一场游戏。当这件事情发生后，我发现不一样了。人生是很严肃的事情，而我是控制自己人生的那个人。因此，我做了很多决定，决定不再滥用药物，决定了应该怎样度过我的时光，决定了对于我来说什么是重要的，决定了学校对我有多么重要。我不认为我们的关系真的很糟糕，但肯定不会再像以前那样了，因为你跟我以前认为的你不一样。以前你是我妈妈，现在你是这个人。"

我坐在那里，嚎啕大哭，因为我真的在用心倾听朱莉亚。我的心碎了，一直在说："真的对不起，让你经历了这些。真的对不起，以前没有倾听你。我把你说的每一句话都当成了批评——没听出背后的含义。我太好为自己辩解了。我现在能想象到我说的话有多么不对。那对你来说是多大的羞辱！你知道我多么爱你，看到你经历痛苦，我有多么难过。想一想你居然经受了这样的事情！我真希望我能早点知道。我真希望我早点理解。我真希望是这样！你以为你看到的我很快乐，但我经历了令人难以置信的痛苦。你没有看到这种痛苦，你看到的是别的。有一天，等你准备好了，我会告诉你我当时经历了什么。我不认为现在是个好时机，但有很多是你不知道的，还有很多是你不明白的。我希望有一天你想知道。"

这都发生在汽车里，在车道上。我们俩都在哭，我抱着她，说："我太爱你了，我现在感觉很糟糕。"

她说："我爱你。"

我们之间的巨大障碍消除了。用心灵倾听让我很痛苦，但这是值得的。我感觉我的女儿又回来了。

直觉感受的沟通

我们社会的习惯是轻视或忽视感受，或者更糟糕，用药物驱散感受——尤其是那些来自直觉的感受。人们一直在教你不能感到愤怒，如果说真话会伤害别人就不要诚实（这难道不是一个有意思的矛盾吗？别人有感受一定是正常的，因为你不应该伤害他们，但却要压抑你自己的感受）。尽管很多人都空谈要培养独立的人格，但当你不符合常态时就会受到批评。想一想，你有多少次试图告诉别人你的真实感受时，他们的反应却是给你一些建议或者认为你的感受不重要，或者甚至建议你去看医生，让医生给你一些摆脱这种感受的药物？

如果你不学会认可自己的感受，倾听感受在教给你什么，并以尊重自己和他人的方式把感受表达出来，你的生活将会很肤浅，没有实质的东西。如果你自己能够做到这些，你就能够把它们教给你的孩子。

作为一名和善而坚定的父母，你的部分职责就是要帮助你的孩子认可并理解他们的感受，轻松地以一种尊重的方式表达自己的感受，将感受作为一种信息而不是不会改变的东西表达出来，并帮助他们维护自己的权利。

十几岁的孩子需要知道，有感受是正常的，无论是怎样的感受，并且要知道他们不必对感受做任何事情。感受与行为不一样。拥有很多人认为的"坏"感受（生气、嫉妒、绝望）不会让一个人成为坏人，每个人都有这些感受。实际上，感受没有好坏之分，仅仅是感受而已。无论这些感受多么强烈，都不会让你毙命，尤其是当你尊重地表达出来的时候。你越多这样做，就越会注意到这些感受会来了又去，而不会在你心里积聚、恶化。

当你倾听并认可孩子的感受，并且当你运用本章教给你的倾听技巧说出你自己的感受时，你就是在教给你的孩子沟通直觉感受。当你不帮助你的孩子表达他们的感受时，他们就会经常被贴上"抑郁"的标签。

抑郁的毛团

我们肯定你听到过并使用过"抑郁"这个词来描述你的生活中以及那些你了解和爱的人生活中的各种症状和问题。这是个很方便的词,包罗万象,覆盖的范围很广,常常导致从医生那里得到一个诊断,开出抗抑郁或抗焦虑或二者兼有的药方。我们建议不要使用这个词,而要把发生的事情当成是需要理清头绪的"感受的毛团",以便你迈开鼓励孩子的脚步。当你说一个人抑郁时,听起来就好像这个人有一种悲哀、危险并且难以抗拒的疾病。如果你将这些感受分离出来,你将会发现这些感受背后让人沮丧的事情,这会让你知道如何进行鼓励才能让情形得到立即改善。

朱尔斯,是一名高中一年级的学生,他经常被朋友、家人"诊断"为抑郁,甚至有时候他自己也这样"诊断"。他的父亲在父母课堂上正在学习感受,并带回家一张各种感受的面部表情图。他想知道这张图是否能帮助朱尔斯"咳出"他的感受毛团,所以,他给朱尔斯看了这张图,并说:"朱尔斯,我在父母课堂里正在学习感受。因为我知道的感受词汇只有"饥饿"、"生气"和"厌倦",我用这张图学会了更多的感受词汇。我想知道你是否有这张图上所画的感受。"

爸爸认识到,朱尔斯像他一样需要帮助来识别自己的感受,因为他们俩掌握的描述感受的词汇都太少。当朱尔斯看着那张"感受脸谱"(见第102页)时,他很快就挑出了几种。他告诉爸爸他感到孤独,因为他没有多少朋友;他感到失望,因为他认为自己的成绩可以更好一些,这样就能上自己选择的任何一所大学;他很尴尬,因为校友日那天,没有人约他;他很生气,因为

97

他的成绩不好，父母取消了他玩电脑和任天堂游戏机的特权。最重要的是，他很害怕，因为他认为自己患有电视广告里所说的"体内化学物质失衡"。

听了这些，爸爸感到不知所措了，但也感到很宽慰，他意识到他和朱尔斯可以一个一个地着手处理这些问题。爸爸还怀疑朱尔斯吸食兴奋剂，并且在周末参加派对，这是他自己十几岁的时候为了缓解自己的感受所做的事情。他想找到一种方法继续和儿子进行这种讨论，所以他问："朱尔斯，你愿意经常跟我谈谈感受吗？我认为这样对我们俩都有帮助。"

"这意味着我会拿回自己的电脑吗？"朱尔斯问道，咧开嘴笑了。

"谁知道呢，儿子。我已经能更好地理解是怎么回事了，而且我正在以开放的心态学习更多的东西。如果我们能花时间搞清楚感受这个玩意儿，也许我们甚至能找到对待你的学习问题的其他方法。"

如果你的孩子像朱尔斯一样，当你担心孩子"抑郁"时，要让你的十几岁孩子谈谈他或她的感受。要不带评判地倾听。不要给孩子贴标签。如果你认为孩子的问题已经让你无法忍受，就要寻求一位明白这种情形不是吃点药就能解决的心理咨询师或治疗师的帮助。

诚实：形成感觉词汇的一种工具

把你当前的感受诚实地告诉你的十几岁孩子，并告诉他们你自己十几岁时做过的事情和感受，是极有价值的。通常，父母们害怕跟孩子谈自己小时候做过的事情，因为他们认为孩子会受到鼓励做同样的事情。但是，很多十几岁的孩子都告诉我们，事实恰恰相反。不要害怕对你的十几岁孩子诚实——这是鼓励沟通的一种极好的方式。

当14岁的女儿艾琳开始跟一个固定的男孩约会时，琳达决定要对艾琳诚实。她对艾琳说："我想告诉你我在十几岁时发生的事情……但是，我必须告诉你，这件事对我来说很可怕！我做了一些对自己不好的事情，一些我知道我的父母肯定不喜欢的事情——而且，我害怕如果你知道我做过这些事情，你也想做。但是，我决定不管我的恐惧了，因为我认为我告诉你的事情会对你有帮助。"

琳达深吸了一口气：

从10年级开始，我在性方面就很活跃。我很幸运，没有怀孕。我发生性行为，是因为我在寻找爱……我那时不知道这不是寻找爱的方式。我想，如果我不做我的男朋友想让我做的事，他们就会不喜欢我。我没有足够的自爱和自信来考虑自己想要什么。

这对我来说也是一个真正的道德问题，因为我受到的教育是婚前性行为是一种罪孽。所以，我觉得自己像个罪人，感到很内疚，然后，我还是不顾一切地那样做——这让我感觉更糟糕。我做不到向任何人了解这方面的知识，或者问关于避孕的问题。事实上，我一直向自己保证再也不那样做了，但是之后还是会做。然后，我又会有内疚感。

我现在想知道，如果我那时感觉到了父母的爱……如果我了解相关的知识，甚至许可我采取避孕措施……如果我知道无论自己做出什么选择都会被接受，我会怎么做。我的直觉是，我在作决定时或许会更加明智。我不知道自己是否会拒绝那种事情，但在大多数情况下——在我更担心自己被拒绝，而不是对于我来说什么是对的——我很可能会拒绝。这就是我想告诉你我希望我的父母能够告诉我的事情的原因。

我害怕你在成熟到拥有理解诸如怀孕、你的名声以及相关疾病的长期后果之前，就发生性行为。我想知道你是否足够尊重自己，在想说"不"的时候就说"不"，并感觉良好，而不是感觉好像自己不得不向别人的要求让步。我希望我能保护你免受你可能会犯的错误的伤害，但是，我知道你必须犯一些错误并从中学会以你自己选择的方式生活。你只要知道，我永远会爱你，并无条件地接受你，而且，如果你需要，我很高兴给你提供相关的信息。

琳达说了很多——当你用内心和直觉跟孩子分享你的感受时，这就没关系（你用这种方式时，孩子很少会翻白眼）。她被自己的分享的效果感动了。艾琳跟她说了那几个在学校里大家都知道"正在做"的孩子的事情。她告诉妈妈，她说"不"没有任何问题，因为她注意到学校里的每个人很快就会知道"任何一件事情"，她不想让别人那样谈论她。

如果琳达没有决定要对艾琳诚实，她就不会知道艾琳的情况。意识到艾琳在逐渐长大的过程中或许会改变对性的看法，琳达打算保持顺畅的沟通，以便艾琳能感觉到可以在任何时候都无拘无束地向妈妈求助。

和自己的感受相通、了解这些感受的原因以及你想怎样对待这些感受，是需要诚实和勇气的。当你诚实地沟通感受时，很容易偏离成解释、找借口、攻击、辩解以及其他的反应。运用"我感到"句式（我感到＿＿＿＿因为＿＿＿＿我希望＿＿＿＿＿＿）有助于你专注于自己的感受、这些感受产生的原因，以及可能的解决办法。要注意"可能"这个词。要求你想要的，并不意味着其他任何人有责任把你想要的给你。你也不能期待其他任何人与你的看法一致，或者跟你有同样的感受。相反，"我感到"句式是一种有效的方式，让你以一种尊重他人的方式尊敬、尊重地表达你自己（可以用下一页的感受脸谱帮助你识别自己的感受）。

"我感到"句式

注意下面这些"我感到"句式中的楷体字是如何使用的。

"我感到很烦，餐具还没有洗好，因为我喜欢看到干净的厨房，在干净的厨房里做饭——我希望你在我开始做饭之前，把餐具洗干净。"

"你奚落我的时候，我感到很伤心，我希望你不要那样做。"在这个例子中，因为这会让我伤心省略了，由于这是很容易理解的。这个句式是灵活的，它只是提供了一个指导原则，而不是规则。在合适时，包含因为和我希望是很有帮助的，因为这有助于你紧扣整个情形，并且给别人尽可能多的信息。

"你的成绩报告单上得了个 A，我感到很高兴，因为我知道你为此付出了多少努力。"这句话以应该强调的重点结尾——强调付出的努力，而不是个人。如果说"我真为你得了个 A 感到骄傲"，会让孩子感到如果他们没有得到 A，好像你就不为他们骄傲。你的孩子需要感到无论怎样你都为他们骄傲。

"我对你成绩单上的 F 感到很不安，因为我害怕你会错过一些对你有益的东西。我希望你能再好好想想，良好的教育对你来说意味着什么。"类似这样的话并没有攻击孩子的品行，能让你的十几岁的孩子审视他们的行为会怎样影响他们的人生。

"你打你弟弟时，我真的感到很生气，因为我讨厌暴力。我希望你能想想表达你的感受的其他方式，以及得到自己想要的东

十几岁孩子的正面管教

平静	兴奋	难过	震惊	自豪	怀疑	苦恼
无助	厌倦	自信	拒绝	害怕	坚定	无聊
厌恶	生气	伤心	好玩	嫉妒	羞愧	紧张
恼怒	绝望	喜爱	不知所措	没把握	暴怒	宽慰
孤独	平和	沮丧	满怀希望	暴躁	内疚	担心

西的其他方式。"这句话能让你的十几岁孩子看到，生气没关系，但不能虐待别人。这还为进一步讨论暴力问题留下了空间，你们可以在家庭会议上或父母和孩子心情都好的其他时候进行讨论。到那时，可以提出一个处理生气和得到自己想要的东西的非暴力方式的清单。

"你感到"句式

在你的孩子确实向你敞开心扉，并试图表达他们的感受（有时候，会以不尊重的方式）的极少数时候，你可能会做出负面的反应（用一种不尊重的方式回应）。如果你告诉你的孩子，他不应该有那样的感受，或者他应该更尊重你，或者如果你以任何方式反击他，那么，他在成长的过程中认为不能有自己的感受，或者应该压抑自己的感受，你可别吃惊。

当你用"我感到"句式为孩子做出榜样时，你就是在帮助孩子学会尊敬别人，并以尊重的方式表达自己的感受。用"你感到"句式，有助于认可他们的感受。有时候，认可他们说的感受很容易，因为那些感受很明显。在这种情形中，重要的是，你不能听起来像个鹦鹉。如果你认可孩子话语背后的感受，而不是简单地重复孩子说的话，你的本意——听你的十几岁孩子在说什么——就能顺利实现。

德杰正在看电视，爸爸走了进来，让他把垃圾扔出去。德杰没理会爸爸。5分钟之后，爸爸又进来对他说："马上把电视关掉，把垃圾扔出去。"

德杰说："我为什么必须要做你让我马上做的事情？如果我让你关掉电视，马上去为我做什么事情，你会喜欢吗？"

爸爸能够看到自己的要求造成了抗拒和戒备。幸运的是，他想起了"你感到"句式。

爸爸：你讨厌我告诉你马上去做什么事情，并且感到很生气，因为我没有尊重你的时间和兴趣。你希望我能给你更多的提醒，或者让你选择什么时候更方便吗？
德杰：是的。
爸爸：你是对的。我没尊重你。你什么时候愿意去倒垃圾？
德杰：下一次播广告的时候。
爸爸：对我来说可以接受。

当这位父亲在父母课堂上分享这个例子时，他说："以前，我会因为告诉我儿子别跟我放肆，而不是意识到我对他不尊重，使问题更加恶化。"

在同一个课堂的一位母亲也分享了她的故事：

以前，当我女儿跟我说她跟朋友吵了架时，我会说："哦，宝贝儿，我肯定你们明天就没事了。你知道你们总是会吵架，但很快就过去了。"她会生气地跺着脚跑回自己的房间，砰的一声关上门。现在，我会说类似这样的话："当你和朋友吵架时，你真感觉很糟糕，因为你不确定你们能和好，那样，你就会失去一个最好的朋友。"我能看到她因为得到了倾听和理解而出现的如释重负的表情。然后，她会说："是的，但我确定我们明天就会和好。"我没有替她解决问题或者告诉她不存在问题，带着理解映射她的感受，实际上使事情变得更容易了。知道她现在感觉得到了认可而不是贬低，也让我感到很欣慰。

映射十几岁孩子的感受并不总是很容易

有时候，你的十几岁孩子的感受并不明确。这意味着，要用"第三只耳朵"去听他情感爆发的深层原因，并将你听到的映射给孩子。你的映射可能并不准确，但是，如果你抱着真正理解的意愿，以友好的方式表达出来，你的十几岁孩子会通过纠正你的看法，帮助你搞清楚。

在看过"你感到"句式之后，妮娜想要在自己15岁的儿子杰登身上试试。她回想了在午饭时跟杰登的交谈。这次交谈结果并不好。杰登说他再也不去上钢琴课了，如果她不喜欢，那就太糟糕了。如果她试图强迫他去，他会去上课，但他拒绝练习。他告诉她，在上了9年的钢琴课中，有1年是他自己喜欢的，另外8年是为她上的。现在，他要学吉他了，她不能阻止他。

妮娜像通常一样进行了无用的说教，这一次是告诉杰登，如果他停止学钢琴，他以后就永远无法恢复到现在的水平了。她希望这种说教能让杰登改变主意，但没有效果，实际上从来就没有过效果。

妮娜想知道用"第三只耳朵"倾听意味着什么。她决定再试一次，用"你感到"句式。她问杰登，他们是否可以再谈一次钢琴的事情，杰登说："我没有改变主意，所以我看不到有什么必要谈。"

妮娜说："我感觉很糟糕，因为我没有倾听你，并且又说教了一次。我想再试试，以便我能更多了解你的想法。你说你为我学了8年钢琴。你对此一定感到很生气。"

杰登说："妈妈，我不是生气，但我准备改别的了。我喜欢吉他，我想，以我的音乐底子学吉他会很容易。我要组建一个乐队，如果我能学吉他，我就能在乐队里演奏了。"

妮娜深吸了一口气，抗拒着自己想要说教的冲动，说："你对改学别的感到很兴奋，并且期待着组建一个乐队，我能理解，我也认为以你的音乐底子，学其他乐器会很容易。"

杰登显得很震惊。他不习惯妈妈跟他看法一致。他本来是等着妈妈说教的，但妈妈没有说教，他接着说："妈妈，这件事我已经考虑很久了。我不再是个小孩子了，我知道自己喜欢什么。"

"亲爱的，"妈妈说，"我知道你经过了深思熟虑，并且知道自己想要什么。如果你想让我帮你找个吉他老师，我很愿意。"

"谢谢妈妈，但我想我能自己学我需要学的，如果我做不到，我会让你知道的。我在YouTube上看了一些很有帮助的视频。你可以省下我上吉他课的钱。但是，如果你能帮我买一把吉他，我会非常高兴的。"

"让我想想。你想过先租一把吉他，用一段时间，等你知道自己是否真正喜欢时再买一把吗？"

杰登的妈妈认识到，当她用"第三只耳朵"听的时候，她能够跟儿子更好地沟通，但要习惯于放弃她对杰登该做什么的影响，还需要一段时间。谁说养育一个十几岁的孩子很容易呢？我们教给你的方法，将帮助你弥补孩子对你的依赖和他正在萌发的独立愿望之间的鸿沟。你不会总能得到自己想要的，但是，你会因为知道自己在帮助孩子在健康的道路上前行而感到快乐。

学会有效的沟通语言

要始终记住，十几岁的孩子正在奋力寻找感觉到自己的力量的方式。有力量是一种好品质，只要同时做到尊重和负责任。当你学会用有效的语言沟通时，你就能够帮助孩子感觉到力量，而不是陷入权力之争。因为父母们问过我们："可我应该怎么说呢？给我们一些具体的说法吧。"所以，我们提供了下面这些话，帮助你在沟通中让你的十几岁孩子感觉到力量。我们这样说，并不是在暗示你的十几岁孩子的权力优于你的权力，而只是说他们是有力量的，并且能够影响他们自己的世界。

有效的沟通：父母的语言

我们做一个交易吧！你帮你弟弟打扫那个露台，我开车送你去电影院，怎么样？

我们商量一下。你为什么不告诉我周五晚上你有什么打算，然后，我会告诉你我周五晚上的计划，看看我们是否能找到两个人都能接受的事情。

这样比较好。首先，我们要看看你的衣橱，然后看看你买衣服的预算，之后我们再去商场。

你愿意和我一起想清楚你是否想提高数学成绩，并且如果你愿意的话，你可以怎么做吗？

我们为什么不先休息一下，冷静下来，然后再回来试一试呢？

在我们家，我们都同意在家庭会议上解决问题。我们不争吵，我们中的一个人可以把这个问题写到下次家庭会议的议程上。

星期二是你弟弟用洗衣机和烘干机的日子。你记得哪天该你用吗？

离开电脑去休息一下的时间到了。

当你把狗便便收拾好之后，我会很高兴去看你在 YouTube 上的滑板视频。

这是一种看法。我的看法不一样。想听听我的看法吗？

即便我们的看法不一致，也能相互倾听。

我们先这么做，直到我们有时间制订一个我们都喜欢的计划。

我们先从规定一个回家的最晚时间开始，等需要的时候再改变。我们可以把它放到家庭会议的议程上。

让我们先这样试一天（一个星期，一个月），然后再评估。

你可以开我们的车（借我的衣服等等），只要你还回来的时候是干净的；否则，我就得说不，直到我觉得愿意再试一次。

将上面这些话和你平常说的话比较一下，那些话听起来更像是"因为我这样说的"，或者"等你有了自己的家，你可以想怎么做就怎么做，但在此之前不行"，或者"干这个，干那个"多么不一样啊！

有关沟通的简捷建议

有效的沟通涉及到很多方面。下面这些建议将作为补充的指导原则，帮助你跟你的十几岁孩子保持一种相互尊重的关系。由于这些建议很重要，我们对每一个都给出了简短的例子和稍长一些的解释。

1. **避免责备**："我没有兴趣知道是谁挑起的。我想知道的是你们两个怎么不用动武就把这件事情解决好。"
2. **要简单**："你对我们要给车加油的约定是怎么理解的？"
3. **只用一个词**："盘子！"

4. **用不超过 10 个词**："请把脏盘子从你的房间拿来。"

5. **避免说话**：父母微笑着指向扫帚和地板，直到孩子站起身来像约定的那样扫地。

6. **给出建议之前先得到孩子的允许**："我可以告诉你一些我认为会有帮助的东西吗？"

7. **在争论中，让你的十几岁孩子说最后一句话**："……！"

8. **闲坐**：当你的孩子在浏览报纸或杂志时，你跟孩子坐在一个房间里。你会惊讶地发现，这常常会带来你用其他方式无法得到的和孩子的一次畅谈。

积极主动，而不是被动反应

我们经常告诉父母们，要积极主动而不是被动反应。孩子顶嘴是一种通常会招致父母们被动反应的挑战。沟通不仅仅是你说什么，而是你说的话是怎样被接收的。当你读到下面这些对顶嘴的被动反应和积极主动之间的区别时，想象一下如果十几岁的孩子听到这些话，他们会怎样想、怎么感受以及会做出什么决定。

被动反应的父母
1. "别跟我那样说话，小丫头！"
2. "回你自己的房间去，等你能尊重地说话时再出来。"
3. "你被禁足一个星期！"
4. "我为你做了那么多，你怎么能这样跟我说话？"
5. "你失去了所有特权。"
6. "或许军校会教给你更尊重权威。"
7. "我的孩子不能这样说话。"

8. "如果我打你一顿，你就会对人更尊重了。"

积极主动的父母

1. "嗯。我想知道我做的什么事让你这么烦？"
2. "哇！你真的生气了。"
3. "我需要去做一下'暂停'，直到我们俩能尊重地对待彼此。"
4. "我需要一个拥抱。当你准备好之后，请过来找我。"
5. "现在什么能对我们有益呢——去做'暂停'，还是把这个问题放到家庭会议的议程上？"
6. 什么都不说。给孩子积极的支持——这意味着积极主动地表明我们的爱——一个充满爱意的眼神，以及（或者）把手放到你心脏的位置。
7. 闭上嘴倾听，只说："嗯，嗯。"
8. "你知道我真的爱你吗？"

在这一章，你已经学了很多确保你的十几岁孩子会听你说话的技巧——因为你已经学会了听他们说。看看那些沟通的障碍，并找出你用得最多的那些。要尽量注意并防止自己使用它们，即便是在用到一半的时候。练习健康的沟通技巧，将极大地增强你和你的十几岁孩子的关系。

需要记住的和善而坚定的养育工具

1. 经常看看十几岁孩子对于改善父母与他们沟通的技巧的建议，并尽可能多采用。
2. 要问："还有其他的吗？"直到你的十几岁孩子没有再需要说的，以便你真正看清楚你的十几岁孩子眼中的现实。
3. 感受没有好坏之分，你也不会因此而丧命，所以，要努力形成一个感受词汇表，以帮助你和你的十几岁孩子以尊重的方式表达感受。

4. 尽管你在成长过程中可能一直在努力做到说话婉转一些，并担心伤害别人的感受，但你或许可以更诚实地与人沟通，并且不会冒犯别人。

5. 这一章介绍的所有沟通技巧都是有帮助的，但"我感到"和"你感到"句式最有帮助，只要你学会如何用表达真实感受的词汇来使用这两种句式。

6. 当你真正倾听十几岁的孩子，并让他们参与讨论可能会影响到他们的问题时，他们就能更好地沟通。

7. 有效的沟通语言，能够帮助你避免权力之争，所以，要把那个清单（见第107~108页）放在你容易看到的地方。

8. 少说、闲坐以及在提供建议前先征得孩子允许，对于你和你的十几岁孩子更有效地沟通大有帮助。

练习

"我感到"句式

1. 反复阅读本章中的"我感到"和"你感到"句式。

2. 参考第102页的感受脸谱。

3. 回想你无论多少次想和你的十几岁孩子沟通一件事，却都没有成功的一个情形。看看第102页的感受脸谱，找出最能描述你在这种情形中的感受的脸谱和感受词汇。

4. 用"我感到_____因为_____，我希望_____"句式写一句话，要确保在"我感到"后面用上脸谱图中的感受词汇。把你写的这句话读给你的十几岁孩子听，看看你会得到什么结果。

第7章

家庭会议对十几岁的孩子管用吗
一个能教给孩子很多东西的养育工具

家庭会议是你在孩子十几岁时能够运用的最重要的养育工具之一——而且，你可能会遇到孩子的抵制。

玛丽和麦克从他们各自4岁和7岁起，就喜欢和妈妈爸爸开家庭会议，直到他们长到十几岁。然后，他们开始抱怨家庭会议是多么傻。妈妈和爸爸跟他们协商，做了一些让步。"你们俩如果接受我们保持每周开一次家庭会议的传统，我们就同意把家庭会议的时间从30分钟缩短到15分钟。"这个故事中有趣的是抱怨最厉害的玛丽，她去自己的朋友家住了一夜，第二天早上回来后，她说："他们家太糟糕了，他们应该开家庭会议。"不要把你的十几岁孩子的大声抱怨当做是针对你的，要继续运用对你的十几岁孩子有用的养育工具——即便是在他们抱怨的时候。

家庭会议是一个很有价值的工具，因为它提供了一个平台，使你在教给十几岁孩子有价值的社会和人生技能的同时，给予并保持尊严和尊重。在家庭会议上，孩子们和父母能练习：

- 倾听技能。
- 头脑风暴技能。
- 解决问题的技能。
- 相互尊重。
- 在问题解决之前先冷静下来的重要性（问题被列入了家庭会议的议程，所以，在专注于寻找解决方法之前，就有了一段冷静期）。
- 关心他人。
- 合作。
- 在一个安全的环境中承担责任（当人知道自己在寻找解决问题的方法时会得到支持，而不是遭到责备、羞辱或痛苦时，他就不会害怕承认自己的错误）。
- 如何选择对涉及到的每个人都尊重的解决方法。
- 社会兴趣（做出贡献）。
- 如何通过相互尊重地分享控制权和责任，来避免权力之争。
- 学到错误是成长的大好机会。
- 给每个人一个感受到归属感和价值感的机会。
- 全家人一起享受快乐。

家庭会议为父母提供了做到以下几点的一个机会：

- 避免事无巨细地干预孩子，让孩子能够学会自律。
- 以能引起孩子倾听愿望的方式倾听他们。
- 通过这种家庭传统，留下一个好的记忆。
- 将他们希望孩子学到的所有技能做给孩子看。

家庭会议对于一个家庭的重要性，就像定期召开的员工会议对于任何一个运营良好的企业的重要性一样。在家庭会议上，在你们一起探究感受、发现各自眼中的现实并一起寻找家里问题的解决方法的过程中，你就能帮助你的十几岁孩子形成良好品行。你的十几岁孩子会通过给予并接受致谢，学会"寻找好的方面"。

家庭会议是与十几岁孩子沟通的一种极好的方式，因为在你们讨论问题之前有一个冷静期。有些人说，十几岁的孩子不喜欢家庭会议，但我们的经验是，十几岁的孩子不喜欢被说教、批评或指使。如果这就是你们的家庭会议上发生的情况，你的十几岁孩子就不会想参加。要记住，十几岁的孩子常常带着一种"态度"参加家庭会议，所以，如果他们显得不那么热心，你也不要反感。

开家庭会议从来就不是只有一种方法。有些家庭喜欢比较正式的方式，而有些家庭喜欢比较随意的方式。你可以自己决定哪种方法适合你——只要会议每周开一次就行。

在家庭会议上，主席和秘书（如果你们设立秘书的话）的职责应该轮流担任，要有一个会议议程，使每个人都能在当周往上面写议题，会议做出的决定或暂时决定要征得大家的一致同意。要以致谢和感激作为每次会议的开场，以强调全家人一起开会是要找出家庭生活的积极方面，而不只是专注于问题本身。在议程上的每一件事被提出来的时候，要核实一下是否仍然是一个问题。如果是，就以座位顺序轮流绕圈两次，让每个人说出自己的看法或建议的解决方式。如果你们的家人很难做到轮流发言，你可以找一根发言棒（发言棒传递到谁手中，就由谁发言）。对于需要更多讨论的事项，可以留到下次会议继续讨论。

运用家庭会议增进对各自眼中的现实的理解

在家庭会议上，有些问题可能得不到解决，而只是得到了讨论。这没关系。因为十几岁的孩子们，甚至配偶之间，对同一件事情感受到的现实会完全不同，重要的是，家里的每个人要有一个时间能说出来，并得到尊重的倾听。要记住，倾听并不意味着同意，而是意味着更多地了解每个家庭成员的想法。

在奥布莱恩家，爸爸认为家里的每个人都应该坐下来一起吃饭。他成长在一个全家人都一起吃一日三餐的家庭。他觉得就应该这样——这是一个家庭表达爱的方式——而且，当大家都坐下来和他一起吃饭时，他感到家人爱他。

在妈妈成长的家庭里，她的父亲大部分时间都在其他城市工作。她自己的母亲放弃了尽量满足每个人的不同口味的努力，允许孩子们自己解决吃饭问题，除非是在星期天，他们会吃一次有烤肉或烤鸡的晚餐。因而，妈妈觉得就餐时间无关紧要，除非是在特殊情况下。然而，她也模模糊糊地感到事情"不应该"是这样的。

这个家庭里的两个十几岁的孩子，大卫和辛迪，更喜欢做他们自己的事情，而不是全家坐在一起吃饭。爸爸感觉自己成了家里的一个怪人，他决定要在家庭会议上讨论一下这个问题。

爸爸：我真的感到很失望，在让全家人每周至少坐在一起吃两次饭这么简单的事情上都得不到合作（爸爸的语调表达的是评判，而不是感受）。

大卫：（戒备地）哦，你每星期和我们不止一起吃两次饭。

辛迪：是这样的，爸爸。

妈妈：我想知道，这对爸爸来说为什么这么重要。

大卫：我知道为什么。

妈妈：让我们看看你能不能举出三个理由。

大卫：他想跟家人一起待更多的时间。

爸爸：是的。

大卫：因为他爱我们。

爸爸：是的。

辛迪：因为他想让我们学会更有礼貌。

爸爸：不。我希望你们和我一起坐下来吃饭，是因为我想知道你们爱我。

辛迪：哦，你知道我们爱你。

父亲：我怎么知道呢？

这家人停止了轮流发言，但他们仍在讨论爸爸的问题，并且有了更多的理解，这要比坚持转两圈的约定更重要。

妈妈：一起吃饭与感受到爱有什么关系？

爸爸：因为在我小时候，我的家里每日三餐都一起吃。这就是为什么我认为相互爱着的人会这么做的原因。我认为我的妻子和孩子们也会这么做。

妈妈：大卫，吃饭时间对你来说意味着什么？

大卫：填饱肚子。

辛迪：我讨厌吃饭的时候大家都必须坐在那里。

妈妈：对我来说倒无所谓。我的父母就放弃了大家一起吃饭的做法。我们都自己做自己想吃的，除了星期天之外。

爸爸：有什么办法能解决这个问题，以便满足我们所有人的需要呢？

大卫：我有一个看法。我认为我们确实经常一起吃饭。

妈妈：所以，你认为你跟我们一起吃饭的次数比我们以为的多？

大卫：是的。

爸爸：我认为在我们家只有我一个人在正常时间吃饭。

大卫：你太夸张了。

辛迪：我因为没有吃早饭或午饭，所以会很饿，一回到家就要吃些东西，你就发火！

妈妈：如果你希望孩子们和你一起吃饭，你能别再唠叨孩子们该吃什么吗？你有那么多规矩——我们应该吃什么，应该在餐桌旁坐多久，等等等等。

爸爸：我知道我那样做过。我只是没有想到别人对吃饭时间的感受与我的那么不一样。我愿意不再唠叨你们该吃什么，当你们吃完后，我不会再强迫你们坐在餐桌旁。在这种情况下，你们愿意一周和我一起坐下来吃几次饭？

大卫：我不介意大多数时候一起坐下来开始吃饭，如果你别再让我们那么难堪，一周至少四次吧。

辛迪：我也没问题。

妈妈：我当然愿意更体谅对你来说很重要的事情，我以前不知道这件事对你这么重要。

爸爸：这听起来很合理。那么，我们下一次一起吃饭是什么时候？

妈妈：明天晚上怎么样？

大卫：我会的。

辛迪：我也是。

如果这家人没有学会倾听彼此的感受，他们可能会继续争吵好几年。他们继续召开着家庭会议，倾听彼此的感受和想法，并寻找对每个人都尊重的解决办案。通过专注地倾听和保持好奇心，你也能在自己家里营造这种坦诚和尊重的氛围。

如果你每个星期都开家庭会议，你的家庭就会更顺利地运转。在这些家庭会议上，除了说出相互之间的感激以及专注于解决议程上的问题之外，你们还可以讨论安排食谱、日程、购物、外出旅行以及全家人一起参与的其他活动。如果你们像大多数家庭一样，你们将需要讨论电视、电脑和其他电子产品以及电话的使用规定。家庭会议还是一个给孩子发零花钱的好时间，尤其是在零花钱定时发放会起到更好作用的情况下。

有效的家庭会议的指导原则

1. 要设定好会议开多长时间。有些家庭每周用 10~15 分钟，而另外一些家庭则用半小时或更长时间。如果需要的话，可以使用计时器，并指定一个人计时（当十几岁的孩子知道会议什么时候结束时，他们会更轻松）。

2. 要以致谢和（或）感激作为会议的开始。

3. 通过询问议程上是否有任何议题因为已经得到了解决而需要删除，或者是否有任何议题需要最先讨论，来确定议题的讨论顺序。

4. 逐项讨论每一个议题，并让每个人说出自己的观点，其他人不要评论或批评。很多家庭都发现，每个人依次轮流发言两次是一个很好的方式，能避免某一个家庭成员垄断发言或其他人得不到倾听。

5. 如果问题需要不止一次讨论（这种情况经常出现），就要通过头脑风暴寻求解决办法。

6. 要选择一个每个人都能接受的解决办案（一致同意），并试行一个星期。

7. 难以解决的问题先搁置起来，到下次家庭会议时继续讨论，到那时，家庭成员就有了更多的时间冷静下来。

你越遵守上述原则，家庭会议就能开得越好。这并不意味着每次会议都会取得很大的成功，但经过一段时间，你们就会增进家人之间的合作和相互尊重。如果你有需要解决的问题，要记住，对家里的每个人来说，练习并学会有效地开家庭会议的技巧是需要时间的。要有耐心，并坚持下去。当家里的人对这种方式不习惯时，需要时间和耐心才能让家庭会议变得高效和管用——但是，这种努力是值得的。你或许还可以看看，下面这些提示是否会改进你们的家庭会议。

改进家庭会议的提示

1. 要在每周的同一时间开家庭会议，而不是只在遇到危机时才开。

2. 尽管家庭会议对年龄较大的孩子很有效果，但由于他们很忙，有时很难安排时间。有一个家庭通过在每一次家庭会议结束时确定下一次会议的时间，解决了这个问题（有趣的是，家庭会议时间总是被确定在和本周同样的时间，但是，十几岁的孩子喜欢能有所选择）。

3. 一起解决问题，是需要时间和练习的，但是，目标是取得进步，而非追求完美。所有的家庭成员都必须有机会出席。有些家庭成员可能会拒绝参加，年龄小的孩子可能会不耐烦而中途离开。

4. 要确保孩子们感觉自己得到了认真对待，并被当做家里重要的、有贡献的一员对待。

5. 当有人在家庭会议上发言时，其他人都应该尊重地倾听，不要争论或更正。

6. 让家庭成员轮流主持会议或记录会议的决定。

7. 在寻找议程上的问题的解决办案时，一致同意是取得成功的关键。如果不是每个人都同意的一个决定，不同意的人将会破坏有可能取得的任何进展。

8. 讨论有争议的问题而不试图决定解决方案，往往是很有帮助的。对于争议极大的问题，可能需要通过好几次家庭会议才能达成一致。

9. 如果你的家人无法达成一致，也没关系。要接受这种悬而不决的状况，这往往意味着让事情保持原状，或者按照父母说的去做，直到在将来的会议上找到解决办法为止。

10. 父母应该确保自己不垄断发言的机会。说教或发号施令会破坏家庭会议要达到的目的。

11. 专注于解决争议较少的问题，比如娱乐时间的确定、零花钱等，直到孩子们相信他们的看法是家里想要并尊重的。

对我们来说，各个家庭能够通过家庭会议自己解决很多问题，常常是显而易见的。但是，太多的家庭没有花足够的时间在一起。相反，父母会给孩子们留下一份命令清单——都是孩子们拒绝做的。而且，这些孩子永远也找不到一个合适的时间向父母寻求帮助，所以，他们就变得很难伺候。有些家庭成员做的事情比自己应该承担的要多，然后，会感到怨恨，就会唠叨并惩罚其他人的懒惰。

尽管向十几岁的孩子下命令并且不征求他们的看法就做计划，似乎效率更高，但与教给孩子人生技能的长期养育方式相比，效果要差得多。下一节的布里斯和芭芭拉的故事，就提供了一个好例子。

真实的家庭会议什么样

布里斯和芭芭拉结婚已经 5 年了。像很多再婚家庭一样，他们的生活非常忙碌，因为两个人都要工作，所以他们匆忙地处理每一件事情。布里斯第一次婚姻生的女儿在周末、节日和假期与他们住在一起。因而，无论他们怎样安排，每周都要改变一次。他们决定以家庭会议作为减少困惑和混乱的一种方式。每个人都参加了家庭会议：芭芭拉上次婚姻生的两个孩子（17 岁的陶德和 14 岁的拉莉）、布里斯的女儿（14 岁的安妮）。他们要解决一个他们认为无法解决的问题。

布里斯：我想以感激开始我们的家庭会议。我想让陶德知道，我感激他昨天打扫了车库。安妮，我想让你知道，我感激你抛下你的男朋友来和我们一起过这个夏天。

安妮：我要感谢陶德今天开车带我去购物中心。我感激妈妈带我去玩迷你高尔夫。

陶德：我要感谢妈妈允许我这几天睡懒觉。

芭芭拉：我要感谢爸爸昨天做了晚饭。

拉莉：我过。

（想象一下，只需一分钟，你的家人会怎样感受给予并得到感激。人们很少会花时间对别人说一些好话。我们相信，你和你的家人仅仅为了这种正面的肯定都会喜欢这种家庭会议。）

陶德：我想先谈谈拉莉的抱怨，因为这似乎是最重要的事。

拉莉：我认为，仅仅因为我是家里唯一的女孩，就要在安妮来时跟她共用一个房间，是不公平的。虽然我喜欢安妮，但从来没有人问过我是否愿意。安妮比我起得早，她总是弄出很大的动静，让我没法继续睡觉。而且，我不喜欢一直听安妮听的音乐。

芭芭拉：对不起，拉莉。我没想到你会有这种感受。你说得对，我们只想到了安妮和你能住在一起，却从来没有问过你。我无法想象，如果安妮在你的房间不受欢迎，她还能住在哪儿。

布里斯：拉莉，如果你有更多的选择，并且能够解决与安妮起床的时间和音乐问题，她和你住在一起可以吗？

安妮：我听音乐时可以带上耳机。早上起来后，我会尽量保持安静。或许我可以把衣服留在卫生间，到那里去梳洗打扮。

拉莉：我现在觉得自己就像一个真正的坏孩子（她哭了起来）。

芭芭拉：拉莉，我很高兴我们有一个能说出自己真实感受的场合，我很高兴你有勇气告诉我们你有多么烦恼。我们对你不体贴，并且没有意识到这一点。现在，我们意识到了。我知道我们能够解决这个问题。

布里斯：我一直打算把我在家里的办公室搬到市中心的大办公室去。如果搬了，我们家里就会多出一个房间。同时，安妮可以使用折叠床。

拉莉：我想让安妮和我住在一起！我只想让你们事先问我一下。安妮，你早上可以在我们的房间里梳洗打扮，你其实没有那么吵。但是，如果你听音乐时能带上耳机，我会很高兴的。

安妮：谢谢你，拉莉。我也更愿意跟你住一个房间，而不是自己一个人睡在爸爸的办公室里。

这次家庭会议剩下的时间用在了讨论下一次大家能一起开会的时间——这在大多数忙碌的家庭里，并不是一件容易的事。

利用家庭会议让孩子合作（包括家务活）

相对而言，如果十几岁的孩子参与制订家务活的计划，他们会更有动力做家务。我们说"相对而言"，是因为家务活是父母优先考虑的事项，而不是孩子们的。作为父母，你的任务不是要让孩子喜欢做家务，而是得到他们尽可能多的合作。

改善你们家的家务活状况的方法之一，就是邀请全家人一起列出一份需要做的家务活清单。在每一项任务旁边，由负责记录的人写下大家一致同意的各项家务活需要多长时间做一次，以及完成的最后期限。最后，让大家挑选自己本周愿意做哪一项。有些不那么受欢迎的家务活，比如打扫厕所，可能需要通过抽签决定由谁来做。最好能有一个人每天监督检查清单上的项目是否在最后期限之前完成了。如果一项家务活没有按时完成，负责监督的人就要找到承担这项任务的人，让他或她知道最后期限已经过了，并强调该做这项家务了。父母应该避免做监督者，因为这听上去会像是唠叨。在许多家庭里，年龄最小的孩子喜欢这项工作，并且干得很好。

当家里形成用这种方式安排家务活的惯例时，他们会发现如果把最后期限定在家里的人最可能在家的时候，比如早晨、放学和下班后、晚饭前、睡觉前，效果会最好。坚持到底（正如第5章中所讨论的那样），对于让家庭成员为自己同意做的事情承担起责任是很有效的。

有些家庭发现，当大家一起干活时，会增进在家务活上的合作。或许，这是因为老话说的"同病相怜"，但是，如果每周抽出一个小时大家都在家的时间一起做家务，往往会比希望事情在一周内不同的时间做完效果要好。当然，有些每天都要做的家务不能等着一起做，但即便是这些家务活，当家里有一个一起做家务的时间时，效果也会更好。

有些家庭会在家务问题上深深地陷入权力之争。如果是这种情况，可以在一次家庭会议上采取一些推动孩子合作的小步骤，比如问每个家庭成员在下次家庭会议之前愿意承担哪项家务。其理念是，先试验一个星期，在下次家庭会议上讨论并评估每个人都学到了什么。我们知道这是一个缓慢的过程，但是，当不和谐成为家里的常态时，让家人参与在一开始常常会很慢，然后会像滚雪球一般渐入佳境。

凯希在正面管教网站网络社区①的"十几岁孩子的正面管教"小组中分享了下面这个故事。

我们昨天开了第一次家庭会议。哇！！！居然开得那么棒，让我又惊又喜。一开始，我15岁的女儿和11岁的儿子很抵触，不愿意坐下来谈，不愿意说话。我猜他们以为"议程"上接下来会是一通说教。我的开场白是致谢，因为别人还没准备好，所以，我就说了我的致谢。然后，我们讨论了早就存在的一个问题，即早上谁坐汽车的前排。我问他们俩都能接受的解决办法是什么，他们奇迹般地提出了一个方案。我告诉他们，下个星期我们会再提出这个问题，看看他们这个解决方案的效果。然后，我们讨论了下一周的计划，以及劳动节的安排。他们向我提了有关下周食谱的一些建议。到我们做完这些事情时，我的两个孩子还坐在那里聊着他们这一天的情况，我坐在旁边看着这个情形，感觉真是好极了。没有了憎恨，没有了辱骂，没有了伤害。到会议结束的闹钟响起时，我们的心情都很好。我们计划最好在每周三晚上开

---

① 网址为：www.positivediscipline.ning.com——作者注

家庭会议，我认为他们俩实际上已经在期待着下次了。这是一小步……

我们生活在一个"加速"的社会中，很容易偏离对你最重要的事情——你的家庭。做出努力并花时间定期开家庭会议，能够帮助你保持各种优先事项和需要完成的小事之间的平衡。

一句鼓励的话：不要期待完美

关于家庭会议的最后一个提示是：不要期待完美。让家庭成员相信他们的想法和主意对于家里的其他人很重要，是需要时间的。让他们学会成功地开家庭会议的技巧，也是需要时间的。然而，没有哪种比家庭会议更有力的方式能造成家人之间相互尊重、合作和长久的记忆。读一读以前家庭会议的记录（各种致谢、问题和解决方法），比翻看家庭影集会更有趣。

需要记住的和善而坚定的养育工具

1. 不要在问题发生当时的激动情绪中处理问题，要在冷静下来之后用家庭会议解决问题。把问题放到家庭会议的议程上，就在家庭会议之前留出了冷静期。

2. 家庭会议值得你为之付出努力，因为你的十几岁孩子在参与过程中能感受到强烈的归属感和自我价值感。

3. 家庭会议是一个讨论问题而不必为提出解决方法着急的好场合。

4. 定期开家庭会议才能起到最好的作用，而不是在危机发生时，或在父母突发奇想时。

5. 除非你们能就一个问题达成一致，否则，不要引入新的办法。要按照你们现行的办法做，或者由一位父母决定暂时怎么做。然后，要继续讨论，直到所有家庭成员找到他们都能接受的办法。

6. 要运用家庭会议讨论任何和所有议题，无论是平常事还是特别事件。

练习

一开始，家人对于致谢可能会感到不舒服，或者觉得这很傻。如果你对这个做法有信心，并且在每周的家庭会议开始时给每个人练习的机会，你们就会越来越熟练，家里的氛围也会越来越好。为了启动这个过程，可以在家庭会议上作下面这个活动。

1. 让家人想一想当有人说了一件让他们对自己感觉很好的事情的情形。让大家轮流举一些例子。

2. 让家人想一想他们想得到别人致谢的情形。要提醒每一个人，有时候，要求你想得到的东西，以便别人注意到对你真正重要的东西，是有益的。

3. 让你的家人说说他们希望因为什么事情得到致谢，然后让别人向他或她致谢。比如，你的十几岁孩子或许因为记住了在把车还给你时给车加油（可能只花了1美元）而想得到致谢。爸爸说："谢谢你想得这么周到，在还车时车里还有油。早上上班的路上不用在加油站停车加油真是太好了。"注意，爸爸根本没提车里只有那么一点油。

4. 要提醒家人，在接受致谢时，说声"谢谢"是有益的，以便向你致谢的人知道你接受了。

5. 在另一次家庭会议上，你可以建议家人轮流表达感激，可以这样开头："谢谢你，因为……"或者"我很感激……"或者"你让我的生活更加丰富或轻松了，因为……"

第 8 章

怎样与十几岁的孩子共度"特别时光"

特别时光的魔力

在孩子十几岁这些年,孩子与你待在一起的时间会越来越少,以切实可靠的方式与孩子进行情感联结比以前更加重要了。我们称之为"特别时光"。特别时光与你平常和孩子待在一起的时间不一样,而是事先安排好的一段时间,像任何重要会议一样不容变更。遗憾的是,有几种情况使得特别时光难以实现:忙碌的日程、十几岁的孩子更愿意与他们的朋友在一起,以及我们在说教、批评和惩罚上花的时间。

布莱恩决定与儿子泰德尝试一下"特别时光"。布莱恩曾试图控制泰德吸毒和饮酒,给他们的父子关系造成了伤害。他对泰德禁过足,没收他的汽车,还无休止地说教("你怎么能干这种事?""你会毁掉自己的一辈子的!""我和你妈妈做错了什么?"),但都毫无用处。泰德变得更加不服、更加叛逆了,他们的父子关系严重恶化了。

布莱恩完全丧失了信心,但他决定,在完全放弃之前,去参加一个名为"十几岁孩子的正面管教"的课程。在第一次上课的那个晚上,他就听到了一些将在以后改变他和儿子的人生的事情。老师说:"有时候,忘掉孩子的行为,而专注于与孩子的关系,你会取得最好的效果。"老师接着讲了"在纠正之前先建立情感联结",并解释说,通过确保将爱的信息传递给孩子,来创造亲密和信任而不是疏远和敌意,对于十几岁的孩子来说是极其重要的。布莱恩想,这听上去太简单了,但他也认识到努力改善与儿子的关系肯定不会有什么坏处。

第二天,布莱恩在午餐时间去了泰德的学校,并得到学校的允许带泰德出去吃午饭。布莱恩已经决定,他的唯一目的就是享受儿子的陪伴——无论发生什么事。当泰德看到父亲时,他挑衅地问道:"你来这里干什么?"布莱恩回答说:"我只是想跟你一起吃午餐。"

吃饭的时候,布莱恩始终牢记他的目的,避免盘问和批评,他甚至没有问泰德这天过得怎么样。泰德从头到尾都充满了不信任,等待着父亲的批评和说教。这顿午餐是在沉默中度过的。之后,布莱恩把泰德送回了学校,并且说:"谢谢你跟我一起吃午饭,我真的很喜欢和你在一起。"泰德一脸困惑地走进了学校。

布莱恩继续在每个星期三的中午到学校接泰德一起午餐。用了三个星期,泰德的不信任才消失。然后,他开始同父亲聊他当天生活中的一些小事,父亲也谈自己生活中的一些小事。泰德甚至开始问一些有关工作和上大学的事情。布莱恩精心地回答着儿子的问题,没有进行说教。

同时,布莱恩在家里也不再试图通过惩罚和取消特权来控制泰德。相反,他专注于泰德的优点,尽管他不得不克制着自己对泰德反叛的焦虑。他告诉泰德,自己为有他这么一个儿子是多么高兴,并描述了泰德出生那天自己有多么高兴。布莱恩发现自己很容易讲一些泰德小时候可爱的事情。泰德会耸耸肩，做出他认为这些故事都"很傻"的表情。然而，布莱恩注意到，泰德在这段时间回家吃晚饭的次数多了起来，有时候还会带他的朋友回家里看电视。

在两人一起吃午餐进行到3个月后的一天，布莱恩由于开会脱不开身，而错过了午餐时间。那天晚上，泰德问："爸爸，今天是怎么回事？"

布莱恩道歉说："对不起，我不知道你在等我。我们从来没说过每天都一起吃午饭。但我愿意让它成为一个日常惯例，你觉得怎么样？"

泰德若无其事地说："没问题。"

布莱恩说："下次如果我再脱不开身，一定让你知道。"

布莱恩对于和儿子共度"特别时光"的效果感到既高兴又满意。他不知道泰德是否已经不再尝试毒品和饮酒，但他知道以往的控制不管用。现在，至少受到损害的父子关系正在恢复，而且，布莱恩很高兴自己理解了"特别时光"的重要性。他对于自己给儿子留下的美好回忆，以及让儿子体验到了父亲无条件地爱他，感到很满意。泰德的行为有了极大改善。他不再对父母不尊重。事实上，他开始很体贴地告诉父母自己回家的时间。布莱恩正在营造一种氛围，使他的儿子会更多地考虑自己的行为对自己人生的影响，而不是把那么大精力用在"报复"父亲的说教和批评上。

找到共度"特别时光"的有效方法

参加"赋予十几岁的孩子和你自己力量"讲习班的父母们，用头脑风暴列出了下面这个与十几岁的孩子共度特别时光的建议清单。这是基于他们对这个年龄段孩子的理解而想出来的。

共度特别时光的建议

不带评判地倾听
认可他们的感受
停止唠叨
做时间长一点的小旅行
多做一天的旅行
一起散步
做他们计划的活动
讲你自己小时候的故事
看他们喜欢看的电视节目
看他们小时候的影集
一起听他们喜欢的音乐
努力做到相互尊重
邀请他们看你工作
和他们一起做他们选择的活动
支持他们的活动和兴趣
跟他们讲讲你自己，如果他们感兴趣的话
在你作决定时，让他们参与
努力一起解决问题
安排定期的家庭会议
一起去滑雪
进行角色互换的角色扮演
允许他们犯错误
表现出对他们的世界的兴趣
一起背包徒步旅行
和他们一起闲逛
少工作，多和孩子玩，多陪伴
去听音乐会或参加球类运动
逛跳蚤市场
参加创造性的活动（如美术和手工）
问他们的观点
一起做饭
让家成为他们的朋友感到舒服的一个地方
保持幽默感
记住看法不同没关系
照顾好你自己和你自己的事
一起去疗养
和他们一起去购物
用他们感兴趣但支付不起费用的活动款待他们
放下工作陪你的孩子
一起吃饭或去外面的餐馆吃饭
一起玩游戏
寻求他们的帮助
同每个孩子单独度过特别时光
一起计划一项活动
安排假期计划（"你们想怎么过？"）
对孩子有信心
信任孩子
经常大笑

我们建议你经常看看这个清单。这可能会启发你以自己未曾想到过，或者由于繁忙的生活而忘记的方式与孩子共度特别时光。要以计划至少一项家庭活动作为每次家庭会议的结束，可以从这个清单中选择，或者由你们自己作头脑风暴想出其他主意（见第7章）。

每天、每周甚至每个月跟孩子共度一会儿特别时光（即便是几分钟），能够让你和十几岁孩子的关系得到神奇的改善。专注地与孩子共度高质量的"特别时光"，将有助于你记住进入他们的内心世界，正确地看待他们，并让你再次感受到做父母的快乐。

在心理治疗中，我们经常建议父母们与孩子共度特别时光，但并不是所有的父母都经常这样做。让我们惊讶的是，当父母不这样做时，孩子们经常会在跟我们的闲聊中说他们的父母没有做好"功课"。在一次治疗中，一个快进入青春期的孩子兴奋地说："妈妈终于做了你们要求她做的事情——就是'特别时光'。这真是太开心了。"

"你们是怎么做的？"她的心理治疗师问道，认为她们可能像讨论了一周又一周的那样一起出去吃了顿晚餐或看了场电影。

"我们点了大约一百支蜡烛，把音响开得声音很大，在客厅里跳舞。我们有时间还会这么做，是吧，妈妈？这太棒了！"

当父母们得到这种结果时，有哪个父母会不想与自己十几岁的孩子共度特别时光呢？

无声的陪伴

还记得每周抽时间带儿子出去吃午饭的布莱恩吗？他以从工

作中抽出时间来把孩子放在首位，表达了自己对孩子的真心奉献。

我们发现，只是与孩子"闲待着"——在你知道孩子会在你身边的某些时候，陪在孩子身边——也能达到同样的效果。这里容易出现的问题是，你期待自己的十几岁孩子会注意你、在意你，或者跟你说话。即便他们看上去没有注意你，你真正陪伴他们所产生的能量，与你虽然"在那儿"但却想着其他事情或由于太忙而不愿意操心孩子的事情，是完全不一样的。

十几岁的孩子能够看出来你对他们的期待——而期待会造成抗拒。我们听到过很多父母抱怨："我抽时间待在那儿，但我的十几岁的孩子还是不跟我说话。""闲待着"意味着随时能够倾听，无论十几岁的孩子想或不想跟你说话。这意味着要做一个"隐蔽的"倾听者（不明显表现出你在倾听）。这意味着要倾听他们是谁，而不是关注他们的言辞。下面5个有帮助的建议，会有助于你将与孩子"闲待着"的时间变成高质量的共处时间。

使共处时间更有意义的建议

每天与你的十几岁孩子至少闲待5分钟，并要保持：

1. 闭上嘴（倾听）。
2. 幽默感（洞察）。
3. 打开你的耳朵（保持好奇心）。
4. 你的内心要流露出温暖和感激（爱）。
5. 理解孩子内心世界的一种渴望（专注）。

想象一下你的十几岁孩子每天拥有或缺乏这5分钟特别时光的结果。

路易外公去看女儿和女儿的继子里科。外公很会鼓励人，因为他能透过表面看到别人的优点。里科经常很晚才回家，房间里乱七八糟的，用完车里的油也不加，学习成绩很差，而且经常因为各种事情陷入麻烦。外公每次看到里科，总是说："里科，你很好！"里科会困惑地看着他，等着后面的圈套，即使在他故作微笑的时候。在路易外公至少告诉过里科一百次"你很好"之后，里科才看着他说："外公，我知道你要说什么……我很好，是吗？"外公只是抬起头看着他，笑着。外公与里科共度的这种特别时光是没有预先安排的，而且每次只有几秒钟。然而，对于生活在一个总是听到那么多负面评价的环境中的里科来说，这对提高其自信具有难以估量的效果。

拥抱，是另一种只需要几秒钟的有效办法。对于十几岁的孩子，要确保不要在别人面前拥抱他们。你甚至可以运用你的幽默感："我知道你现在无法忍受我的拥抱，但是，如果不抱你一下我可能就活不了啦。能请你屈尊3秒钟救我一命吗？"

特别时光与同胞竞争

当你足够在意与孩子们一对一地共度特别时光时，孩子们会感到自己的特别。尽管你知道和每个孩子单独待一会儿很重要，但这并不总是很容易做到。一个孩子可能会因为你想和另一个孩子单独相处而感觉受到了威胁，他可能会制造一种情形，或转移你的注意力，以便让他也参加，或者让你跟他而不是他的兄弟姐妹单独相处。

阿妮尔和杰克是15岁的凯尔西和10岁的卡西的父母。凯尔西正处于十几岁孩子的行为表现最典型的阶段，大多数时间都躲开家人，待在她自己的房间里。卡西要求大量的关注，并且往往能得到，即便是负面的关注。只要阿妮尔或杰克试图与凯尔西单独在一起，卡西就大发脾气，而凯尔西就跑回自己的房间并摔上门。夫妇俩对这种状况感觉很不愉快，决定要做点什么。

他们在家庭会议上讨论了这件事情，两个孩子都不听。有一天，夫妇俩在当地报纸上看到附近的集市将要举办一次踩葡萄大赛。他们问两个女儿是否愿意参加，出乎意料的是，两个孩子都很高兴地说想参加。

那天，全家人穿上了一样的T恤。阿妮尔自愿当摄影师，杰克自愿与两个女儿轮流搭伴参加各轮比赛。两个女孩抽签决定了谁先上场。轮到上场时，她们爬进装满葡萄的大木桶，并开始踩，杰克和她们自己身上都溅满了葡萄汁。杰克站在木桶外面，把手伸到桶里疏通出水口，以保证葡萄汁能顺利流出。阿妮尔则站在边上拍照。比赛结束时，杰克和两个孩子拿着水管冲对方身上的葡萄汁，一边大笑，一边相互取笑着。

阿妮尔把比赛的照片发到了她的Facebook上，后来，当全家人从这欢快的一天缓过劲儿来之后，她说："我知道有时候你们两个女孩儿会相互嫉妒，并想知道我们是否会跟这个或那个多待一会儿。以后，如果你们感到妒忌了，我希望你们看看两个人浑身是葡萄汁的照片，并想想和家人一起做一些特别的事情是多么快乐。或许，我们可以想出一些每周都能做、能成为我们的'特别时光'的事情。我会拍很多照片，我们可以把它们发到网上，让每个人都能看到。"

这件事对这家人是一个极大的突破。我们鼓励你通过和孩子共度一些时间来与自己十几岁的孩子建立情感联结，以便你能知道如何鼓励你的十几岁的孩子，而你的孩子也会感受到无条件的爱。

需要记住的和善而坚定的养育工具

1. 当你很难与自己的十几岁孩子共度特别时光时，最重要的是要让你与孩子待在一起的时间成为高质量的、没有说教的。

2. 如果你不先和孩子处好关系，就不要指望你的十几岁的孩子对你敞开心扉。建立良好的关系需要花时间了解你的孩子是怎样的人，而不是告诉他们你希望他们成为什么样的人。

3. 在孩子旁边"闲待着"，即不做事先计划的陪伴，似乎是开始与你的十几岁孩子的特别时光的最好方式。

4. 手边要备一份"共度特别时光的建议"（见第132页），以便你和你的十几岁孩子能够找到经常愉快相伴的方式。

练习

如果你多记住一些要经常与自己十几岁的孩子快乐相伴，你就会惊讶你和孩子的关系得到了多么大的改善——以及你生活中的快乐增加了多少。遗憾的是，你可能会陷入繁忙的日程和需要处理的问题中不能自拔。这个活动是为了提醒你记住拥有快乐的重要性，并提供一些让你这么做的灵感和动力。

回头看看"共度特别时光的建议"清单，把吸引你的那些活动勾出来。现在，把这份清单交给你的十几岁的孩子，让他们用另一种颜色的笔把他们感兴趣的活动勾出来。然后，让家里的其他人也这样做。

安排一次讨论"要做的有趣活动"的会议，并带上这份清单。把那些不止一位家人勾出的项目圈出来。

用头脑风暴想出全家人一致同意的更多有趣活动。把这些项目添加到清单中。

然后，让每一位家庭成员提出自己愿意为家庭有趣活动做的一件事情。如果家里的其他人全部同意参加，就在日历上安排好适合每个人的日子来做这项活动。每个家庭成员最喜欢的活动都应安排一天举行。然后，一起享受快乐吧！

第9章

你是包办，还是在赋予孩子力量

让十几岁的孩子为人生做好准备

让我们承认吧。有时候，让别人宠着我们、为我们做自己能做的事，并照顾我们，感觉真的非常棒。然而，当父母们这样对待自己的十几岁孩子时，这叫做"包办"——阻碍十几岁孩子能力发展的行为。尽管十几岁的孩子经常抱怨父母对自己控制过多，但如果他们的父母突然从"包办"变为"赋予力量"，他们可能不会感到太兴奋。

两者的区别在哪里呢？包办是为孩子做他们自己能做的事情。这是介入到孩子和其生活体验之间。包办行为通常源自于恐惧或担心，或内疚或羞愧感。这是对十几岁孩子处理自己生活的能力缺乏信任的一种微妙表现。

另一方面，赋予孩子力量则是不再站在你的孩子和他们的生活体验之间，但要随时在旁边给予支持和鼓励。这是要在孩子因为犯错误而"跌倒"时扶他一把，或者在孩子努力自己解决问题时增强他们的信心。还是与孩子一起做事，而不是替他们做事。你学会了做一名好的"副驾驶"，表现出对他们能够做好需要做的事情的信念和信任，但在孩子要求帮助时随时提供帮助。赋予孩子力量的行为，能让孩子练习从错误中学习，并增强他们的"能力"肌肉。

如果你总是解救或控制你的十几岁孩子，当你不在他们身边时会发生什么事情呢？你怎么让他们为人生做好准备呢？如果你从来不允许孩子失败，他们怎么能学会从失败中恢复过来呢？如果你不让自己的十几岁孩子在一种支持的氛围中——通过认可感受和启发式问题——体验他们的选择造成的后果，当你不在身边时，他们怎样体验自己的选择造成的后果呢？

这一章将教给你赋予十几岁孩子力量的工具。本章为十几岁的孩子建立他们的内在资源提供了一个基础。惩罚和奖励教给孩子的是依赖于外在资源。作为父母，你的最大成就就是让自己成为孩子不再需要的人，帮助你的十几岁孩子学会独立生存所需的品质和人生技能。通过运用具有长期效果的养育方式，父母会赋予孩子力量，而不是包办。

典型的包办行为

·早上负责叫醒孩子，为他们洗衣服、准备午餐、挑选衣服。

·当孩子花光自己的零花钱或有指定用途的钱（比如买衣服的钱）之后，借钱给他们，或给额外的钱。

·替孩子将论文录入电脑、做研究，把孩子忘带的作业或午餐送到学校。

·当孩子逃课或逃学时，对老师撒谎。

·当十几岁的孩子功课或课外活动很多时，感到他们可怜，并以此为借口免除孩子该做的家务。

・为避免冲突，在情况明显不好时假装一切都好。
・要什么就给什么——"因为别的孩子有"。

典型的赋予孩子力量的行为

・倾听并给予孩子情感支持和认可，而不是替孩子解决或认为他们的问题不重要。
・教给孩子人生技能。
・通过家庭会议或一起解决问题的过程与孩子达成一致。
・放手（而不放弃）。
・以尊严和尊重的方式，决定你怎么做。
・告诉孩子你的想法、你的感受以及你的希望，不要长篇大论地说教，而要坚持与孩子达成的一致，或者要求妥善处理。

有时候，父母们会认为上面这些赋予孩子力量的建议感觉就像是"什么都不做"，因为其中没有惩罚和控制。然而，当父母们按照这些建议去做时，他们就是在为确保长期效果而努力。当你看上面这两个清单时，你可能会鲜明地意识到自己对包办是多么擅长，对赋予孩子力量是多么不熟悉。包办似乎是大多数父母的第二天性。

在我们的体验式教学的课堂上，我们会找 19 位志愿者——9 位作为"包办的父母"站成一排，另外 9 位作为"赋予孩子力量的父母"站成一排，还有一名志愿者角色扮演一名十几岁的孩子。

然后，我们让这个"孩子"顺着"包办的父母"那一排从头走到尾，这些"父母"对"孩子"的家庭作业说下面这些话，而这个"孩子"要注意自己在听到这些话时的想法、感受以及做出的决定。

包办的话语

1. "我无法相信你又拖延了。你将来会变成什么样子？好吧，我这次帮你做，但下次你要承担后果。"

2. "宝贝，我原本以为给你买了车、手机，并给你那么多零花钱之后，你就会做家庭作业了。"

3. "如果你做家庭作业，我就给你买一张新 CD，给你零花钱和手机。"

4. "宝贝，你快点儿，我现在去给你找衣服，然后去热车，以便在送你去学校的路上不那么冷。"

5. "我真不明白。我免了你的家务活，早上喊你起床，为了让你有更多时间，开车送你去这儿去那儿，还给你准备午餐。你怎么会这样？"

6. "好吧，我会给你的老师写个便条，说你今天早上病了，但你要保证把缺的课补上。"

7. "好，你被禁足了，并失去了所有特权，不能开车、不许看电视、不许跟朋友玩，直到把这件事做完。"

8. "哦，难怪。我看到你把时间都浪费在了看电视、跟朋友玩和睡懒觉上。你应该感到羞耻。你最好振作起来，否则你就会像个乞丐一样露宿街头了。"

9. "我告诉过你多少次要早点把作业做完了？你为什么就不能像你哥哥那样呢？你为什么不能更负责任一点呢？这样下去你会变成什么样啊？"

想象一下你是一个刚刚听了这些话的十几岁孩子。你的想法、感受、决定会是什么？你会觉得被赋予了力量吗？你会想这些话多么有帮助、多么鼓励你吗？你会决定自己迫不及待地要做得更好吗？我们认为不会。在这个活动中角色扮演孩子的人，都说自己感到没办法变好了，感到愤怒，想反叛，感到没了兴趣，根本不听了。

现在,继续想象你是一个十几岁的孩子,并注意听到下面这些"赋予力量的话语"时,你的想法、感受和决定。

赋予孩子力量的话语

1. "你对自己的家庭作业有什么想法?你愿意听听我的担心吗?我们可以一起用头脑风暴想出一些解决办法吗?"

2. "我能看出来你因为考分很低感觉很不好。我相信你能从中学到一些东西,并想清楚要取得你想要的分数需要怎么做。"

3. "我不会为你开脱。当你的老师打电话来的时候,我会把电话给你,以便她能和你讨论这件事。"(尊重的态度和语气是关键)

4. "我想听听这件事对你意味着什么。"

5. "我愿意每周有两个晚上在我们两个事先约好的对你我都方便的时间随时帮助你一小时,但我不愿意你在最后一分钟才来找我。"

6. "我希望你能上大学,但我不确定这对你来说是否很重要。我很乐意跟你谈谈你对上大学的想法或计划。"

7. "我现在太生气了,没办法谈这个问题。让我们把它放到家庭会议的议程上吧,这样我们就能在我不那么情绪化的时候讨论了。"

8. "我们能不能坐下来,看看是否能想出一个你我都能接受的关于家庭作业的计划?"

9. "无论你怎样,我都爱你,并且尊重你感觉正确的选择。"

我们猜,你现在作为一个十几岁孩子的角色,会感觉到被赋予了力量,你在想你的父母真的爱你,并相信你的能力,相信你能从错误中学习;而且,你可以独立思考,可以想去做那些能让你的人生变得更美好的事情。参与这个活动的父母们告诉我们，他们在角色扮演十几岁的孩子时感到很惊讶，并且会停下来思考如何承担起责任，而不是被动地做出反应。

赋予孩子力量：具有长期效果的养育的基础

我们经常让父母们告诉我们，他们想让孩子具有哪些人生技能。他们的回答中都有这样一些词：自律、责任感、可靠、自信和勇气、合作并做出贡献的意愿、沟通和解决问题的能力、内在的学习动力、诚实、幽默感、快乐、健康的自尊、灵活性、适应能力、好奇心、尊重自己和他人、共情、同情心以及相信自己的能力。

看看"包办"和"赋予孩子力量"的那些话语，问问你的十几岁的孩子从"包办的父母"那里学到了上述品质中的哪一些，然后再问他们从"赋予孩子力量的父母"那里学到了哪些品质。这里不会出现什么惊讶。从包办的父母那里，十几岁的孩子没有学到多少东西，而且还有点无忧无虑地继续着自己没有责任感的行为。从赋予孩子力量的父母那里，十几岁的孩子体验到了上面列出的有益于培养人生技能的很多品质和行为。

孩子从被赋予的力量中形成的勇气就是适应能力，即在经历艰难时的应对能力。十几岁的孩子正经历着极端的情感、从忠诚于父母到忠诚于朋友的变化，以及一个充满诱惑的新世界。有些十几岁的孩子会做出自杀的极端行为，因为他们缺乏处理困难问题的勇气。这些十几岁的孩子不知道错误和失败并不是世界末日，而是学习的机会。

帮助十几岁的孩子培养勇气
·对他们和你自己要有信心。
·让他们知道错误是学习的机会。
·给他们再次尝试的机会,而不是惩罚或解救他们。
·致力于找出你们一致同意的解决问题的方案和计划。
·要让他们看到,现在发生的事情只是现在发生的,而明天是运用今天所学到的东西的新一天。

大多数人认为,一个负责任的十几岁孩子会是个完美的孩子。不是这样的。负责任是面对错误并将其作为成长机会的能力。负责任是知道你要为自己的行为承担责任,以及你的行为和选择会影响你的人生。

帮助十几岁的孩子培养责任感
·要有意识地不替孩子承担责任(不要替他们做事情,并且不要唠叨他们)。
·通过友好的讨论和启发式问题,帮助他们探究其选择可能会带来的后果。
·不要因为犯错误而惩罚他们。
·教给他们解决问题的技巧,以改正错误。
·不要为帮助他们免受痛苦而娇纵他们(在处理痛苦的过程中,他们能够培养勇气,并体验到能力感)。
·要和善而坚定地教孩子承担责任。
·保持你的幽默感,并帮助你的十几岁孩子对自己和他人别总是那么一本正经。

正面管教协会的一位同事凯利·佩福尔[1]提出了20种帮助你的十几岁孩子提高能力并感觉到自己能干的方法。下面是她的一些建议：

1. 让你的十几岁孩子每周做一次晚饭。
2. 别再为十几岁的孩子洗衣服。要教他们如何自己洗。
3. 让你的十几岁孩子独自去看牙医，或者独自去做预约好的其他事情。
4. 让你的十几岁孩子给汽车加油，并检查油箱状况。
5. 教你的孩子如何预约自己的事情，并且在他们预约时站在旁边看。
6. 要毫不犹豫地说："这是你自己能做的事情。"或者，"我相信你能自己做。我很愿意告诉你如何着手做。"

下面这些选择，将有助于你理解在有关父母与十几岁孩子之间的具体问题上，包办和赋予孩子力量之间的区别。你可能愿意采取每次迈出一小步的方式赋予孩子力量，或者你已经准备好了迈出一大步（在每一个具体问题下面，有不止一种选择）。当你理解了我们所说的核心精神之后，你就可以发挥自己的创造性了。你的成功将取决于你能在多大程度上着眼于当下，专注于今天你能做到什么，并放弃你对孩子可能会成为什么样的人的担忧。你今天教给孩子的人生技能，将塑造孩子明天的品质。

---

[1] 见 www.thinkitthroughparenting.com——作者注

汽车和开车

包办

给你的十几岁孩子买一辆车。支付所有的油钱和保险。然后,告诉孩子如果学习成绩不提高你将把车收走,试图以此控制孩子。

赋予孩子力量:每次一小步

·就如何共用家里的汽车达成一致。要让孩子知道,如果你让他们用你的汽车,你会希望他们开车为你跑腿或者接送弟弟妹妹。

·让你的十几岁孩子开车带你出去转,以便你了解(闭上嘴,不说话)孩子的驾驶技术和信心。如果你真的有什么建议,要问问孩子是否愿意听。

·让你的十几岁孩子参与养护家里的汽车。

·通过一起阅读汽车杂志或逛车市,分享你的十几岁孩子的兴趣和让他们兴奋的事情。

·列出保有一辆汽车所需全部费用的清单,要明确说明你会支付哪些费用(并且要坚持执行,即便在孩子遇到麻烦的时候)。

赋予孩子力量:迈出一大步

·要让你的十几岁孩子存下买一辆车所需车款的至少一半,并让他或她支付一部分保险费用,或者得到一个"好学生"折扣,以降低保险费率。

·当孩子能挣到足够的钱支付汽油费,并且学习成绩足以降低保险费率时，给你的十几岁孩子买一辆旧车使用并养护。
- 要花时间训练你的十几岁孩子通过使用公共交通学会在没有车的情况下怎么办。
- 一起研究保险费率，包括如果有"好学生"折扣会对费率产生的影响。
- 让你的孩子搭他们朋友的车，这样他们就不需要有自己的车了。
- 让你的十几岁孩子帮助支付任何事故造成的保险免赔费用，并参与办理车辆报修的过程。
- 让你的十几岁孩子开车带你上路跑一次。
- 一起确定何时、何地以及如何使用汽车，并达成一致，即便是孩子自己出钱买车并养护。

兄弟姐妹和争斗

包办

介入孩子们之间的每一次争斗。站在某一方，好像你知道是谁挑起的。惩罚"有罪的那个"，并宠爱"无辜的那个"。这是训练孩子形成"欺负者－受害者"心态的一种绝佳方法。

赋予孩子力量：每次一小步

- 跟你的十几岁孩子聊聊他或她对兄弟姐妹有什么感受。
- 注意一下你让一个孩子"逃脱"的次数是不是比其他孩子多。
- 审视一下你自己与兄弟姐妹之间的问题，搞清楚这对你养育自己的孩子有什么影响。

- 不要期望大孩子照顾小孩子。
- 不要因为一个孩子犯的错而惩罚另一个孩子。

赋予孩子力量：迈出一大步

- 安排定期的家庭会议，让你的十几岁孩子学会给予和接受致谢。
- 不介入孩子们之间的争斗。或者，如果孩子们在打架，而且他们自己解决不了，就要形成一个办法，让两个孩子去不同的房间，直到他们能够停止打架。
- 建议孩子们把问题放到家庭会议的议程上讨论，以便全家人帮助用头脑风暴提出可能的解决办法。
- 要避免给孩子贴上"好孩子－坏孩子"的标签，并要让十几岁的孩子们知道你期待他们双方能解决问题，并且你愿意提供帮助或者请一名心理治疗师帮助。
- 让孩子们一起制定一个谁坐在汽车前排或靠窗位置、如何共用一个房间以及如何安排收看各自喜欢的电视节目的办法。
- 欣赏并鼓励孩子之间的不同。永远不要把一个孩子同另一个孩子相比较。

派对

包办

禁止你的十几岁孩子参加派对。当孩子告诉你他们正"和一个朋友在一起"时，你就相信他们。

赋予孩子力量：每次一小步

·跟孩子谈谈你的担心。让你的十几岁孩子向你解释为什么孩子们喜欢派对。

·回忆你自己十几岁的岁月。

·与十几岁的孩子们和他们的父母在你们家办派对。

·和你的十几岁孩子一起计划一些派对，你在派对上要尽量少露面（你要待在家里，但要关上你的房门）。不要在没有大人在场时把整个屋子交给十几岁的孩子。

·读一些有关十几岁的孩子如何看待派对的文章。

·没有大人在家时，绝对不要在整个周末都把家交给孩子。

·主动提出办几次"课程结业之夜"派对。

·带你的十几岁孩子在新年夜去看"首夜演出"。

·与你的十几岁孩子说好，如果他们喝酒，你就立刻接他们回来，没有商量的余地。

赋予孩子力量：迈出一大步

·问问你的十几岁孩子打算在派对上做什么。角色扮演当孩子在派对上感到不安时应该怎么做。约定一个在孩子需要帮助时打电话向你求助的暗语，比如，"我忘记喂小狗了"。

·要现实一点，那是十几岁孩子的派对。对于很多孩子来说，他们对派对的想法就是，那是父母不在场的一个场合，或许还有啤酒、葡萄酒、烈性酒和其他药物，可能还有性活动。你不必喜欢这些想法，并且你可以努力阻止，但可能更好的办法是与你的十几岁孩子真诚地讨论一下，以保持坦诚的沟通。这样，如果你的十几岁孩子需要你，你就能成为他们聊天的对象，而无需害怕受到评判。

·要了解你的十几岁孩子。要对他们有信心。要教给孩子一些技能，以便他或她知道如何处理一些情况，并自信地做他们认为正确的事。

·要问清楚谁负责开车,以及谁会始终保持清醒,以确保在有人喝醉时不发生危险和不尊重的事情。

衣着、头发、文身、穿孔、打眼

包办
在你的十几岁孩子能做什么、不能做什么的问题上,与他们陷入权力之争。用威胁、惩罚和奖励,试图让他们按照你的想法生活。

赋予孩子力量:每次一小步
·把车停在你的十几岁孩子的学校门口,在车里观察其他学生。

·去购物中心观察十几岁的孩子都穿什么,包括纹身、身上的穿孔和打眼。

·审视你自己的物质主义倾向。给孩子安排一笔买衣服的零花钱,并坚持不能超支。

·如果孩子超支,要允许他们从错误中学习。不要说教或批评。

·要提醒你自己,你的孩子不会把"十几岁的形象"带入他或她的成年(除了文身和身上打的眼,但这可以通过手术消除)。

·为你的十几岁孩子约一个发型师或化妆师。

·和孩子一起上网寻找做文身、穿孔等等最安全的地方,并了解做法、费用、是否疼痛、愈合过程,以及当孩子改变主意时消除的过程。

·给孩子规定一个你觉得自己能够接受这些事情的年龄,或者让孩子到 18 岁以后再做。

· 要认识到，文身、穿孔、打眼是十几岁孩子寻求归属感和自我价值感的仪式，并且是他们正在长大的一个标志。

· 问孩子启发式问题。"什么样的'外表'对你来说很重要？你认为在你长大成人后对'外表'会有什么感觉？（你有可能改变自己的喜好吗？）"

赋予孩子力量：迈出一大步

· 欣赏孩子的形象，拍一些照片。

· 如果你的十几岁孩子不注意卫生，要一起制定一个日常惯例，并要在实行时运用坚持到底的方法。

· 让你的十几岁的孩子选择自己的形象，但当你想让他或她在对你很重要的一些场合改变衣着时，要让他们迁就你。

· 安排一次和孩子一起购物（最好去城外，以免孩子的朋友在购物中心看到你和你的孩子在一起——天啊，这是一定要避免的！），要让你的孩子选择去哪里购物。

· 把电视机扔掉，以便你的十几岁孩子不受到各种电视广告的影响。

· 和你的十几岁孩子一起去找从事文身、穿孔、打眼职业的高手讨论这些事情——包括当你的孩子改变主意后去除这些东西的费用。

· 要坦诚地告诉孩子你想要的和不想要的，同时要让孩子知道，除非你们双方都同意，你不喜欢孩子在身体上做出改变。要始终保持与孩子的坦诚对话，直到你们找到双赢的办法。

· 如果你的十几岁孩子偷偷地出去，回来时身上带着你不喜欢的文身，你要拿出照相机，并说："无论怎样，我都爱你。"告诉孩子一些你在十几岁时做的你的父母不喜欢的事情。

回家的最晚时间

包办

规定回家的最晚时间时,完全不让你的十几岁孩子参与。当孩子不遵守时,就对他们禁足——但是,并不坚决执行。

放弃最晚回家时间的规定,让你的十几岁孩子爱怎样就怎样。

赋予孩子力量:每次一小步

·规定一个回家的最晚时间,并让你的十几岁孩子知道,这是可以讨论的,只要你们双方达成一致。

·让你的孩子知道,你对这个时间限制会通融,只要他或她尊重你的需要——你需要感觉到他们是安全的。

·给其他父母们打电话,了解他们给孩子规定的最晚回家时间(而不是简单地接受你的孩子的说法,比如:"所有其他父母都让他们的孩子……")。

·请一些父母和十几岁的孩子到你们家,一起坦诚地讨论回家的最晚时间,以及每个人都能接受的时间。

赋予孩子力量:迈出一大步

·让你的十几岁孩子告诉你他或她每天晚上什么时候会回家。只要这个办法管用,就坚持下去。如果这个办法不再管用,就规定一个回家的最晚时间,并让你的十几岁孩子知道当你们都准备好时,会接着用老办法再试一次。

·将回家的最晚时间作为一个尊重问题来跟孩子谈,就像你和自己的室友谈那样。让你的孩子在不能按时回家时给你打个电话。

• 如果你的十几岁孩子在外边玩过后想和朋友们回到你们家继续玩，你不要害怕说"不"。有时候，当孩子过度透支体力并筋疲力尽而不知道停止时，你就得做个"坏人"。这种情况每年或许会出现一两次。

• 要了解你的十几岁孩子。当你经常问孩子启发式问题、开家庭会议、角色扮演在各种困难情形中该怎么做、跟孩子共度特别时光，并一起解决问题时，你就能了解你的孩子。

• 要表达出你对自己十几岁的孩子能够思考自己的行为，以及其行为会如何影响他或她的人生的信任。

金钱

包办

给你的十几岁孩子大笔的零花钱，而不跟他或她讨论如何花这笔钱。当孩子花光之后，给他们一通"我付不起了"的说教，然后给他或她更多的钱，并发誓你再也不会这样做。

赋予孩子力量：每次一小步

• 开始给孩子零花钱时，不要与干家务活联系起来。

• 避免解救。要让你的十几岁孩子从花错钱中学习。

• 如果孩子干了你需要雇人干的活，要付钱给孩子。但是，只能在孩子干完活并符合你的标准后才能付钱。

• 如果你借钱给孩子，开始的时候数额要小，并记好账，以便记录孩子的还款情况。在孩子跟你建立起信誉之前，不要借给孩子很多钱。

·如果你的十几岁孩子想买一样东西，应要求孩子先准备好一部分相应的费用，然后，你再支付不足的部分（"你存一半钱，我也会存一半。"）。

赋予孩子力量：迈出一大步

·和你的十几岁孩子一起讨论零花钱应该用来支付他或她的哪些花费。在孩子能够提出令你信服的理由之前，不要增加零花钱。

·每年给孩子两次买衣服的零花钱。如果你的十几岁孩子把钱花光了，并想要更多，你要表现出共情，以及对他或她能够想出办法更合理地使用下一笔买衣服的钱的信任。

·要求你的十几岁孩子找兼职工作（每周工作几个小时）来帮助支付他们的开销。

·要求你的十几岁孩子帮助支付他们自己的一部分手机费用。即使是一小笔钱，也有助于培养孩子的责任感。

家务活

包办

不指望孩子做任何家务。认为因此陷入权力之争不值得，并认为青春年少毕竟只有一次。

赋予孩子力量：每次一小步

·要求你的所有孩子都做家务。

·在一次家庭会议上，让你的十几岁孩子一起做头脑风暴，想出各种家务活应该由谁、在什么时间、怎样完成。
- 一起制定日常家务表。
- 运用坚持到底的方法，确保完成家务。
- 要避免找借口，即便孩子第二天要考试。应要求你的十几岁孩子安排好帮忙做家务的时间。在特殊情况下，你总可以跟孩子交换做家务活或提供帮助。

赋予孩子力量：迈出一大步
- 让你的十几岁孩子参与做饭、日常采买、洗衣服、准备自己的午餐、熨衣服、养护汽车、打扫房间，以及任何能让他们为成人阶段做好准备的事情。
- 要尊重孩子忙碌的日程，但要坚持让他或她每周至少做一次晚餐，无论食谱多么简单。

房间

包办
唠叨并说教孩子的房间脏乱。威胁、贿赂孩子，但不坚持到底。

赋予孩子力量：每次一小步
- 和你的十几岁孩子一起去储藏用品商店，挑选一些衣钩和其他储物用品。
- 让你的十几岁孩子装饰家里房间的一部分。
- 要求孩子的房间每周打扫一次。可以让孩子选择是自己打扫，还是需要你的帮助。

赋予孩子力量：迈出一大步

· 让你的十几岁孩子随便将其房间搞成什么样。要求他们每周把自己房间里的所有盘子、杯子等至少送到厨房一次，并规定一个最后期限。对最后期限要坚持到底。

· 相信你的十几岁孩子在准备好之后会打扫自己的房间（有些最脏乱的十几岁孩子，长大成人后成了最整洁的人——有一些人继续脏乱）。

· 给孩子定一个粉刷房间墙壁、张贴海报和买床上用品的预算。让他或她重新装饰房间。

约会和性

包办

像鸵鸟一样把你的头埋在沙子里，假装你的十几岁孩子不会涉及到性问题。

赋予孩子力量：每次一小步

· 不要过度反应。如果你不插手，他们可能在一个星期之内就会分手。

· 要理解"确定关系"对不同年龄的人意味着不同的事情。要搞清楚这对你的十几岁孩子意味着什么。

· 对性的问题也是如此。你的十几岁孩子对"性"的定义可能与你的大相径庭。

· 跟你的十几岁孩子谈谈避孕问题。要把你的想法告诉他们，并搞清楚他们的想法。你的十几岁孩子可能已经准备好了发生性行为，但并没有准备好有孩子。即便你的孩子没有为性做好准备，但这种事情就在他们周围发生着，他们需要有一个场合能谈谈他们关切的问题。

·对于 8~12 岁的孩子，如果他们要去电影院或购物中心，你要接送。

·让你的十几岁孩子办泳池派对，或男女一起参加的其他派对，你要作为现场监护人。

·促进孩子参加群体活动。

·把你的十几岁孩子的约会包含进家庭活动中。

赋予孩子力量：迈出一大步

·如果你的十几岁孩子感觉自己准备好约会了，就让他们约会，但要保持关注和警觉，并要坦诚地讨论。

·要确保讨论你对十几岁孩子的性行为以及不加保护的性行为的担心，并认真听你的孩子的想法。

·要讨论为什么有些女孩认为为避免被男朋友拒绝，她们不得不发生性行为。要鼓励孩子搞清楚自己想要什么，并要知道她们或许可以考虑拒绝那些不发生性行为就分手的人。

·要让十几岁的孩子角色扮演他们可能会遇到的一些情形——比如，在汽车后座上感觉到的激情。帮助他们搞清楚自己现在想要什么，以及未来想要什么。

·如果你的十几岁孩子想在性上更活跃，你要提出和他或她去做好避孕。十几岁的孩子可能对发生性行为不觉得尴尬，但他们不愿意跟你谈这件事，害怕被你批评。

·要让你的十几岁孩子了解约会强奸，并鼓励他们找一个清醒的朋友作保护者。

·要确保你的十几岁孩子感觉到父母的爱。否则，他们可能会感觉需要到一些错误的场合去寻找"爱"。

学校

包办

通过你的话语和行为表现出，你的十几岁孩子的分数比他或她对你更重要。事无巨细地介入孩子的家庭作业。告诉你的十几岁孩子在什么时候、什么地方做作业。如果孩子成绩不好，就取消他或她的一些特权。每天至少上网查看一次孩子在学校的表现。

赋予孩子力量：每次一小步

- 全家人每天度过一段安静地做各自事情的特别时光。
- 和你的十几岁孩子一起建立日常惯例，而不是事无巨细地管孩子。
- 全家人一起读书。
- 和孩子一起去上一些课。
- 你自己去上一些课。
- 要记住，上学的目的是学习，并不一定要得到最好的分数、交上大多数论文。
- 要让你的十几岁孩子知道，对你而言，他或她比学校的分数更重要。
- 如果孩子的成绩下降，要像一个朋友一样和孩子一起寻找潜在的原因。
- 要现实地看待你的十几岁孩子的能力，不要期望孩子和你有同样的目标。父母们可能认为全 A 的成绩是必要的，但孩子可能认为在他们不感兴趣的课程上那么努力是浪费精力，得个 C 就满意了。

- 不要把让孩子退出他们擅长的事情作为"惩罚",或者你认为的"激励"。
- 尽量不要插手孩子的家庭作业,如果孩子需要帮助,就请一个家庭教师,除非你是那些罕见的在帮助孩子做作业时能不跟孩子争吵的父母。

赋予孩子力量:迈出一大步
- 学校并不是对每个人都适合,有些十几岁的孩子可能在家学习或在网上学习,或者通过参加同等学历的考试后重返校园,会取得更好的效果。
- 在某些符合你的时间安排的时候,可以给孩子提供功课上的帮助,但是,要尽量让学校的学习成为你的十几岁孩子和老师之间的事情。如果某项作业需要父母的参与和帮助,要让孩子起主导作用并通知你。
- 当老师要求你去学校见面时,你应该要求让孩子也一起参加,以便搞清楚发生了什么事。要倾听各种观点。要专注于让孩子和老师提出解决问题的办法,而不是匆忙地接手。
- 当你的孩子被老师留校或者成绩糟糕时,不要反应过度。要等等看孩子对此会怎么做,并要随时给孩子鼓励,而不要替孩子承担责任。
- 在需要时,或者你和孩子为家庭作业经常吵架时,要给孩子请家庭教师。
- 要赞赏孩子为学习做出的每一个努力,无论孩子成绩如何或者取得了多大的进步。
- 要鼓励你的十几岁孩子加强自己的强项,不要唠叨孩子要在各方面都出色。

电子产品（手机、电脑、视频游戏、电视、IPOD、IPAD 以及下个月将要发明的任何其他东西）

包办

确保你的十几岁孩子拥有这些不断出现的新玩意。允许他或她的房间里有所有这些东西，没有任何监督。

赋予孩子力量：每次一小步

·限制孩子用在电脑、电视和电脑游戏上的时间。在家庭会议上，定好你的十几岁孩子从事这些活动的时间安排。

·在上网设置中使用父母控制权限。

·跟十几岁的孩子谈谈在网上与不认识的人聊天的危险和价值。问问你的十几岁孩子对于保护自己避免网上聊天的潜在危险有什么想法。

·在十几岁孩子的卧室里不要放电视机。

·要记住，现在的十几岁孩子从电视和电影中看到的赤裸裸的性和暴力镜头要比以前的孩子多。你或许没办法保护你的孩子免于接触这些东西，但你能与孩子友好地讨论他们看到的东西，以及你的孩子的想法。

·让你的十几岁孩子教你一些使用电脑的技能。

·不要在吃饭时看电视。要将这段特别的时光用来进行友好的交谈。

·设立一个电子产品（尤其是电脑游戏和手机）的夜间"存放区"。这个存放区也可以用来在白天的其他特殊时间（比如做作业时、吃饭时）存放有关电子产品。

赋予孩子力量：迈出一大步

·不看任何电视节目，只看精心挑选的租来的DVD或其他视频（我们知道——这是很大的一步，但我们遇到过一些完全不看电视并且很喜欢这样的家庭）。

·如果你还没有准备好迈出这最大的一步，至少要偶尔（如果不是经常的话）和你的十几岁孩子一起看看他们喜欢的节目，以便你能知道他们在看什么。要问问你的孩子认为媒体对他或她的想法和行为有多大的影响。友好的讨论能够帮助十几岁的孩子思考他们看到的东西，并将其想法说出来，以便他们能理解媒体对他们的影响。

·你不是必须给你的十几岁孩子买手机（除非你想让他们有一个只用于紧急情况下联系的手机）。要和十几岁的孩子一起确定他们怎样分担手机的费用以及怎样使用手机。如果他们想在手机上安装苹果应用软件，就要让他们注册一个自己的iTunes账号，并请亲戚们在某些特殊的时候送给孩子一些礼品券。

·当你的十几岁孩子想买电视广告宣传的产品时，要帮助他或她想清楚。"为什么你真的想要这种产品？你能自己付钱买吗？你是被商业宣传愚弄了吗？"

购物中心、音乐会及其他活动

包办

禁止你的十几岁孩子去上述任何场所，或者让他们想去哪儿就去哪儿，没有任何监督和讨论。

赋予孩子力量：每次一小步

·要理解，从孩子的社会化的意义上来说，购物中心和音乐会对你的十几岁孩子的重要性，就像谷仓舞会对你的祖父母的重要性一样。

·要带着你的8~12岁的孩子去购物中心，你自己坐下来点一杯软饮料或咖啡，等着孩子准备好离开，或在约定的时间回来找你。

·偶尔要和你的十几岁孩子以及他们的朋友一起去听音乐会。你要同意自己坐到他们的后排，以便他们不会被看到和你在一起，如果这让他们更自在的话。

·带你的十几岁孩子去拜访一位听力专家（或者研究一些听力学的文献），了解听音量过大的音乐对耳膜的危害。问问你的孩子对于如何保护听力的想法。

赋予孩子力量：迈出一大步

·要了解你的孩子，并相信他们能够运用你帮助他们培养的能力。他们可能会叛逆并犯错，但要相信他们会运用这些能力决定对他们最有益的事情。

·一旦你给自己十几岁的孩子提供了学习技能的机会，并让他们知道你无条件地爱他们，你就会对自己并不了解十几岁孩子的所有事情感到欣慰——就像你的父母当年也并不了解你所做的每一件事情一样。

·要相信你的十几岁孩子会成为很好的成年人（就像你一样），即便你不认同他们选择的音乐和价值观。

朋友、同龄人

包办

批评你的十几岁孩子的朋友。告诉你的孩子应该有什么样的朋友。如果你的十几岁孩子性格内向,并且对于只有一个朋友似乎很开心,你就努力说服他相信为什么应该"走出去"交更多的朋友。逼迫你的十几岁孩子参加你认为"对他或她好"的各种体育运动或活动。

赋予孩子力量:每次一小步

- 审视一下你的十几岁孩子为什么会选择现在的朋友。他们感到不安全吗?他们在寻找对他们期望不那么高的朋友吗?
- 给孩子提供培养他们对自己的自信和能力认知的各种机会。这会变成孩子选择与自己志趣相投的朋友的能力。
- 不要批评你的十几岁孩子的朋友。相反,要邀请他们到你家来,以便你能对他们产生好的影响。
- 如果你的十几岁孩子的一些朋友让你很担心,你可以信任你的直觉,并让你的孩子知道这些朋友在你们家里是受欢迎的,但必须在你在家里的时候来。
- 接受你的十几岁孩子的风格。你的孩子可能宁愿有一个亲密朋友,而不是跟一大群人在一起。

赋予孩子力量:迈出一大步

- 要允许你的十几岁孩子在和他们的朋友在一起时关上自己的房门(由于门关着就认为孩子们在里面做一些无节制的事情,

是很不尊重孩子的）。

・在晚上，你可以敲门并问孩子你能不能进去。十几岁的孩子很可能会说可以，而父母们或许会经常发现孩子们正伸开四肢躺在地板或床上听音乐、玩电脑游戏或者聊天。

・如果十几岁的孩子在交友上遇到了麻烦，要问他们是否需要一些提示。否则，就要相信他们能够自己解决。

挑战

你会面临一个挑战。你可以决定是影响还是控制你的十几岁的孩子，是增强他们的自信（赋予孩子力量）还是主导他们的生活（包办）。你既可以专注于培养他们的技能，也可以为保护十几岁的孩子而替他们做事情。父母们经常以十几岁的孩子会犯一些危及自己的生命，或永久毁掉自己人生的错误为借口，但这在任何年龄都是一样的。专注于这种恐惧会导致父母试图控制孩子的生活，而不是放手让孩子过他们自己的生活。

要问问你自己："我是出于恐惧还是信任？"信任会给你的十几岁孩子犯错误并从中学习的空间。正如鲁道夫·德雷克斯所说的那样："膝盖受伤要好过勇气受挫。受伤的膝盖可以康复，但受挫的勇气会持续终生。"

需要记住的和善而坚定的养育工具

1. 包办是为孩子做他们能做的事情。这是侵入到孩子和他们的人生体验之间。

2. 如果父母不站在孩子与他们的行为后果（人生体验）之间，孩子们就能学会从自己所犯的错误中学习。

3. 赋予孩子力量是在孩子因为犯了一个错误而"跌倒"时帮他们一把，或者在他们努力自助时增强他们的信心。

4. 要提醒自己，当你运用本章介绍的一些方法时，你就是在做一些事情。你不是必须要通过惩罚或控制才能有效地扭转孩子的一些极其负面的行为模式。

5. 要通过增强你的十几岁孩子的内在资源，让孩子为人生做好准备。

6. 赋予孩子力量，能帮助孩子形成勇气、信心、适应能力、责任感以及对生活的现实态度。

7. 当你处理十几岁孩子的问题时，要注意你是能采取一些小的、中等的还是大步的措施赋予孩子力量，而不是替你的十几岁孩子包办。

练习

回想一下你自己十几岁的时候。你学到的最痛苦的一堂人生课是什么？你的父母是为你包办，还是赋予你力量？他们当时是怎么做的？结果是什么？你从这种经历中学到了什么？这种经历对你的生活有怎样的影响？对你养育自己的十几岁孩子有怎样的影响？

第 *10* 章

你在教给孩子人生技能吗

培养能力和"我能"的心态

　　十几岁的孩子拥有的工具越多，他们的生活就越美好。孩子们学东西是很快的，然而，他们学习的能力往往没有充分利用。他们不是通过别人告诉他们怎么做来学习的，而是通过参与才能学习。当父母替他们或为他们做事的时候，他们学不到什么；当父母与他们"一起"做的时候，他们才能学习。如果你希望你的孩子在经历人生挑战的时候，能有一种"我能"的心态，趁他们还在你身边并能从你的鼓励中受益时，教给他们一些人生技能还不算太晚——即便他们可能认为自己已经明白了所有的事情。

　　要寻找教他们的时机。有很多机会都可以用来教给孩子人生技能，比如那些涉及到汽车、金钱、衣服、购物、家务活、时间运用，以及对学习和学校态度的时刻。

　　弗朗辛一直承担着在星期二早上喊儿子丹尼起床去上早课的责任。她会把他叫醒，他又会再睡着。这种情形会反复几次，双方都越来越生气,直到弗朗辛一把掀掉丹尼的被子。然后,丹尼会不情愿地下床,嘴里嚷嚷着:"别烦我!"最后,在大约半小时后离开家。弗朗辛接到了老师一封信,说如果丹尼再错过一次课,他可能会不及格。

后来,当弗朗辛和丹尼两人开车外出时,她说:"今天我接到你的老师一封信,说如果你再错过一次课,这个学期就会不及格了。你明天是想去上课,还是想不去上了,就让这门课不及格?"丹尼沉默了几秒钟,说:"我想我会去上课。"然后,妈妈问:"你想让我叫你起床,还是想让我不用管你?"丹尼说:"不用管我。"

她同意了,丹尼说:"谢谢你,妈妈。"(这与之前的"别烦我!"有很大的不同)第二天早上,丹尼早早地就洗了澡,按时离开了家。妈妈相信丹尼能从她的做法中感受到不同,她确实说到做到,确实把这个责任交给了丹尼自己。孩子们似乎知道父母什么时候说话当真,什么时候不当真。

利用孩子的兴趣

教孩子的一些最好时机,是在你利用孩子的兴趣的时候。比如,大多数十几岁的女孩都对服装很着迷。这种着迷提供了教给孩子关于预算、关于挣钱以及事先计划的很多机会。

在帕拉家,孩子们每年得到两次买衣服的零花钱。帕拉决定少买几件,但要买贵一些的衣服。她想的是,她总可以通过从朋友那里借衣服并用自己每个月省下的零花钱充实自己的衣橱。

帕拉的妈妈坚持新衣服绝对不能借出去,或扔在地板上。她是在尽量防止帕拉犯错误,但后来,她想起了自己要帮助帕拉从其生活经历中学习。于是，她告诉女儿："帕拉，我犯了一个错误。我想不让你丢掉那些很贵的衣服，但我相信你能想清楚自己是否想把它们借出去。我知道应该由你决定如何对待自己的衣服。"

几个月后，帕拉生着气来找妈妈。帕拉的一个朋友借走了她定制的一件夹克，在一次派对上弄丢了。妈妈咬着嘴唇，才没有进行"我早就告诉过你"的说教。她给了帕拉一个大大的拥抱，说："我能看出来你有多么生气。我真为你感到难过。"帕拉看着母亲，说："我再也不会让她借我的衣服了。"十几岁的孩子在不受到羞辱和责备时，自己能从所犯错误中学到最多的东西。

"帕拉，你有兴趣听听我对借出衣服的一个主意吗？"

"好啊，妈妈。"

"你可以告诉你的朋友们，你希望她们给你一笔押金或一件同样好的东西放在你这里，直到她们把衣服还给你。这叫担保。"

"谢谢，妈妈，但我不认为这对我的朋友们有用。我不再让朋友们借我的好东西就是了。她们的父母会买她们想要的任何东西，她们不理解靠买衣服的零花钱是什么样子。我不能再丢衣服了。"

"好主意。"妈妈回答道，忍着笑走进了另一个房间。

一起做好计划和安排

一起做好计划和安排，是一种很好的训练方法。生活中，总是要根据忙碌的日程做出各种各样的安排。如果所有的计划都由你自己一个人做，并在之后告知你的十几岁孩子，你就失去了帮助他或她学习人生技能并培养品行的一个绝好方式。孩子就不知道从这下一分钟到下一分钟你给他们安排了什么，他们就会转而期待着你替他们做事情，带他们到各个地方去，甚至在他们太忙的时候期待你介入并解救他们。

当你让孩子们参与事先计划的时候——哪怕花的时间长一点——你就能得到更好的结果、表明对孩子的尊重，并教给他们一些技能。要在家里的一个核心场所放一个日历，以便每个人都能很容易地查看。你也可以用家庭会议来制订计划。在家庭会议上，每个人都会对讨论中的活动和安排给予充分关注。然后，每个人都会通过注意要做什么事、什么时候做、谁需要参加以及谁负责哪些事，事先参与计划的制订。

虽然很多人都抱怨自己没有时间，但他们似乎没有计算在混乱和沮丧中浪费的时间！一个好计划能消除这些问题——但是，这仍然要花时间，还要加上对细节与合作问题的关注。

托妮正在为高中一年级开学做准备。她把开学需要准备的东西告诉了父母。一天晚饭后，他们坐在餐桌前讨论，列出了一个需要做的事情的清单。他们拿出家里的日历，在上面标出了每件事情能在什么时间完成，以及父亲和母亲谁能在托妮需要时提供帮助。托妮和父母一起列出了买校服和能够支付参加学校活动及个人开销的零花钱预算。

这家人还确定了托妮每天怎么去学校，因为步行去学校太远了，而公共汽车的时间不凑巧。这就使得托妮有充足的时间打电话，联系在父母不能接送她时的拼车事宜。

与此形成鲜明对照的，是里克和斯蒂芬妮家的混乱而令人沮丧的情形。里克想去看他最喜欢的棒球队的比赛，因为他没有车，也没有驾照，而比赛是在离他家50英里外的地方举行，他需要父母帮助他安排。他每次让父母安排的时候，父母总是说他们正忙，回头再说。里克很沮丧——他想知道自己是否应该存钱买一张票，而且他想能有足够的时间找几个朋友和他一起去。因为里克的父母没有认真对待他，他们没有及时找他谈这件事，结果，里克没有看成比赛。他的父母没有意识到他们对孩子的不礼貌和不尊重；他们就是没有把里克的计划看得像他们自己正在处理的其他事情那样重要。

里克的故事并不少见。当斯蒂芬妮想要去参加一场舞会时，她的父母对她和一个男孩子一起出去感觉不舒服，所以，他们就一直推迟回答她有关参加舞会的要求。斯蒂芬妮就没有办法像她的朋友们那样做出安排——买衣服、计划去哪里吃饭、安排交通，因为斯蒂芬妮的父母不答复，而且她不知道如何让他们理解。

里克和斯蒂芬妮成年后，都没有很好的事先计划能力。他们不认为自己的观点和需要很重要，所以，他们最后都与喜欢控制的人结了婚。假如他们的父母更懂得花时间与孩子一起事先做出计划和安排的重要性，里克和斯蒂芬妮成年后的人生可能就会完全不同。

从头到尾预演一遍

蒂姆16岁生日那天早上，他在申领驾照的队伍中排在第一个。他以97分的成绩通过了笔试，并通过了路驾考试，在他看来，这使他具有了一名专业驾驶员的资格。他准备好了驾驶任何车辆去任何地方，因为加利福尼亚州州政府说他行，而州政府比他的父母"大"。

回家后，蒂姆问妈妈，他能否开她的车去旧金山。

妈妈后来与她的朋友玛西亚谈起了蒂姆的请求。"我们生活在一个安静的小镇，而旧金山到处是陡坡和山路，交通很繁忙。

那是一个很大的城市。我告诉蒂姆：'不行。你刚拿到驾照才一个小时。'他说：'但我一直在等待并梦想这一刻。你怎么能够毁掉我的人生呢？加利福尼亚州说我已经能开车去任何地方了。他们给了我一个驾照。我在考试中得了 97 分。你是怎么回事？你恨我吗？'"

玛西亚问："那你怎么办？"

"我得说实话，"蒂姆的妈妈说，"我首先考虑的是我的车。那是一辆非常好的车，我不想看到它被撞坏。我还为蒂姆担心。我想保护他。我担心他刚刚开上高速公路的匝道就遇上麻烦！我脑子里想的都是各种各样的灾难——在高速路上，在旧金山的山路上。但是，我实际上明白他的问题是什么。他觉得自己终于像个大人了。他有了驾照，他有了自由，他有了力量，他有了方向盘。而且，他喜欢旧金山，我们一家人去旧金山旅行过很多次。现在，他想自己去，并带上他的朋友们。这对他来说是多么兴奋的事情啊！"

"你认为他能这么快就自己处理吗？"玛西亚问。

"我们要找到一个办法，分成几步来做。虽然他不愿意等待，但他理解我们不能总是按照他希望的那样做。我们打算将接下来的两个周末奉送给蒂姆，以便他开车带全家人去旧金山。我们会让他去一些他自己永远不会去的地方，当作我们对他进行一次旧金山的路驾考试，期间会让他停很多次车。我们会让他带着我们到处走——上山、下山，去北滩、渔人码头、唐人街。经过在旧金山看他 4 天的驾驶后，我会感觉好一些，并亲眼看到他能行。然后，我会把我的车钥匙给他，让他去开心地玩。当他开车走的时候，我会给你打电话，我会惊慌，会哭。他会得到极大的自信，而我很可能会得心脏病。"

玛西亚大笑着说："你总是很有戏剧天赋。"

与这个故事相反的是林迪。她的母亲让她丧失了参加高中毕业旅行的信心。林迪的妈妈向她描述了这种旅行会多么可怕。她说，没有人会觉得这种旅行有意思，除非他们喝得大醉并滥交，由于林迪不是这类人，所以她待在家里会更开心。因为林迪不想喝醉、滥交——而且因为她没有理由怀疑妈妈——她决定自己不去了。

当被问到时，林迪的母亲说："我听说过很多这种旅行的故事。我不确定是不是真的，但如果是真的，我不希望我女儿去。她可以找其他办法庆祝毕业。"但是，她似乎忽略了一个问题，那就是，林迪一两个月后将会独自在大学里生活。她不仅会缺乏由于处理过难以处理的情形而带来的自信，还会缺乏必要的技能，包括作决定的能力，因为她的母亲替她做了太多的决定。

这本来是一个绝佳的机会，使林迪的母亲为女儿找到一些可以采取的小步骤，让女儿在离家不太远的地方练习面对让人不那么自在的社交环境，母亲还能在需要的时候提供帮助和分析。结果，林迪由于母亲的恐惧而丧失了勇气，被吓得不敢自己出门了。

很多十几岁的孩子希望父母控制他们，并且替他们做事，因为他们害怕长大。如果父母以自己的恐惧助长这些十几岁孩子的恐惧，他们就无法培养成长为一个成功的成年人所需的人生技能。当然，也有很多拒绝被父母控制，并完全叛逆的十几岁孩子。

你能够通过表现出你对十几岁孩子成长的热情，帮助他们培养勇气。"当你长大并能离开家时，不是很令人兴奋吗？当你第一次有了自己的公寓时，不是很棒吗？你难道不期待着有你自己的手机号码吗？"你的热情是能传染的，会帮助十几岁的孩子向往成为外面成人世界中的一员。更重要的是，你能够通过给十几岁的孩子机会，让他们一步一步地跟着你学，并在之后给他们运用自己学到的东西的机会，帮助他们变得勇敢起来。

一位曾有意识地努力教给儿子生活技能的母亲，问儿子是否认为他在十几岁时做的日常采买和做饭对他作为一个成年人有帮助。他回答说："你在开玩笑吗？如果没有这些技能的帮助，我不知道自己会怎样生活。我知道如何买到折扣商品，如何少花钱多办事，如何事先作计划。我知道如何制订菜单！我知道很多东西。"

用一些非常规的方法

凯莉的成绩在下降。她的父亲皮特问她是否愿意了解一些学习的小窍门。凯莉怀疑地问："什么样的小窍门？"

父亲回答："如果你愿意，我可以教给你'手到擒来4步法'。"

凯莉被激起了兴趣，问道："你从哪儿学到这个方法的？"

父亲解释说，是他的朋友利希尔告诉他的，是为了帮助他解决拖延问题。他接着说："凯莉，这个办法对我真的很有帮助。你想听听吗？"

凯莉说："好的。"

手到擒来4步法：
1. 决定你想要什么。
2. 为其安排出时间。
3. 设置一个交易或用其他窍门来激励自己。
4. 列成一个清单。

凯莉问这4步如何能帮助自己，父亲说，如果她愿意，他可以和她一起完成这些步骤。凯莉同意了。

第一步，皮特让凯莉想想她每天确实想做的事情。凯莉列出的事情里包括与朋友们玩、弹吉他、学习和看电视。

第二步，皮特建议凯莉想一想这些事情都在一天中的什么时间做。凯莉决定，放学后与朋友们玩，然后回家弹吉他，与家人一起吃晚饭，看半小时电视，然后去学习。

皮特没有指出把学习放到最后注定完成不了。相反，他开始讲第三步，做交易。他指出，人们常常不愿意做自己最不喜欢的事情，除非先和自己做个交易。比如，"我要先做我不喜欢的事情，做完就完了"，或者"我要先做两件我喜欢的事情，然后做一件我不喜欢的事情，把最喜欢的事情留到最后做。"他说，还有一个窍门是与别人约一个时间，做自己不喜欢做的事情，他解释说："如果你跟别人约一个时间一起学习，学起来就会有更多的乐趣。因为人往往不会让自己的朋友失望，即便你可能愿意让自己失望。"

最后，皮特向凯莉说明了如何将她要做的四件事列成一个清单，包括每一件事所用的时间，以及她跟自己做的交易。他们谈了如果不把新计划写下来，人会多么容易回到老习惯，而忘记新计划。皮特建议凯莉用这张清单提醒她记住自己做出的决定。

凯莉想知道父亲是否打算每天检查她是否按清单在做。皮特问她是否希望检查，凯莉说："决不！"所以，皮特说："好，我的任务是帮助你学会这个办法。你的任务是决定你是否想运用你学到的东西。如果你直接要求我帮助，我很愿意帮助你，否则，就由你自己决定。"

友好的挑战，也有助于激励十几岁的孩子学习生活技能。蕾拉妮决定对儿子乔用用这个办法，她说："我打赌你的这门课拿不到 B。"

乔接受了挑战，问道："赌多少？"

妈妈说："10美元"。乔同意了："就这么定了！"

由于我们不提倡使用贿赂、奖励或取消特权的方法，你可能想知道打赌与这些方法有什么不同。当一个十几岁的孩子说"如果我想，我就能做到"时，就可以用打赌的办法。为了有效，必须要以友好、尊重和游戏的心态打赌。"你告诉我你能做到，但我手中的钱说你做不到。你愿意拿钱出来打个赌吗？"

父母可以与自己的十几岁孩子打赌，而不是控制孩子。但是，只要父母对孩子进行贿赂或奖励，他们就是在试图控制孩子。关键在于学会如何在避免控制孩子的同时帮助他们。

让十几岁的孩子教你

鼓励并赋予十几岁孩子力量的一种最好方式，就是让他们教你。他们可以教你他们喜欢的音乐、如何使用智能手机、如何把电视节目录下来、如何使用电脑等成千上万的事情。如果你担心自己的十几岁孩子的驾驶习惯，就可以让他或她用各种方式帮助你提高你的驾驶技术。或者，让十几岁的孩子分享他们的业余爱好，向你演示如何给汽车抛光，或者把汽车伪装起来，使你几乎看不出来。如果你给十几岁的孩子机会，他们就能成为很宝贵的资源——而且，当你这么做的时候，你不只是在表明对他们能力的尊重，而且是在让他们看到什么是学习的快乐。

当你对学习新技能感到兴奋时，你就能帮助你的十几岁孩子看到学习的好处。一个十几岁的女孩对妈妈说："我刚刚认识到，我学得越多，我的生活就越轻松。"这就是养育十几岁孩子的方法！

运用常规

你做得好的大多数事情，都是从形成常规开始的。无论什么事，你练习得越多，就会越擅长。对于十几岁的孩子也是如此。不好的常规很容易让人陷入其中；好的常规则需要一些思考和计划。

珍妮弗没有唠叨两个有些超重的 14 岁的双胞胎儿子，而是提出每周跟他们打一次网球，她一个人同时打他们两个人。两个男孩无法抗拒这个挑战。在连续 3 周打败他们之后，妈妈问他们是否愿意上网球课，两个孩子很高兴地同意了。她送他们参加每周一次的培训课，并继续坚持每周一次的母子挑战赛。两个孩子决定他们要每周增加一次练习。三个月之后，两个孩子能经常打败珍妮弗了，同时他们也明显变苗条了。

乔希亚抱怨自己在学校里受同学欺负。他是一个瘦弱的孩子，从来不做户外活动，而是每天在电脑前待几个小时。父亲问他是否能在谷歌上查查附近的武术培训班。乔希亚说他可以查，但不会去上课。父亲说没关系，但乔希亚也想了解一些这方面的信息，因为他想知道空手道、合气道、功夫和柔道之间是否有什么区别。作为一个喜欢研究问题的孩子，乔希亚开始查找，结果发现居然有那么多自己想象不到的各种武术培训班。他发现了一个卡泼卫勒舞①培训班，这是一种把武术、运动和音乐结合在一起的舞蹈，并且乔希亚开始看 YouTube 上介绍这项运动的视频。

---

① Capoeira，一种源于非洲把民间舞蹈和自卫动作结合在一起的巴西舞蹈。——译者注

乔希亚告诉父亲，尽管自己对参加培训班没有兴趣，但或许愿意去卡泼卫勒舞培训班看看。父亲很高兴地带他去了，在看过之后，乔希亚问能不能报名参加。父亲说，他很愿意为儿子报名，只要乔希亚同意在退出之前至少上6次课。"乔希亚，"父亲说，"这项运动看上去真的很难，我认为你在开始前就很容易感到沮丧并放弃。如果你愿意坚持六个星期，我愿意付钱让你参加培训班，并花时间接送你。"到六个星期结束时，乔希亚决定参加培训班，并在整个高中阶段都保持着练习和学习的习惯。

如果你的孩子想开始一项新活动，在你付钱购买器材并花大量时间接送他们之前，要求他们保证上一定次数的培训课是完全合理的。正是这种重复才能使常规产生效果。在孩子初期全力以赴地做过之后，不要坚持让他们参加自己不喜欢的活动或不适合他们的性格的活动。

得到别人的帮助

通常，与听你的话相比，十几岁的孩子更愿意听别人的。他们可能会受到那些作为导师或家庭教师的成年人的激励。

如果父母告诉自己的十几岁孩子他们有多棒，他们就会因为称赞自己的人是父母而认为不算数，但如果是别人这样告诉他们，这些话就会被他们记住。如果你的十几岁孩子参加了一个运动队，你对他或她的影响或许比不上他们的教练。如果你和你的孩子因为家庭作业而争吵，孩子和家庭教师之间可能就不会出现这种事情。教练和家庭教师还能够帮助你。如果一位家庭教师要求你别干涉孩子，你可能会听并同意这么做，但如果是你的孩子让你别干涉，你很可能会拒绝这么做。

参加校外活动或校外俱乐部或特殊兴趣班的孩子，有机会与很多能给他们造成长久影响的令人鼓舞的成年人相处。作为父母，你可以鼓励孩子去寻找他们喜欢的一些活动，然后花钱帮助他们参加这些课程、旅行、竞赛等等。如果你有时间能开车送孩子去参加这些活动，并在孩子表演或比赛时去观看，就是对孩子的一项很值得的投资。

如果你能不受你的自我意识的阻碍，你在帮助自己的十几岁孩子找到其他学习资源方面会更有创造性。

布蕾斯向朋友的父亲卡尔抱怨自己的父母。她告诉卡尔，她的父母对她太严厉了，而且从来不倾听她。她说自己很讨厌他们像对待婴儿一样对待她，要求她晚上9点前必须回家，而她的所有朋友都可以到晚上10点再回家。

卡尔像一贯的做法那样倾听着，然后说："布蕾斯，我不想让自己听上去像老生常谈，但是，做一个十几岁孩子的父母，并不比一个十几岁的孩子轻松。你的父母是在努力做他们认为最正确的事，是在应对他们的不安和恐惧。"

"我知道，我知道，但我希望他们能够讲理一点。"

"好吧，布蕾斯，"卡尔说，"我确信你已经考虑过这个问题了，但是，我想知道，如果你向他们解释为什么在外面待得晚一些对你很重要，并且让他们在插话之前先听完你的解释，事情会怎么样？或许，你甚至可以建议他们给你的朋友们的父母打电话，听听其他家庭是怎么处理孩子回家的时间的。你认为你会发现他们更愿意倾听吗？"

布蕾斯显得很怀疑，但她说："谢谢你，卡尔。我会试一试。"即便她的父母仍然不倾听，卡尔也通过从布蕾斯或许没有想过的角度分享他的观点帮助了她。而且，他是以一种她能听得进去并理解的方式表达的。

变成一个游戏

把事情变成一个游戏，是一种教给孩子技能的好方法。买一本字典日历，跟孩子比赛学习生词，并用这些词造句。每天和你的十几岁孩子轮流讲个笑话、玩一些填字或猜谜之类的游戏。现在，你可以把很多此类游戏下载到手机中使用。

父母们还可以使用其他一些有趣的方法教给孩子技能，包括让他们去问其他十几岁的孩子，了解他们的家庭怎样处理金钱、回家的最晚时间、零花钱等问题。或者，帮助十几岁的孩子计划一次派对或野餐。一旦你想更有创意，你就会发现有很多办法能教给孩子技能。

要欣然地接受教给孩子人生技能这个职责，要知道你这是在帮助孩子培养品行。你现在花费的时间，将会给你带来巨大的回报。

需要记住的和善而坚定的养育工具

1. 要有效地教给孩子人生技能，就要确保孩子的参与。要培养孩子的能力，"说"永远比不上让孩子亲眼看到并动手做。

2. 了解你的十几岁孩子的兴趣，是教给他们生活技能的入口。要将孩子的兴趣作为自然而然地保持孩子注意力的一种办法。

3. 要想教给孩子人生技能，没有比常规更好的办法。生活中到处都是常规，所以，为什么不和你的孩子一起建立一些对你们双方都有效的常规，来替代现在主导着你们家的随意性呢？

练习

　　你自己不要害怕学习新东西。在你的十几岁孩子面前做一个好学的人，对你和孩子都有好处。没有人喜欢当初学者，但你要想想自己一再推迟学习的一些东西，并开始学习。跟你的十几岁孩子谈谈你对学习的恐惧、尝试、痛苦，以及成功。参加一门网上的课程或研习班。报名参加一些培训班。邀请你的十几岁孩子和你一起去上课，或者去看你上课。

第 11 章

你的孩子与网络有多亲密

网络和其他电子产品的挑战

十几岁孩子的父母现在面临着几年前尚闻所未闻的挑战，那就是如何对待互联网、社交网络、手机、短信、色情短信、网络暴力、电视真人秀及网络游戏。在这本书付印之前，很可能还会有几种更新的媒体和技术出现。在本章，你会看到对待当前和未来的电子挑战的办法（本章的大多数研究都是在互联网上进行的）。除了正面管教工具之外，你还会找到数以百计能帮助你应对这些挑战的有益的网站。只需你用谷歌搜索一下"十几岁的孩子和技术"（teens and technology）。

我们猜，你们中的一些人在成长过程中没有 PlayStation、Nintendos、Xboxes、Roku、视频游戏、手机、个人电脑、网络或网上聊天室。你们大概也没有 Myspace 或 Facebook 和电视真人秀。时代已经变了，如果你正在养育一个十几岁的孩子，你不得不想清楚如何对待所有这些"新玩意儿"。

我们所说的"新玩意儿"，是指那些在你十几岁时还不流行的东西。电视真人秀似乎一年比一年受欢迎。根据2009年的一篇报道，"色情短信（Sexting）"这个词在此前的两年还不存在。维基解答中说："当互联网变成匿名用户想说什么就说什么的常用工具，而不考虑给其他匿名用户造成的后果时，网络暴力就出现了。"所以，网络暴力实际上很可能是从1990年代中期开始出现的。在1999年，全世界只有23个博客。到2000年，每天新开的博客就超过了300个。最近，有人评论说博客已经过时了（很多博客作者可能会认为这种说法很可笑，但这也表明了事情的变化有多快）。或许这是因为用Twitter所花的时间更少。

就在不久前，任何年龄的孩子都还没有手机，大部分交流也不是通过短信进行。大多数家庭里的电脑不会超过两台，没有供个人或联机玩游戏的电脑。学校也不像现在的很多学校那样，要求所有的孩子要人手一台电脑。学步期的孩子不知道如何使用iPad，也不会在上面玩游戏、看书或看电影。今天，你去任何一家餐馆都可以数一数有多少学步期的孩子捧着iPhone不放。

也有一些东西没有改变——十几岁的孩子与他们父母之间的问题几乎和以前一模一样，对待这些急剧变化的办法也没有变。我们看到，父母们在使用惩罚和控制、基于恐惧的养育方式、说教、奖励和威胁、溺爱，甚至以"孩子就是孩子"为说辞的娇纵。

互联网和社交网络：是资产还是负债

我们的孙辈们在2岁的时候，就比我们这些用了好多年电脑的人更习惯于电脑了。2岁（甚至更小）的孩子就已经能够轻松地操作我们的手机、iPod、iPad 和电脑游戏。他们不用眨眼就能找到 YouTube 或"愤怒的小鸟"。在学习如何使用电子媒介时，他们没有我们的哪种挫折感。无论他们做得对不对——即便错了——这些电子产品都不会责骂、挖苦、羞辱、责备他们，而只有一个鼓励他们再试一次的提示，直到他们做对或者向兄弟姐妹、朋友或父母寻求帮助。

你的十几岁孩子可能正在听、看或玩一些宣扬死亡、毁灭、暴力、对男人或女人不尊重的音乐、视频、电影、游戏，甚至更糟糕的东西。他们可能已经把赤裸裸的色情作品藏在了自己的床垫下，或者把性别歧视的招贴画挂在了自己的房间里。他们可能访问赤裸裸的性行为网站。作为父母，应该怎么办呢？

在你的价值观能够容忍的范围内，你可能希望能允许孩子体验上面的一些或全部经历，或者你可能希望禁止孩子这样做。如果你选择禁止，就要认识到，很多十几岁的孩子会受到"禁果"的激励，所以，你将不得不使用说服的办法，而不是独断或教条地拒绝。

我们意识到，有一些成年人把这些电子产品看成是魔鬼之子，但是，我们不评判这些电子产品，也不认为它们是坏东西。我们鼓励你理解这些电子产品的各种可能性，并与你的孩子一起致力于安全、尊重、平衡地使用它们——甚至教给孩子价值观和人生技能。如果清醒地使用，电子产品可以提供娱乐、有益的知识，并有助于孩子培养一些能用于其他方面的技能。正是过度使用和不当使用才造成了严重的问题。真正的关键是要让孩子参与制订健康地使用电子产品的指导原则。

制订指导原则的建议

1. 对于可以用多长时间电子产品以及何时可以用，要给孩子有限制的选择。例如：平时的晚上每天 30 分钟到 1 小时（与功课无关的），周末90分钟至2个小时。

2. 在孩子的房间里不要放电视机或电脑。

3. 和孩子一起确定一个从晚上10点至第二天早上6点放置所有电子产品的"存放处"——或许可以在车库里（有些十几岁的孩子整个晚上都在发短信，第二天还奇怪自己为什么那么累、那么烦躁）。

4. 建立一个"父母书房"，把所有的电子产品都存放在里面，在特定的时间段才能拿出来。

5. 跟孩子谈谈他们正在看的、做的、玩的东西。

6. 如果你不愿意让孩子玩电脑游戏，就不要花大笔的钱购买并下载。要让孩子自己挣钱买这些东西。不要把你的iTunes密码告诉孩子。

7. 要给孩子做出平衡生活的榜样，你自己不要成天粘在屏幕前。

8. 如果有一些网站是你禁止孩子进入的，就要跟孩子们讨论一下这些网站，并让他们知道你为什么认为他们不应该进入。要听听孩子对这些网站的看法。如果需要的话，要和孩子协商。

9. 如果有些网站、节目或游戏是有问题的，就要安排时间和孩子一起看或使用，以便你能随时跟孩子交谈看到的东西。

10. 要让孩子知道，如果你认为他们已经上瘾了，你将禁止他们使用电子产品，直到他们能找到限制自己使用的方法。

11. 要让孩子们知道，他们需要制订一个轮流使用这些电子产品和游戏的办法。

12. 要规定一个摒弃电子产品的时段，比如每周或每月一天不用电子产品。在吃饭时不要使用电子产品，而要和孩子交谈。

13. 不要指望孩子能在你不在家监督时遵守有关电子产品的约定。如果你认为孩子违反了约定，就要没收电子产品，只有当你在家监督时才让孩子使用。

14. 拥有电子产品并不是你的孩子天生就有的权利。在家里新添一件电子产品之前，需要进行充分的讨论，包括怎样支付购买费用、如何使用、分享和维护。你在任何时候说"不"都没问题。

15. 你可能需要为一些预付费服务——费用用完就自动关闭——制订一些计划。或者，你可以让孩子事先支付他们使用这些服务的费用，而不是先给孩子钱，并指望他们会还给你。

16. 在能够使用耳机时，要使用耳机，以控制家里的电子产品噪音。对于手机来说，使用耳机尤其重要，除非进一步的研究能证明手机辐射不会造成大脑肿瘤。

17. 要让孩子告诉你学校关于使用电子产品的规定，或者你自己去了解相关规定。

18. 如果你的孩子有手机，要确保你们家的所有汽车里都装上免提接听设备。要让孩子们知道，边开车边发短信已经让很多人丧了命，并且要让你的十几岁孩子知道，如果他或她被发现在开车时发短信，手机将立即被没收。在采取这种极端措施时，要确保给孩子一个机会，让他们想出能向你证明他们能够再试一次的办法。

19. 如果你正在考虑给孩子的手机增加跟踪功能的话，可不要低估孩子的创造力和智谋。你可能为知道自己的孩子身在何处花了一大笔钱，而手机却被孩子放在了别的地方。

20. 你可以访问 http：//www.netsmartz.org/parents，参加讨论、寻求帮助以及解决孩子与电子产品的问题的办法。

一位电脑高手父亲的建议

简（本书作者之一）的儿子肯·艾杰对监督十几岁的孩子和他们的电子产品有一些很好的建议。当肯被问到他如何将电脑技术掌握得那么好时，他说："我完全彻底地参与孩子们的任何事情，我订阅了短信通知，所以，孩子们发Twitter的时候，我会收到一个副本。从密切了解他们的Myspace、Facebook和Tumblr中，我能知道孩子们在做什么、有什么感受。我知道他们的所有密码，而他们也知道这一点。就好像互联网不是私密的一样。它本来就不是，所以，由于全世界的人都可以看到，我也能看。我们一起看电视中播出的关于互联网和网络犯罪的节目。

"如果任何人利用我的孩子们的手机骚扰或恐吓他们，他们可以选择更换电话号码，或者我会为他们更换。我有几次不得不收走他们的手机，因为他们受到的骚扰让他们太生气、太牵扯精力了。我告诉他们，手机需要暂停使用，因为他们变得太不安了，当事情平息下来，并且他们也平静下来后，我会把手机还给他们。

"我做的另外一件事情，是使用'查找我的iPhone'功能，这样就能知道他们的手机在哪里。有些运营商称之为'家人查找'。我将其当做一个安全问题，以便我知道孩子们在哪里。"

听上去肯和他的孩子们之间相互很信任，而且孩子们把肯的帮助看做是一种支持。他们知道自己不会陷入麻烦，所以他们很愿意接受他为保护他们的安全所做的努力。要记住，对于一个家庭及其十几岁孩子管用的办法，对另一个家庭未必管用，而且，正面管教的价值也不会在涉及到电脑时就突然失效。在很多十几岁的孩子看来，父母对他们网上行为的 100% 的监控，与对他们在真实生活中行为的 100% 监控没什么区别——而且，很容易导致同样的怨恨和权力之争。父母们需要记住，信任和尊重的基本原则，在网络和现实世界中同样适用，试图控制孩子的每一个举动，不可能解决任何问题。父母与十几岁的孩子应该像在现实生活中一样，协商孩子在网络中的空间，包括真诚的对话，以及父母在支持孩子的同时，尊重十几岁孩子对隐私和独立的需要。

有时候需要极端干预措施

13 岁的凯尔克对电脑上了瘾。在不上学的日子，他把醒着的每一分钟都用在电脑前，玩游戏或上网（很多成年人会认为这就是成瘾）。凯尔克的父母试过和他一起寻找解决办法，但没有任何效果。他的父母终于在和善的同时变得非常坚定了。暑假里，他们告诉凯尔克，从现在开始，从中午到下午 6 点，他不能使用电脑了。凯尔克的母亲告诉他，他们要一起吃午饭，然后用一个小时时间一起做些事情，比如去图书馆、出去骑自行车，或者下棋。从下午 2 点到 6 点，由凯尔克自己决定做什么——但是，绝对不能碰电脑。凯尔克连抱怨带发牢骚。一开始，他无精打采地坐在一张椅子上，什么也不做。但不久，他开始在自己的房间里找一些新的事情做，他甚至决定读一读老师推荐暑期阅读的那些书。一个星期后，他不再撅着嘴生气了，并开始在午餐时跟母亲聊几句他做的奶酪三明治。

这个例子说明，和善与坚定并行是父母的职责。假如凯尔克能自己找到解决办法，他的父母就会乐观其成。但是，让问题持续下去是不行的。

社交网络、YouTube 以及其他网络选择

在我们十几岁的时候，我们的社会化是在与邻居家的孩子们一起玩捉迷藏和红绿灯游戏中完成的。我们到彼此的家里或公园，或附近的溜冰场去玩。当我们的孩子十几岁时，他们的社会化是在与自己学校里的朋友交往，并在回到家后与他们通过电话聊天中完成的。或者，他们会让我们开车带他们去朋友家，或把朋友请到家里来玩。

现在的孩子们在社会化时，会奔向自己的电脑，一头扎进MySpace、Facebook、Tumblr 以及其他各种各样的网站，或者用手机发送数以百计的短信。他们在学校、派对、体育活动、运动队、其他活动或班级里交往，但这已经是一个完全不同的世界了，而且并不一定不好。关键是要帮助你的十几岁孩子在生活中达到平衡。这可能会有困难，因为他们对平衡的理念可能与你的不同，而且，更重要的是，你在自己的生活中或许也没有达到多少平衡，可能不知道如何帮助他们做到平衡。

要做到平衡，最简单的办法就是利用日历安排活动，包括摒弃电子产品的时间、家庭晚餐、全家出游、体育运动、兴趣课程（瑜伽、太极、舞蹈等）。对于有几个不同年龄孩子的家庭、单亲家庭或父母均有工作的家庭而言，达到平衡可能会是一个挑战，但是，通过计划和坚持到底，就能够做到。

我们建议你研究一下如何帮助孩子在使用社交网络时保证安全。如果你不知道如何做这种研究，就请你的孩子帮忙，或者和他们一起研究。要经常提醒你的孩子，互联网并不是私密的空间，在社交网络上回复他们的人很可能是一个装作 15 岁的 50 岁

的人。你的孩子不应该假定人们在网上声称的就是真实的。

要访问你的孩子在社交网站上的个人主页。很多父母会让孩子们知道，他们可以在互联网上建自己的主页，只要父母能够访问，并且父母与十几岁的孩子能讨论发生的事情。要特别注意了解你的孩子在与谁聊天。一位父亲甚至找到了一个在他女儿的Facebook上骚扰她的男孩的父母。他把发生的事情告诉了那个孩子的父母，并问他们能否跟他们的孩子谈一谈。他们很震惊，完全不知道发生了这种事，很愿意跟自己的儿子谈谈。

如果你认为自己的十几岁孩子被欺负了，或者有人给他们发色情图片或短信，就要跟他或她谈谈，让孩子知道你会随时提供帮助，他或她不必独自处理这种问题。

如果你认为自己的十几岁孩子因为上网而耽误了学校的功课，就要禁止使用或者拿走电子产品，直到孩子的功课赶上来。或者，你可以问孩子有什么建议，并要愿意试行一个星期。如果孩子需要用电脑做学校布置的研究类作业，你就把电源线保管起来，当你能在家监督时，再让孩子拿出来。你可以让孩子在拿到电源线时给你一件东西做抵押。这可以是孩子最喜欢的一件衣服、饰品或手机、iPod等等。

我们对十几岁的孩子在互联网上做的一些事情印象很深刻。一个英语不及格的14岁孩子，设计出了最漂亮的Facebook个人主页，并且没有任何拼写错误，还引用了学校指定她阅读的一些书中的很多内容。一个被诊断为注意力缺乏多动症，在教室里无法集中注意力的12岁孩子，每次用几个小时时间拍摄他和他的朋友在滑板和自行车上做出的各种动作花样，然后上传到YouTube，还配上音乐。一个13岁左右的男孩和遍布全世界的玩家一起玩一个电脑游戏。他们中的大多数人不会说英语，但他们能通过游戏沟通。几个玩家以为这个13岁的男孩是一个20岁或30岁的人，当他们发现他只有13岁时都震惊了，因为他那么聪明、能力那么强。还有一个男孩每天花几个小时在电脑上建造建筑结构。我们相信他因此受到的训练会使他成为一个建筑师。当他上大学后，他会由于现在这种纯粹的"玩"积累的经验而遥遥领先。另外一个每天花数小时玩开车、赛车电脑游戏的男孩，现在已经在为一家设计摩托车的大公司工作了。

很多父母认为我们上面说的这些事情都是浪费时间，是从学校功课中分心。有可能是这样，但这也可能是孩子为未来的成功进行的早期训练和技能开发。那么多工作需要习惯并善于使用电脑，而那些在十几岁时就使用电脑的孩子当然会占有先机。像我们这些后来才接触电脑的人，永远不会具备像那些很早就开始使用电脑的孩子那样的电脑技能，或用起来那么轻松。最近，本书一位作者的27岁的侄子——他从事着一份需要高级电脑技能的高薪专业工作——说："与那些新加入公司的家伙们相比，我在电脑方面就是一个恐龙。这些新来的家伙从婴儿时期就有了掌上电脑，我没办法赶上他们。"他22岁的表妹谈起自己就读的法学院就异常兴奋，她在那里学习知识产权专业。她将在一个开创性的领域工作，如果她在孩童时期不在电脑上花那么多时间，根本不可能进入这个领域。

网上学校

现在，网上有一些为那些认定去学校上课不适合自己的孩子准备的在线中学课程，有一些是免费的。在网上搜索一下，就能帮助你和你的十几岁孩子了解到按照每个学生的目标、需要和学习风格设计的中学课程。学生们会喜欢提供大量课程的网络环境中的个性化中学经历，这些课程都是由有资质的教师讲授的，最后会获得一张全国的学院和大学都承认的高中文凭。过去，太多的这类孩子最终成了辍学生。现在，他们有了机会学习，接受挑战，并取得成功。

电视真人秀

我们已经谈过许多对电视的看法，这些建议在这里也适用。此外，你可以按照你的意愿使用电视中设置的父母控制功能，并设置在你认为合适的级别。一位单身父亲描述了他怎样与12岁的女儿一起看"单身汉"和"单身女郎"节目，他们怎样一起大笑，一起讨论看到的情节。他们会讨论有些参赛者的行为是多么傻，以及这些人如何常常没有表现出对自己和他人的尊重。他的女儿尤其感兴趣，因为他是单身。她从看节目时与父亲的交谈中了解到很多约会的知识。如果你有疑虑，就在与你的十几岁孩子一起看节目之前先自己看一遍，以确保这种节目不会让你感到不舒服。你了解你的十几岁孩子，知道他们能够处理哪些问题。

当你的十几岁孩子说他们的所有朋友都在看某个电视节目，为什么他们不能看时，你可能会有很大的压力。你知道自己不是必须向这种压力妥协，但是，更合适的做法是让孩子知道，你会先看看那个节目，然后与孩子讨论一下，包括是否允许以及何时看那个节目。最好的办法是与十几岁的孩子对话，而不是强制执行。

每一代父母都有自己的挑战。本书中的理念将帮助你处理现今的挑战，并且甚至会让你更了解自己的十几岁孩子。谁知道呢，这本书也许还能让你对科技发展带来的一切更加熟练。除了让我们难以对付并烦恼之外，十几岁的孩子还能成为我们的老师和激励者。承认吧，你让谁帮你调手表，或帮你上传图片，或教你用ipod下载音乐？当你的十几岁孩子长大并离开家的时候，希望你已经成了一个好学生，否则，你将不得不付钱得到这些服务了。

需要记住的和善而坚定的养育工具

1. 尽管电子世界在以光速变化，但父母们对待十几岁的孩子使用新技术的办法却升级很慢。网上有大量的资源，可以帮助你有效地应对电子技术的发展。

2. 你可以选择是把电子时代的到来看成资产，还是看做负债。如果你一直在阻止你的十几岁孩子涉足电子世界，他们就已被落在世界后面了。物品没有好坏之分，而是看你如何使用。要保持开放的心态，并要记住，你的孩子将生活在一个与你成长的时代不一样的世界，他们能够从幼年使用电子产品中极大地获益。

3. 要和你的孩子一起制订使用电子产品的指导原则。

4. 要提醒孩子，互联网是一条公共的信息高速公路，任何人都能看到他们写的东西。要让孩子知道你也会去看。

5. 电脑不会对孩子评头品足，这意味着有些孩子用电脑学习网上课程会比在传统学校里学得更好。你要愿意接受各种可能性。

练习

列一份从你小时候以来的科技进步清单，并在每一项旁边写几句话，写出这项科技进步如何影响了你的生活。这是一种正面还是负面的体验？把这个清单给你的孩子看看，让他们也列一份。

第12章

他们为什么那样做

十几岁孩子的心理学

当一个十几岁的孩子逃课、与自己的兄弟姐妹打架、书包收拾得像个垃圾桶、"忘记"家庭作业,并且这一分钟还闷闷不乐并逃避一切,下一分钟就极度兴奋时,有人就会开始进行诊断,寻找一种疾病。一种典型的诊断就是"对立违抗性障碍(ODD)"。(有趣的是,父母的"控制"越强,一些十几岁的孩子就会变得越"违抗")。如果你看电视足够多,你或许会对很多"诊断"以及治疗的药物很熟悉。如果你去问一个医生,他可能会证实你的诊断是正确的。这称为"疾病疗法",现在极其普遍。

我们对孩子行为的解释不同。我们会寻找孩子们的失望想法,而不是疾病。然后,我们会用一种帮助你和你的十几岁孩子感觉更好并做得更好的"鼓励疗法"。

在我们与十几岁孩子们的父母打交道的过程中,我们发现有一些行为比其他行为更可怕。通常,这些行为会让你或你的十几岁孩子去找一个能开药方的医生。这些年来,我们看到那些严重依赖药物的治疗方法比它们要治疗的孩子的行为更可怕。幸运的是，现在已经有些研究支持我们的信念——孩子们正遭受着危险的过度用药①。本章将帮助你处理孩子的挑战行为，而不是使用药物。有关可怕行为的详细信息将在下一章介绍。

了解一点心理学会大有帮助

　　阿德勒学派的心理治疗专家用童年早期记忆和其他技术来帮助他们了解患者的个人逻辑。他们关注的是理解激发行为或每个个体想法的观念、信念、个人逻辑或个人眼中的现实。

　　我们是现代心理学之父阿尔弗雷德·阿德勒和鲁道夫·德雷克斯的心理学的学生。阿德勒（1870~1937）对于人性和动机的思考与他同时代的学者完全不同。他和他的同事鲁道夫·德雷克斯接受了社会平等、相互尊重、鼓励、整体论以及人的潜能的概念。他们提出并设计了被现在世界各地的心理学从业者所熟知的理念和技术，尽管他们并不经常被提到。

　　作为父母，你不必成为训练有素的心理学家，但是，知道如何了解你的十几岁孩子眼中的现实，是有帮助的。事实上，如果没有这种了解，你就只能是臆断。当你基于这些臆断采取行动时，你的行为会与你的十几岁孩子为什么那样做完全无关。我们的目标是要帮助你明白，了解一点儿心理学对于你养育十几岁的孩子将大有帮助。要把本章作为青春期心理学的一个入门介绍，并要抱着开放的心态了解十几岁的孩子为什么那么做。

---

① 见http://ideas.time.com/2011/12/02/bromides-are-no-better-than-zyprexa/——作者注

行为是由个人观念驱使的

要找到孩子行为背后隐藏的想法,可以问你的十几岁孩子对他们小时候的记忆。当他们把自己的记忆告诉你时,不要纠正他们,不要说事情不是那样的,而要问孩子当那件"事情"发生时,他们有什么感受。要把这些记忆当做能解释人之所以么做的带有隐含信息的一个故事。

13岁的凯文对他的小弟弟极具攻击性,他还在学校欺负其他孩子,成绩一塌糊涂,并且总是惹麻烦。尽管父母不断地介入并帮助他,但他似乎是要向全世界表明没有人能让他做任何事情、他不可爱、谁粘上他谁倒霉,并且他讨厌每一件事、每一个人。他的老师试图通过奖励、惩罚、将他赶出教室、威胁要开除他、给他父母打电话等办法让他服从。他的父母努力通过耐心、发怒、威胁、赞扬、忽视和羞辱来帮助他。这些办法似乎都不管用。大人们认为他有某种基因遗传的问题——可能是新闻中常提到的体内化学物质失衡。或许,他有抑郁症,需要服用抗抑郁药物。也许,他患有对立违抗性障碍,或抑郁狂躁型抑郁症。

每个人都在根据自己对凯文的看法来对待他,但没有一个人想到了解凯文的想法——他是怎么想的,他有什么感受。之所以没有人考虑凯文的感受,是有很多原因的:成年人很少会想到孩子会与自己有不同的想法;传统观念认为问题是基因或遗传的,是某种疾病;大多数人并不真正理解人格是怎样形成的;并且,每个人都知道青春期的孩子,尤其是男孩,会变得很有攻击性并难以相处。父母和老师的管教方式也有影响。然而,凯文的父母和老师遇到的挑战不是由某种疾病或化学物质不平衡造成的,不需要药物。他的行为更多地与他对自己的看法、他对自己应该如何对待自己的世界的信念有关。

在参加了一次正面管教的父母培训之后，他的父母决定通过尝试培训中建议的一些方法，试试破译凯文的行为（是在下意识中形成的）"密码"。为了帮助凯文了解他对自己的看法，他们问凯文能否回忆起小时候的一些事情。

凯文想起了自己大约4岁的时候。他正在与姐姐（当时大约10岁）和邻居家的一个孩子玩。邻居家的那个孩子在一个杯子里放了一些清洗液，试图让凯文喝下去。凯文的姐姐知道清洗液是有毒的，所以，她尖叫着打掉了那个孩子手中的杯子。

父母让凯文用一个感觉词汇描述他当时的感受，他回答说："愤怒。"父母很吃惊，问他既然姐姐救了他的命，为什么他要愤怒。凯文回答说，那个试图杀死他的孩子居然什么事情都没有，所以，他认定（既便他只有四岁）没有人真正在乎他，还不如死了算了。这个观念变成了凯文生活中的潜在主题，驱使着他的大多数行为。凯文并没有意识到是这个信念在驱使着他的行为，但在这种回忆的帮助下，在他现在与人相处中起着强有力作用的一种力量才显现了出来。

重要的是要理解，当我们处理人的行为时，一种情形的"事实"或常识逻辑是无关紧要的。相反，正如凯文的例子一样，所有的行为都是由每一个个体对事实的看法所驱使的。药物改变不了看法，相反，将会使事情变得更糟。

寻找各种证据来支持自己已有的信念，是人类的天性，而且他们会歪曲任何情形，以使之适应自己的信念。另外，药物不仅会让情况变得更糟，而且会有副作用。当人用药物来控制行为时，常常会导致他们的思维变得更加扭曲，他们的感觉会变得更加极端或麻木，而他们的行为会变得更危险。这些药物反应，加上青春期荷尔蒙和大脑的发育状况，或十几岁的孩子有可能偷偷使用的毒品，结果会导致一种反复无常的状况，随时会爆发成为某种个人或社会的悲剧。

凯文的父母告诉他，他们为他的情感受到的伤害感到难过，并告诉他，他们爱他，为家里有他感到高兴。凯文反驳说："我真希望我是条小狗，因为那样每个人就都会喜欢陪我，宠爱我，跟我玩。"令人惊奇的是，这句话立即对凯文的父母产生了积极影响。他们不再对凯文感到害怕、愤怒、觉得受到了挑战或厌恶他，而是能够了解到他的孤立、伤心和被抛弃的感觉了。他们开始拥抱他（没错，尽管已经13岁了，但凯文仍然喜欢被拥抱），和他一起开心地玩，并开始倾听他对不公正的抱怨。他们不再争论，也不再试图改变他的想法。凯文的行为发生了巨大变化。他不再打小弟弟，不再因为上学而跟父母争吵。他与老师们的关系改善了，成绩也提高了。在家庭会议上，他不再做出蔑视的行为，而是变得能非常聪明地找出议程上列出的问题的解决方案。

想法，感受，行为

潜意识中的想法会通过造成助长一种行为的感觉，而导致做出那种行为。这句话是如此重要，以至于我们要换一种方式再说一遍。想法造成感觉，而感觉造成行动，所有这些都是自动发生的，除非我们认识到并改变它。我们称之为"想法，感受，行为"。下面这些情形来自于和一组十几岁孩子的面谈，表明了十几岁孩子的想法、决定（已经变成了信念），以及其信念导致的感受和行为。

一个 16 岁的男孩

事件：父母突然离婚

孩子的决定：我父母不像我以前认为的那样完美。我以前崇拜他们，他们两个人都让我失望了。我现在不能依靠他们了，我只能靠自己。

孩子的感受：愤怒、被背叛、失去、恐惧

孩子的行为：不再像个成天喝啤酒的傻瓜那样生活，为自己的生活承担起了责任。

在同样的情形中，另一个十几岁的孩子或许会得出完全不同的结论，比如：既然我的家庭解体了，我最好去参加派对。

一个 13 岁的女孩

事件：父母试图为让她取得好成绩规定一个金钱奖励办法，以激励她改善目前的 D（及格）和 F（不及格）成绩。

孩子的决定：我父母只在乎我能否上大学。他们不喜欢我，除非我成为他们希望的样子。他们甚至不知道也不关心对我很重要的事情。

孩子的感受：愤怒、伤心

孩子的行为：通过离家出走或做一些让父母伤心的其他行为，包括自伤，来报复父母。

一个 15 岁的男孩

事件：童年好友死于疾病

孩子的决定：我再也不交其他朋友了，因为我不想再感受这种痛苦。

孩子的感受：悲伤、绝望

孩子的行为：当他们家在这位朋友死后不久搬到一个新社区时，他认定忠于自己承诺的唯一方式就是不交任何新朋友，并且要考不及格，以便从学校退学。

一个 13 岁的女孩

事件：父母持续的吵架和冷战

孩子的决定：我的父母或许会离婚，因为他们相互之间太刻薄了。如果他们离婚，这个家庭就会解体，一个人会带着我，而另一个会带走我弟弟。他们住的地方很可能会离得很远，我可能永远也见不到我弟弟了。

孩子的感受：伤心、害怕

孩子的行为：注意到她弟弟因为拒绝做家务而让母亲非常生气，她决定向弟弟学，以便母亲能让两个孩子都跟着父亲过。这样，至少她不会和弟弟分开了。因而，她拒绝做自己以前同意做的任何家务活。

当你理解了想法和个人逻辑之后，行为都是能讲得通的。因此，在理解激发上面这几个孩子行为的信念和感受之前，不可能清楚地知道他们是怎么回事。将他们混同于那些不会控制自己的冲动并且不会独立思考的孩子，或许会让一些成年人感觉更舒服，但这肯定不能搞清楚问题的真相。

要了解你的十几岁孩子到底在想什么以及有什么感受，需要一种客观的态度，并且要有能力不参杂你的想法。十几岁的孩子对于他们吐露出自己的想法和感受的人是抱有巨大信任的。有时候，一名心理治疗师的帮助是了解十几岁孩子内心最深处信念的唯一办法。但是，任何一个探究出十几岁孩子秘密的人，都必须以最大的尊重和认真予以对待。否则，十几岁的孩子就会感觉因为说出自己的秘密而遭到了背叛。

一个对本书的这个修订版提供建议的十几岁女孩的话，说明了知道你的孩子的真实想法有多么重要。她说："许多父母没有意识到，通过更多地理解他们的十几岁孩子，能让孩子听得进父母的看法，这样，他们就会回报父母的好意。父母真的能够从十几岁孩子那里学到很多东西。不要一次问孩子那么多问题，这会让我们发疯的。要找到一种办法，平静地让我们知道当我们出去时你们想了解哪些情况，最终，我们会开始让你们知道情况，而不用当时就问那么多问题。十几岁的孩子会做他们要做的事情，无论你们告诉我们行还是不行。我喜欢这本书里推荐的'我希望你能……'这句话。父母应该让他们的十几岁孩子知道，他们并不期待孩子总是能够做出正确的选择，但无论孩子做出了怎样的选择，无论是好是坏，他们都必须面对后果。有些十几岁的孩子起初并不能从错误中学习，所以，不要总是期待他们能。父母们还需要提醒自己，童年只有一次！我们永远没办法让这段时光再回来，所以，别那么严肃，让我们做一段时间孩子，并拥有孩子的快乐！但是，要指导我们，不要让我们把自己的童年毁掉。我们可能不会总是显得在听你们说，但我们在听。所以，放松一点。"

孩子的那块"家庭馅饼"能解释他们的很多行为

　　身处一个家庭中的孩子们，会用他们个人的逻辑来决定自己需要怎么做才能达到归属感和自我价值感的首要目标。你在长大的过程中，你的个性会受到被你视为主要竞争对手的兄弟姐妹的强烈影响——尽管你没有明确地意识到这一点。你的孩子也是一样。

　　他们似乎相信，家里只有一个孩子能够以某种方式显得特殊；如果一个孩子已经决定要通过成为"好"孩子而找到归属感和价值感，另一个孩子就可能决定要成为"社交能力强"的孩子、"运动员"孩子、"害羞的"孩子或者"叛逆的"孩子。我们把这些选择称为"家庭馅饼中不同的片"。

家庭馅饼是由家里的孩子们组成的，不包括父母。如果一个孩子是独生子女，他或她就得到了整个家庭馅饼，但可能会将自己与同性别的父母、邻家的孩子、堂表兄妹、去世的同胞相比较。当被问到他们的主要竞争对手是谁时，大多数独生子女会很快说出一个具体的人。

很多家里最大的孩子会感到自己必须永远当第一，他们会成为喜欢竞争的高成就者。排行第二的孩子经常会成为"我们更努力"的孩子、调解人或叛逆者。如果一个孩子最终成为排行中间的孩子，他们经常会发现自己是居间调解人或问题解决者，或者他们会因为受到的委屈而变得很敏感，认为自己是别人看不见的隐身人。最小的孩子会变成最招人喜欢的，习惯于别人替他们做事情，他们经常会发展出操纵别人照顾他们的技能。还有一些最小的孩子会变得喜欢竞争，希望得到哥哥姐姐所拥有的一切；这些最小的孩子常常会认为自己不够好或不够聪明，因为他们无法做到哥哥姐姐能做的事情。独生子女喜欢自己成为特殊的人，并经常把自己与大人进行比较；有时候，这会导致他们感觉自己能力不足，因为每一个人似乎都比他们能力强。

父母在孩子十几岁时需要解决的许多问题，都能在"家庭馅饼"中找到根源。当你知道你的十几岁孩子选择的是哪一块馅饼时，你就能更好地理解他们的个人逻辑了。

没有问题的孩子

有一个家庭,最大的男孩总是说他没有任何问题,他会抓住每一个机会,指出自己的妹妹是家里的问题孩子。他选择的那片家庭馅饼就是"完美"。他一直在通过"没有问题"努力使自己显得特别和不同。他相信如果自己显露出一个问题,就会使自己成为"坏"孩子,他发现自己在任何事情上都很难得到帮助。他还陷入了任何时候都努力做到完美的怪圈中。如果他不能时刻保持完美,他至少会想出办法向大家表明他的妹妹是多么不完美。

他的父母在无意中强化了这个十几岁孩子的信念,经常赞扬他比他那难以取悦的妹妹更好相处,责备她出现的问题,坚持认为她是麻烦的制造者。要鼓励这两个孩子,父母需要学会以积极的方式强调两个孩子各自的独特之处,当两个孩子争吵时,要同等地对待他们,并要强调将错误当做学习的机会,而不是什么值得羞辱的事情的重要性。这家人在家庭会议上作了很多次角色扮演,父母扮演孩子,孩子扮演父母。每个人都从角色扮演学到了很多,尤其是在他们扮演别人并能够识别自己的想法、感受和决定的时候。我们强烈推荐你在自己家里也这么做,以增进家人之间的共情和理解。

错误的行为目标建立在潜在的信念之上

鲁道夫·德雷克斯发现了他所说的"4 种错误的行为目标

（或目的）"：得到关注或特殊服侍，得到凌驾于他人之上的权力，通过报复寻求公正，不让任何人对自己有任何期待（称为"自暴自弃"）。最近，阿德勒学派的一些心理学家又增加了一个专门针对十几岁孩子的第五个错误目的，即寻找刺激。

之所以称之为"错误目的"，是因为孩子们错误地相信，得到归属感和价值感的唯一方式，就是通过一些常常与他们真正想要的结果相反的行为。这些行为不但达不到他们想要归属的目的，他们还会发现最亲近的人与他们疏远了，并且自己会变得更失望。他们的错误目的变成了一个恶性循环：他们变得越失望，就越会为实现错误目的而努力。

行为都是有目的的，尽管一个十几岁的孩子可能不知道自己的目的。当你处理十几岁孩子的行为时，如果不了解和处理其背后隐藏的信念，你会对自己为改变孩子的行为而付出的努力感到沮丧。了解错误目的，能够帮助你理解你的十几岁孩子，改善你和他们的关系，并帮助他们看到他们可以选择的其他行为。每一种错误目的都有一种相应的错误信念，如第 206～208 页表所示。

错误目的及其隐藏的信念

1. 寻求过度关注或特殊服侍："当你关注我并给我特别对待，替我做我自己能做的事情时，我才有价值。"

每个人都想得到认可和关注。当以恼人的行为（"看着我，看着我"）而不是尊重的行为（"当我做出贡献并帮助别人感到重要时，我感到自己很重要"）寻求关注和认可时，就会出现问题。为了解你的十几岁孩子需要什么，你可以想象他们穿着一件上面写着"注意我，让我参与并发挥作用"密码信息的 T 恤。

错误目的表

孩子的目的是：	如果父母或老师的感觉是：	而且想采取的行动是：	如果孩子的回应是：	孩子行为背后的信念是：	密码信息：	父母或老师主动的、赋予孩子力量的回应，包括：
寻求过度关注（让别人为自己忙或者得到特殊服侍）	心烦； 恼怒； 着急； 愧疚；	提醒； 哄劝； 替孩子做他们自己能做的事情。	暂停片刻，但很快又回到老样子，或换成另一种打扰人的行为。	唯有得到特别关注或服侍时，我才有归属感。唯有让你们为我团团转时，我才是重要的。	注意我。让我参与并发挥作用。	通过让孩子参与一个有用的任务，转移孩子的行为。忽略孩子的行为（抚摸孩子，不说话）；说你将怎么做（"我爱你，而且_____"比如，"我爱你/在乎你，并且一会儿会陪你"；要避免给孩子特别服侍；相信孩子能够处理自己的感受（不要替孩子解决或解救）；安排特别时光；帮助孩子建立日常惯例；让孩子参与解决问题；召开家庭会议或班会；设定一些无言的信号；把手放在孩子肩上，忽略孩子的行为。

206

续表

孩子的目的是:	如果父母或老师的感觉是:	而且想采取的行动是:	如果孩子的回应是:	孩子行为背后的信念是:	密码信息:	父母或老师主动的、赋予孩子力量的回应,包括:
寻求权力 (我说了算)	生气; 受到了挑战; 受到了威胁; 被击败;	应战; 投降; 心想:"你休想逃脱"或"瞧我怎么收拾你"; 希望自己能做对	变本加厉。 虽服从,但藐视。 看到父母或老师生气,而觉得自己赢了,即便自己服从了。 消极对抗(说"行",但并不行动)	只有当我说了算,或由我来控制或能证明使没有谁能指使我时,我才有归属感。 你强迫不了我。	让我帮忙。 给我选择。	通过让孩子帮忙,转移孩子的行为;提供有限制的选择;不要开战,也不要让步;从冲突中撤出,坚定而和善;只做,不说,让自己要做什么;离开并平静下来;培养相互的尊重;设立几个合理的限制;练习坚持到底;运用家庭会议或班会。
报复 (以牙还牙)	伤心; 失望; 难以置信; 憎恶;	反击; 羞辱; 心想:"你怎么能做出这样的事?"	反击; 变本加厉; 行为升级或换另一种武器。	我没有归属感,所以我在伤心时就要伤害别人。 没人喜欢我,没人爱我。	我很伤心。 认可我的感受。	承认孩子伤心的感受;避免惩罚和还击;建立信任;运用反射式倾听;说出你的感受;做出弥补;表现你的关心;只做,不说;鼓励其长处;同等地对待孩子(不要选边站);召开家庭会议或班会。

207

续表

孩子的目的是：	如果父母或老师的感觉是：	而且想采取的行动是：	如果孩子的回应是：	孩子行为背后的信念是：	密码信息：	父母或老师主动的、赋予孩子力量的回应，包括：
自暴自弃（放弃，且不愿别人介入）	绝望；无望；无助；无能为力；	放弃；替孩子做他们能做的事情；过度帮助。	更加退避；变得消极；毫无改进；毫无响应。	我没办法归属，因为我不完美，所以，我要让别人不对我寄予任何希望。我很无助，无能，没用的，因为我做不对。	不要放弃我。让我看到如何迈出一小步。	把任务分成小步骤；停止任何批评；鼓励任何积极的尝试；相信孩子的能力；关注孩子的优点；不要怜悯；不要放弃；设置成功的机会；教给孩子技能，并示范怎么做，但不能替孩子做；真心喜欢孩子；以孩子的兴趣为基础；召开家庭会议或班会。

208

2. **寻求权力**:"当我为所欲为,或者至少不按你的要求做时,我才有价值。"

每个人都想要权力,并会以有贡献的方式或者破坏性的方式运用自己的权力。当父母试图控制十几岁的孩子时,孩子很可能会通过以反叛的方式运用他们的权力来做出回应。十几岁的孩子需要的是指导和技能,以便学会如何以建设性的方式运用他们的权力。为了帮助你的孩子,可以想象他们穿着一件上面写着"让我帮忙,给我选择"密码信息的T恤。

3. **报复**:"当你以一种好像我不重要的方式对待我时,我感觉受到了伤害。我相信我的唯一方法就是伤害你。"

当十几岁的孩子感觉受到伤害,或者相信事情不公平时,他们往往用伤人感情的行为进行反击。然后,父母会感觉受到了伤害并反击,进一步伤害孩子。因而,一个报复循环就形成了。大人的责任是要理解这种状况,并打破这个循环。前面的"错误目的表"能够帮助你做到这一点,你可以想象孩子穿着一件上面写着"我受到了伤害,认可我的感受"密码信息的T恤。

4. **自暴自弃**:"我觉得我想放弃,因为我不知道怎么做。我一点也感觉不到自己有价值。"

很难找到一个真正能力不足的十几岁孩子。然而,十几岁的孩子能够变得非常灰心失望,以至于他们相信并以行为表现出好像他们就是无能。他们会放弃,而不是尝试。告诉十几岁的孩子他们并非能力不足,是没有帮助的。父母需要找到办法,帮助十几岁的孩子改变他们认为自己能力不足的想法。可以想象孩子穿着一件上面写着"不要放弃我,让我看到如何迈出一小步"密码信息的T恤。

5. **寻找刺激**:"我很无聊,要寻找刺激。"

我们没有把寻找刺激放到"错误目的表"中,因为它能适合四个错误信念中的任何一个。它可以是寻求过度关注的一部分

（看看我，看我多酷啊）；可以是寻求权力的一部分（没有人能够阻止我，我是不可战胜的）；可以是报复的一部分（我会让你看看的）；或者是自暴自弃的一部分（这是我唯一能做好的。这真的无关紧要）。

寻找刺激会导致十几岁的孩子追求新奇、冒险和强烈的感受。丧失信心的十几岁孩子会以负面的方式寻找刺激，有时候会炫耀（寻求过度关注），有时候会凸显自己的力量（寻求权力），有时候会报复你对他们的缺乏信心（报复），而有时候会因为很失望而不愿尝试任何别的事情（自暴自弃）。很多孩子会尝试毒品、开快车或发生性行为，而不考虑后果。父母面临的挑战，是要鼓励孩子以正面的方式寻找刺激。滑雪、爬山、运动、出国旅行、做灾后志愿者，以及参加有挑战性的课程，都是积极的解决办法。可以想象这样的孩子穿着一件上面写着"帮助我找到积极而安全的刺激"密码信息的 T 恤。

理解错误目的，能够帮助你了解，无论你的十几岁孩子做了什么，都是因为其行为对他们有意义才做的。仅仅因为你不知道他们的逻辑，并不意味着这种逻辑就不存在。

错误目的的识别

要理解你的十几岁孩子的行为是出于哪种错误目的，最容易的办法是借助于你的感受（见"错误目的表"的第二栏）。如果你心烦、恼怒，为你的孩子感到难过、焦虑，或者厌倦了给孩子特别的关注和特殊服侍，孩子的目的可能就是寻求过度关注。如果你感到愤怒、受到了挑战或者感觉被击败了，孩子的错误目的就是寻求权力。如果你感到伤心、憎恶或者难以置信，孩子的错误目的可能就是报复。如果你有一种绝望感，并认为什么都无法改变，你的十几岁孩子的错误目的就是自暴自弃（你的孩子认为自己能力不足，或者根本没有能力）。如果你感觉惊慌失措、害怕或恐惧，你的十几岁孩子或许是在寻找刺激。

下面是两个例子，显示了关爱孩子的大人如何运用"错误目的表"发现了两个十几岁孩子的错误信念，然后，运用鼓励改变了他们的信念和行为。

自暴自弃

亚当感到很沮丧，不停地跟父母说自己多么不开心，因为他没有女朋友。他是自己的朋友圈里唯一一个没有带女孩参加过同学聚会的。无论父母为帮助他高兴起来怎么说，或怎么共情，亚当都坚持认为，无论他怎么做，都不会有女孩和他一起外出。亚当的父母对他非常担心，以至于他们建议他去跟心理咨询师谈谈。尽管他们想成为好的倾听者，但他们认为这超出了他们的能力。有时候，会有一位亲戚能做好的倾听者，但通常，去几次心理咨询师的办公室，会让父母和十几岁孩子的沟通好很多。

当亚当说了自己的事情之后，心理咨询师意识到亚当有一个错误信念，他认为无论自己怎么做，都会失败。因而，他相信完全不做尝试会更好。亚当相信，女孩们都不喜欢他，因为他腼腆。他相信，即便他试图跟一个女孩交谈，那个女孩也会觉得乏味，并且会告诉她的朋友们他有多么蠢。当心理咨询师问他从哪里得来的这个念头时，亚当提到了他曾经偶尔听到学校里的几个女孩在谈论头天晚上给她们打电话的一个家伙。这几个女孩一边大笑，一边说着如果这个男孩再打电话来，她们将如何摆脱他。亚当知道自己不想像那个男孩那样被当成傻瓜。

当十几岁的孩子这么灰心失望的时候，父母或心理咨询师的工作就是帮助孩子找回勇气。孩子的密码信息是："不要放弃我，让我看到如何迈出一小步。"通过告诉抱有自暴自弃错误目的的孩子"我对你有信心"、"我不会放弃你"、"如果你愿意的话，可以这样迈出一小步"，大人就能够帮助他们解决这个问题。

亚当的心理咨询师问他是否能换个方式看待这个问题，亚当同意了。然后，咨询师问亚当是否自己买过衣服，亚当带着困惑的表情说自己刚刚买了一件新滑雪衫。"你是抓起自己在货架上看到的第一件衣服就走吗？"咨询师问道。

亚当说："当然不是！我肯定试了二三十件衣服，才找到合适的。"

"那么，亚当，"咨询师说，"你认为选一个女孩与你一起参加同学聚会会更容易吗？"

"我从来没有这么想过，"亚当说，"可是，如果我给一个女孩打电话，她却告诉她的朋友我有多么蠢，该怎么办？"

"你可以告诉自己，你多么感激如此粗鲁的一个女孩决定不和你一起出去。"

亚当认真想了想，说："这很有道理，但我还是害怕跟女孩说话。如果我想不出来说什么该怎么办？"

亚当和咨询师按照女孩接到电话后的不同反应，做了角色扮演。亚当认识到，如果一个女孩在回应时有一点点热情，他就能更容易地想到该聊什么事情。如果一个女孩不回应并且不自在，亚当就能意识到她不是自己第一次约会该找的人。

亚当几乎已经准备好了回家去给一个女孩打电话，但他又一次退缩了。咨询师注意到了亚当有多么害怕，就问他在生活中是否战胜过恐惧。亚当想了几分钟，然后说："我以前滑雪时害怕从雪道上有隆起的陡坡上往下滑，但现在我很喜欢。"

"你是怎么想办法克服恐惧的？"

"我站在山顶上，两腿发抖，对自己说'去做吧！'我就滑下去了。这太棒了。"

"好，亚当，"咨询师说，"去做吧！"

亚当笑了。

亚当之所以能够迈出纠正自己能力不足的想法的这几步，是因为没有人对他说："你那么想很愚蠢。"相反，他的父母认真地倾听他，知道了他需要帮助。他的心理咨询师倾听、共情，并探究了他的想法的根源。然后，她以他自己的成功经历帮助他培养技能，从而帮助他克服了恐惧。

寻找刺激

泰莎喜欢晚上从家里悄悄溜出去，从她的窗户爬下楼，去跟朋友们见面。这几个女孩会在街上闲逛几个小时，而他们的父母没有一个人察觉。这些十几岁的孩子不是出去找麻烦的，但一天晚上，麻烦找上了她们。一群男孩发现了她们，并开始骚扰她们。一个家伙拿出一把刀，威胁说如果她们不按他的做，就要伤害其中一个女孩。这几个女孩尖叫着朝不同的方向逃去，而那群男孩站在那里哈哈大笑。

泰莎的妈妈注意到了泰莎 Facebook 上的一些评论，经过推断，她意识到发生了什么事情。她让泰莎和她一起去散步，以便能谈一谈。

妈妈是这样开始的："宝贝，我也曾经是一个十几岁的孩子，我记得那时候我认为自己是不可战胜的，坏事不会发生在我身上。我做了一些蠢事，现在回想起来，我感到自己还活着真是很幸运。我想让你知道，我看了你的 Facebook，我们之前说好我可以看的，我看到了对昨天晚上事情的评论。我们需要谈谈。"

泰莎插话说："我要被禁足吗？"

"你想让我那么做吗？"妈妈问道。

"不，不想。我希望你相信，我认识到了我和朋友们那么晚在街上闲逛是犯了一个大错误。我们一直觉得那样很好玩，但昨天晚上的事情发生后，我不想那么做了。我以为拿刀的那个家伙会杀死我们中的一个人。这一点都不好玩。"

"哦，宝贝，你受到那么大惊吓，真让我难过，但我很高兴你决定不再像那样出去闲逛了。如果你需要生活中多一点刺激，或许我们可以想想其他选择。"

"妈妈，昨天晚上的刺激已经让我够受很长一段时间了。如果我感到无聊了，并需要帮助想出一些令人兴奋的事情，我发誓会先告诉你。"

"好的，但或许你需要另一个建议，我能说吗?"

"妈妈，什么建议?"

"我刚刚看到咱们这里有月圆之夜远足和皮划艇探险活动。如果你和你的朋友们感兴趣，我愿意为你们报名并付报名费，还会开车送你们去参加。你何不跟你的朋友们说一下，看她们怎么想?"

"嘿！可能很好玩。可是，如果我们去参加，我确信我们会想自己开车去。我们不再是小孩子了，妈妈。"

"一言为定。记住告诉我消息。"

了解错误目的，是改变的第一步。错误目的行为的出现，有父母和孩子两方面的原因。如果你的十几岁孩子寻求过度关注，可能是你没有花足够的时间训练孩子如何以有益的方式得到关注。我们从来没有见到过哪个沉醉于权力的孩子身边没有一个沉醉于权力的大人。让十几岁的孩子参与问题的解决，是帮助他们以有益的方式运用自己权力的一种方式。他们需要很多这样的机会。如果你的十几岁孩子让你感觉受到了伤害，他或她可能是感觉被你伤害了。另一种可能是，你的十几岁孩子可能感觉受到了别人的伤害，并把这种感受发泄到了你身上。如果你的十几岁孩子总是放弃,可能是他或她认为自己无法达到你的期望。鼓励丧失信心的十几岁孩子的线索,就在"错误目标表"的最后一栏中。

要记住,十几岁的孩子对自己经历的事情的想法和做出的决定,影响着他们对自己的认知,并能帮助解释他们的一些行为。记住你的十几岁孩子眼中的现实与你认为的现实是不同的,也会很有帮助。

一旦你理解了错误目的,你就会发现有很多办法能鼓励你的十几岁孩子,并改善各种情形。然后,你可以主动地尝试使事情好转,而不是只对孩子的行为做出反应。

四种性格类型

四种性格类型——每一种都有不同的需要和行为——提供了帮助你理解自己和你的十几岁孩子的另一种方法。你的十几岁孩子让你恼怒的事情(反之亦然),可能是由于他或她的性格类型的特点,而不是故意要惹怒你。我们将这种性格称为"顶牌"(Top Card)。你可以从我们的很多书中更多地了解"顶牌"的概念,包括简·尼尔森的《正面管教》[①],以及琳·洛特、瑞吉·英特纳、芭芭拉·曼登霍合著的《心理治疗DIY》。

要从回答这个问题开始:你最想避免面对的事情是什么——痛苦与压力、拒绝与争吵、无意义与无足轻重,还是批评与嘲笑?你只能选择一组词,如果哪组词对你来说没有意义,它就不

[①] 《正面管教》(Positive Discipline),由京华出版社于2009年1月出版,关于Top Card,请见该书第10章"你的性格对孩子性格的影响"。——译者注

是你需要担心的。每张顶牌由一种动物代表。如果你选择了"痛苦与压力",这种动物就是一只乌龟,而你的顶牌就叫做"安逸/逃避"。选择"拒绝与烦恼",这种动物就是一只变色龙,而你的顶牌就叫做"取悦"。选择"无意义与无足轻重",就意味着你是一只狮子,你的顶牌就叫做"力争优秀"。选择"批评与嘲笑",就意味着你是一只老鹰,你的顶牌就是"控制"。

看看第218~221页的表,能让你更了解自己和你的十几岁孩子。然后,想一想你正在做的那些对其他动物不起作用的事情。

如果你的十几岁的孩子是变色龙型,并感到压力很大,而你是一个狮子型的父母,想一想当孩子正在寻求赞同和欣赏时,如果你全力以赴并变得越来越固执地与她争吵,会让事情变得多么难。或者,想想如果你是一位压力很大的乌龟型父母,事无巨细地管着并宠着你那想自己独立做事的十几岁的老鹰型孩子,你越试图帮助他,他在这种压力下就越会竖起一道无形的墙,会是什么情形。你可以以很多方式用这张表来找出在父母与十几岁孩子的各种性格组合中,哪些做法是有效的,哪些做法是无效的。

你不必独自做

尽管这本书是为十几岁孩子的父母们写的,尽管书中的建议和信息都是为了让父母能学会改善与孩子的关系,但是,我们并不想让读者认为所有的改变都取决于父母。读过这本书的十几岁的孩子们都给了我们非常积极的反馈,并同意我们在书中所说的很多东西。他们极力将这本书推荐给他们的父母。但是,他们对于自己怎么做才能改善与父母的关系,也从本书中得到了一些想法。我们鼓励你让孩子也参与，邀请他们和你一起做书中的练习。要向你的十几岁的孩子提出，他们或许能找到一些有帮助的线索，帮助你改善养育技巧，他们或许还能够学到一些能与他们的朋友们快乐地分享的事情。

当你理解了你的十几岁孩子的行为更多的是其潜意识想法的结果，而不是其他任何东西时，你就不会再寻找其他原因和疾病了，并且会开始探究孩子眼中的现实。有这种理解作为基础，你就能更容易地专注于你已经学到的鼓励十几岁孩子的很多方法，并在这个过程中让你自己也备受鼓励。

需要记住的和善而坚定的养育工具

1. 你的十几岁孩子会根据自己在家庭馅饼中的位置，产生对自己的看法。回顾一下出生顺序的知识，非常有助于你更好地理解孩子。

2. 所有的行为都有一个目的，即便你的孩子（和你自己）并没有意识到这个目的是什么。当你注意自己的感受时，你就能得到有关你的十几岁孩子行为目的的有价值的信息。

3. 不要对行为做出被动反应，而要从"错误目的表"得到灵感。

4. 一旦你知道自己是哪种动物类型，就很容易认识到每一种动物的"照料和喂养"是不同的。

练习

打破错误目的的循环
找出你自己在问题中的责任。

1. 和一个客观的朋友或心理治疗师谈谈。

顶牌

如果你选择	你的个性格类型就是	当你有压力时，你就可能会	当你没有压力时，你有很多优点和天赋	当你有压力时，你可能会招致或需要努力解决的一些问题	当你从别人那里得到	你需要努力的是	你期望的是
拒绝和争吵	取悦（你就像变色龙）	行为友好。嘴上说"是"，而意思是"不"。让步。更操心别人想要什么，而不是自己的需要。说闲话，而不是直接面对。试图解决每一个问题，并让每一个人高兴。忍受别人的刺激时就抱怨。努力工作，变得沉默，就像聚光灯下的一只鹿。超级理性，并逃避自己的感受，或为自己感到难过。	对别人很体贴。有很多朋友。考虑周到。愿意妥协。温和。善于协作。喜欢帮助人。自觉得欣赏人。经常让人们依赖。能看到积极面。当面对问题时，寻求赞同，是一个有爱心的人。	当别人不感激你所做为"他们"所做的一切时，会招致报复循环，并让人觉得受到了他们的拒绝。当人们没有满足你的心思并期望时，你会感到怨恨和被忽视。你会因为好时想做得好，而让自己陷入麻烦。我感到内疚，所以这肯定能让我成为一个好人。没有自我意识，不知道什么能让自己开心（希望别人读懂你的心思并取悦你）。	更加坦率和真诚，并说出你的想法和感受。想说"不"时就说"不"。要允许他人有许多他们自己真实感受，你不害怕他们的行为。只与他们自己有关，而与你无关。花一些时间独处。放弃取悦每一个人。同别人让你不高兴，而不是由你来决定。不要害怕寻求帮助或同别人的想法。	在别人的掌声中做你自己想做的事。别人喜欢你，并关心你，并且不要灵活，并且不是人关心你，并且不要发生争吵。

218

他们为什么那样做

续表

如果你选择	你的个人性格类型就是	当有压力时,你就可能会	当你没有压力时,你有很多优点和天赋	你可能会招致或需要努力解决的一些问题	当你有压力时,需要从别人那里得到	你需要努力的是	你期望的是
批评与嘲笑	控制（你就像个老鹰）	隐忍。指使别人。组织。争论。不着别人的感受。声不响。坚持不懈。人来哄劝你。高各种感受都闷在心里。考虑周到之后才行动。抱怨,叹气,变得愤怒。解释或辩解。参加体育活动。坚起一道无形的墙。	好的领导者和危机管理者。自信。组织能力强。遵守法律。不达目的不罢休。能够把事情完成并解决问题。能掌控局面。耐心地等待。当你不寻求控制时,是一个宽容平和的人。	缺乏自发性。不易接近。感疏远。希望能不让别人发现你的弱点。招致权力之争。当你感觉自己受到批评时,会逃避处理问题。变得戒备心太强,而不是坦诚。有时会等待别人的认可,是一个特别喜欢批评和挑毛病,尽管别人这样对你。	说"可以"。让你选择。与人情感。给你的时间和空间理清自己的感受。	要提醒自己,你有责任。别再试图防止对你并不存在的问题,并迈出行动的一小步。停下来,倾听别人,而不是退缩。想想你想要什么,并提出来。倾听而不是戒备。寻求帮助和选择。要有好奇心。	要装制地位,即便别人能做得更好。得巧妙。得到忠诚。要求合作和忠诚。要求别人对你有信心。并允许你做自己想做的事。能有选择,并按照你自己的节奏做事。授权。

219

续表

如果你选择	你的个人性格类型就是	当你有压力时，你就可能会	当你没有压力时，你有很多优点和天赋	你可能会招致或需要努力解决的一些问题	当你有压力时，需要从别人那里得到	你需要努力的是	你期望的是
无意义和无足轻重	力争优秀（你就像一只狮子）	贬低人和事。批评自己。谈论生活的荒谬。纠正别人。过于疲劳。承担太多的工作。担心自己不是能做得更好。按照"应该"做事，大叫或别人抱怨，全力以赴并固执已见。犹豫不决。变成专家。寻找支持者。无论是否必要都争吵。	精力丰富。知识丰富。理想化。能完成很多事情。让人开怀大笑。得到很多赞扬和奖励。不必等待别人告诉你，就能把事情完成。很有自信。当你不寻求地位时，能够成为一个很有深度和重要的人。能激励别人。	疲倦，负担过重。让别人觉得他们无能和不重要。被看作一个无所不知或粗鲁、无礼的人，而自己不知道这是一个问题。永远不开心，因为你认为自己应该做得更多或更好。不尊不忍受自己身边很多不完美的人。有时候，你什么都不做，花太多时间怀疑自己的价值。	告诉你你有多么重要。感谢你的贡献。帮助你从迈出一小步开始。告诉你，是对的，是对的，你很特殊，你很重要。	别再寻找需要负责备的人，要开始寻找解决办法。要信任在需要信任别人的时候要信任别人，包括信任你自己。审视一下你拥有的，而不是没有的。对别人表现出兴趣和好奇。去散步。运动。吃一些健康的饮食。	通过成为最棒的，证明你的价值。得到他人的感激和认可。情感联结。认可人认可你做得对并认可你做得重要的影响。

220

续表

如果你选择	你的个人性格类型就是	当你有压力时，你就可能会	当你没有压力时，你有很多优点和天赋	你可能会招致或需要努力解决的一些问题	当你有压力时，需要从别人那里得到	你需要努力的是	你期望的是
痛苦与压力	安逸或逃避（你就像一只乌龟）	开玩笑。变得理智。只做你已经能做好的事情。逃避新体验。选择阻力最小的路径。让事情半途而废。隐藏起来，让别人发现不了你不完美。抱怨。过度反应。大叫。哭泣。不寻求帮助。缩回到自己的壳里，像乌龟一样。突然攻击。封闭自己的心扉。	人们喜欢和你在一起。灵活。非常有创造力。做你能做好的事。寻找自我和自己的需要。能得到别人的帮助。让别人感到舒适。自己不寻求安逸时，能够成为有勇气和魅力的人。	遭受无聊之苦。懒情，效率低。难以被激励。不做自己该做的事。招来特别的关注和服待。担心很多事情，但没有人知道你在多害怕。因为在与人接触中分享一些事情而吃的情形会更普遍，而不是直面问题。等待被人照顾，而不是独立。会让别人感到烦怒和无聊。	不被干扰。请你发表看法。静静地倾听。给你留出空间。表现出信心。鼓励你小步前进。	为自己制定日常惯例。到场并坚持在那里，即使你一开始只是在旁边看。要大声说出来，并问问题，或说出你想要什么，而不只是设想。让别人按照你的节奏与你一起做事，直到你觉得舒适。与别人分享你的天赋。	让事情变得就像看上去那么容易。别人不打扰你，有你自己的空间和步调。你不想争论。

221

2. 写在日志里。当你再看自己写下的你与自己的十几岁孩子之间到底发生了什么事情的文字时，你往往能得到顿悟。

3. 问问你的十几岁孩子。要让孩子知道你不会读心术。要承认你以前或许不是一个好的倾听者，但你现在想倾听。你可以说自己在问题中的责任（即便是小孩子，当你说"我认为我做了一些伤害你感情的事"时，他们也能告诉你你做了什么）。

4. 从"错误目的表"中寻找好主意和灵感。

对你的十几岁孩子大声说出你对当前事情的猜测。如果你的猜测是对的，你就会触动孩子的心弦。你的孩子会感觉自己被理解了，就会承认你猜对了。另一方面，如果你没猜对，也没关系。你的目标不是要猜对，而是要得到信息。既便你猜错了，仍然会了解到一些事情。

当你理解了你的十几岁孩子的想法时，要认可他或她。要让你的孩子知道，你能明白他们可能会得出那种结论。然后，要和孩子一起做出对你们双方都有帮助的改变计划。

第 13 章

你该如何对待可怕行为
对你自己和你的十几岁孩子要有信心

某些可怕的话题，在我们举办的各次父母课堂和讲习班上都会出现。这些话题将在本章集中讨论，包括交友、团伙和恃强凌弱、吸毒和其他成瘾行为、性行为和艾滋病、性侵犯、自伤和自杀行为、饮食问题以及成年孩子的不独立。让我们从虽不那么可怕，但也很可怕的一种行为开始。

朋友，或缺少朋友

有一个无法与同龄人相处，或者将自己隔绝起来的时间超出了合理时间的十几岁孩子，可能会让父母很担心。如果你的十几岁的孩子愿意听一些建议，我们推荐下面这些：

· 要认识到你对自己的想法和感受所产生的能量。如果你觉得自己没把握，你的行为就会缺乏自信。如果你觉得有信心，你的行为就会很自信。自信产生的能量是有吸引力的，而不自信的能量则没有。我们不是在建议你骗人、装出自己没有的感觉。认识到这一点是第一步。如果你感觉不到自信，要看看是否能想出增强自信的办法。

· 己所不欲，勿施于人。不要在背后说别人的闲话，而要直接跟那个人谈。不要造谣或传播谣言。

· 当你走过学校的大厅时，要微笑。再说一次，这不是要你假装微笑。想一些让你感到开心的事情，微笑就会自然而然地出现。

· 对别人要有好奇心。要问一些你对其他孩子的事情真正感兴趣的问题。

你可能想鼓励孩子参加一些活动，让他或她能结识一些有共同兴趣的十几岁孩子。参加一个滑雪或体操俱乐部，或者参加戏剧、舞蹈、空手道、象棋俱乐部，或者加入教堂的一个青年团体，都是结识有共同兴趣的孩子的好办法。有时候，你不得不采取强制手段，坚持让你的十几岁孩子在放弃一件事之前必须尝试四次以上。我们经常会注意到有那么多孩子需要父母的这种帮助。

你还可以通过友好的交谈，帮助你的十几岁孩子探讨他们对这种行为的长期结果的看法。如果他们对别人都很挑剔，或者害怕主动加入到同龄人当中去，而宁可在家等着别人打电话来，他们的朋友就不会多。你的十几岁孩子可能会发现下面这个故事既幽默又有启发。

卢·劳什希博士曾经是一个害羞的十几岁孩子，他现在是一位励志演说家，并且出版了 16 本书。有一次，在北美阿德勒心理学协会（NASAP）的演讲中，他分享了自己的一个故事，当时，他与自己的一个朋友走在街上，这个朋友每看到一个女孩就要求跟她约会，这让他感到很尴尬。他的朋友80%的请求都遭到了拒绝。然而，每个星期六的晚上，当卢待在家里时，他那个朋友则在外面约会。毕竟，有20%的女孩没拒绝。我们不是在建议你的十几岁孩子向他或她见到的每一个女孩或男孩要求约会，但他们或许想冒一点自己的邀请被拒绝的风险，当然，也可能不会被拒绝。

你可以注意一下自己的行为。如果你告诉孩子应该怎么做，对孩子的影响可能很有限。但是，要记住，你的十几岁孩子确实在观察你的行为，而他们常常会模仿你最糟糕的习惯。比如，你在高速路上会对别人大喊大叫，或者会谈论一个人的"愚蠢"行为吗？你对推销员或从事服务业的人居高临下地说话吗？如果你的孩子跟你学会了一些很负面的东西，你可不要感到奇怪。

有时候，帮助十几岁的孩子处理与同龄人关系的最好方式，就是别管闲事，让他或她自己解决。当十几岁的孩子认为情况比事实上更糟时，这是一个特别好的办法。你的十几岁孩子可能会将与一个朋友的吵架，看做是自己在世界上一个朋友都没有。通常，过一两天之后，一切就都又变好了。然而，如果你插手这种情形，会让事情拖延下去，并变得更糟。

当你不喜欢你的十几岁孩子的朋友时

很多"战争"是由十几岁的孩子选择了父母不赞同的朋友而引起的。对很多父母而言，这是一个合理的关切，因为朋友之间确实会影响到相互的选择和行为。然而，大多数父母处理这个问题的方式只是加剧了"战争",使得十几岁的孩子相互更忠诚了。我们知道的父母中,只有极少(实际上一个都没有,但我们猜一定会有一些)能成功地禁止自己的十几岁孩子交某些朋友。因为父母无法每时每刻都监视着孩子,就不可能控制你的十几岁孩子选谁做朋友。

不要控制你的孩子交什么样的朋友,而要试试相反的做法。要欢迎孩子的朋友来你们家。对他们要友好,并随和地开开玩笑。当你营造一种让你的十几岁孩子感觉很舒服的愉悦氛围时,会对他们有更大的影响。当你给自己的十几岁孩子这种空间时,他们常常自己就会厌倦那些不好的朋友。而且,一些十几岁孩子的坏行为可能表明这些孩子缺少积极的家庭氛围。在你们家的经历,可以成为他或她体验到鼓励的机会。

如果你担心其他十几岁的孩子对你的孩子的影响,你要诚实地对待自己的恐惧。要采用本书讨论过的一些方法——角色扮演、家庭会议、一起解决问题以及启发式问题——以便你的十几岁孩子能掌握更多处理潜在危险情形的技能。这样做,不仅为你提供了与孩子讨论你的感受的机会,而且还给你的孩子提供了学会事先思考并作准备的技能。当然,这并不能保证孩子不犯错误,但确实能减少犯错误的机会。

要记住,正如你的十几岁孩子的行为不会永远如此一样,他们的朋友的行为也不会永远不变。很多父母在了解到自己十几岁孩子的朋友已经变成了多么好的人之后,对自己曾经以那么恶劣的态度对待这些孩子而感到很尴尬。

恃强凌弱

现在来谈一谈十几岁的孩子和他们的父母面临的更可怕的一些问题。当孩子要求你的帮助或学校的帮助来处理歧视、暴力、色情短信、网络暴力或其他安全问题时，他们必须得到非常认真的对待。如果孩子们不寻求帮助，大人们也要对恃强凌弱和攻击行为保持警惕，并介入此类问题。对于恃强凌弱问题，最有效的解决方法是那些集体参与的方法，无论是家庭，还是学校。班会、圆圈会议、恢复公正活动①以及家庭会议都是讨论所发生的问题并找到解决方案、澄清后果的理想场合。

有很多项目教受害者通过与欺凌者交朋友来防止欺凌行为。我们建议让相关的各方以鼓励和赋予力量的方式得到帮助：欺负人的孩子能够学会共情，并学会在恰当的场合满足自己对得到关注、权力和公正的需要；被欺负的孩子能够学会不助长欺凌行为，并且别再那么孤立；旁观的孩子能够学会作为调解者进行干预，或者帮助在学校里为所有孩子创造一个安全的环境。所有这些技能都能通过班会学到。

恃强凌弱行为可以是肢体上的、言语上的或情感上的，是拥有更大的力量或群体支持的一方，向相对弱势的一方找茬时发生的。这种行为可以是面对面的，也可以发生在互联网上。任何一种解决办法都需要包括欺凌者、受害者和旁观者，因为这三方都

---

① Rstorative Justice Program，指的是将加害者、受害者、受到影响的群体召集到一起，明确加害者的行为造成的伤害，并确定如何修复这种伤害。讨论的问题集中于三个方面，即谁受到了伤害，他或她需要什么，谁应该满足他或她的需要。——译者注

受到了影响，并卷入了这个问题。很多学校都有帮助解决恃强凌弱问题的项目。期待孩子们自己解决这个问题是不现实的。在最极端的情形中，长期受到严重欺凌的孩子要么会自杀，要么会携枪到学校射杀同学和老师。

大多数人专注于解决校园暴力的错误办法。他们谈的是枪支管制、统一校服、体罚、保安、找出并惩罚欺凌者、要求学生的父母承担起责任，而很少讨论教给孩子自律、责任感、尊重自己和他人以及解决问题能力的价值——所有这些都是孩子们经常参加班会就能学会的[1]。当学校运用班会（包括致谢和解决问题）帮助每个学生感觉到归属，并教给学生如何以建设性的方式运用自己的力量时，学校遇到的问题往往就会减少。如果你读过埃里克·哈里斯[2]日记中的话："如果人们能给我更多的感谢，所有这些都还可以避免。"就很难拒绝承认在班会上致谢的重要性。

随着你的孩子逐渐长大，他们可能终究会遇到一个威胁、恐吓或抢劫他们的恃强凌弱者。这就是发生在杰夫身上的情况，他每天醒来时都害怕去学校。他一次又一次地受到欺负，可能是因为他羞怯，而且穿着与其他孩子不太一样。一开始，一群男孩是嘲弄他，但很快，这种欺凌就升级成了推他、绊他。没用多长时间，这群男孩就开始在社交网络造谣，说杰夫是同性恋。

杰夫的学习成绩开始下降，并开始经常胃疼。他害怕去学校的洗手间，因为害怕受到骚扰，或者有人从后面使劲向上提他的内裤。杰夫从来没有想到过，这群把他的生活搞得无法忍受的孩子的小头目受着缺乏安全感的折磨，是在努力让自己成为同龄人中的大人物。

如果没有大人的干预，杰夫的处境就不会好转。杰夫感到太

---

[1] 见《教室里的正面管教》（Positive Discipline in the Classroom）。——作者注

[2] Eric Harris，哥伦拜恩中学枪击案制造者。——作者注

难为情了，不愿意把这件事告诉任何人。而且，他害怕如果自己告发这些欺负他的孩子，他们会对他变本加厉。幸运的是，杰夫的父母注意到了他成绩的下滑，并告诉他，他们安排了与学校心理咨询老师见面。经过探询之后，杰夫说出了被欺负的事，心理咨询老师说他会了解情况，并且不会提到杰夫的名字。他建议杰夫别搭理那群孩子，见到他们就走开，并建议他表现出自信，即便不得不假装自信，还说他应该考虑参加一个课后兴趣小组或俱乐部，可以在那里交一些朋友。最重要的是，心理咨询老师鼓励杰夫跟他和父母谈了发生的事情，这样他就不用再独自面对这种情形了，并且得到了大人对他的情感支持。对杰夫帮助最大的，是他结交的一个新朋友说："我看到了那帮人在Myspace上写的你那些事，我一个字都不相信。想到我家来玩电脑视频游戏吗？"

要让你的十几岁孩子知道，最好的防御就是进攻。要教给你的儿子或女儿以各种方式让欺负人的孩子知道，不要冒犯我。用他或她在兄弟姐妹侵犯到自己的空间时同样的声调说话，是最有效的。你还可以选择送孩子去参加防身培训，这会极大地改变你的十几岁孩子对自己的看法，并增强他们的本领。你不是在把孩子训练成致命武器，或者教他们以暴制暴，而是在给孩子提供自信和防身能力，这通常会使孩子在实际中就不必使用这种能力了。

药物滥用以及其他成瘾行为

对药物滥用的恐惧，是折磨着当今很多十几岁孩子的父母的头等问题。你听说过十几岁的孩子因为药物滥用或者与毒品和酒精相关的事故而致死或毁了一生的故事。你听说过孩子们在派对上把父母药箱里的所有药片都倒出来，抓一把吃下，想看看会发生什么事。你也知道在派对上有人往饮料中偷偷加入一些东西，而你的十几岁的女儿将会由此经历一次她从来没想到过的"迷幻之旅"，结果可能是被强暴，甚至更糟。就像大多数父母一样，你或许正在因为应该如何对待这些问题而苦苦挣扎。

很多父母害怕药物滥用，是因为他们在年轻的时候使用或滥用过药物。很多这样的父母担心自己的十几岁孩子会像他们以前那样，但却无法康复。另外一些父母从来没有使用过毒品，但对毒品很担心，并有很多看法。还有一些父母甚至没有意识到毒品是一个问题，直到发现自己的十几岁孩子在吸毒。这些父母通常都是通过偶然发现了吸毒用具，或者发现汽车里到处是空啤酒罐和烈性酒瓶，才在无意中了解到情况。

吸毒还会有其他一些迹象，比如行为方式的巨大改变、具有攻击性、抑郁、睡眠和饮食习惯的改变、体重减轻、恍惚以及对以往觉得很重要的活动缺乏关心。有些善意的专业人员会把这些行为错误地解释为精神方面的疾病。让我们感到伤心的是，很多父母宁可让孩子去做精神疾病诊断，而不愿意承认自己的儿子或女儿有毒品问题，或者已经成瘾了。

有很多人否认自己的孩子使用和滥用药物，我们认为这是由于不了解或误解造成的。我们遇到过一些专业人员说大麻不会成瘾，甚至可能对十几岁的孩子有益。他们确信没有人在戒除大麻时遇到过困难。考虑到很多人在戒除大麻时经历的焦虑、偏执以及无法正常生活，这种说法就是错误的。

其他错误说法包括忽视某些物质，比如烟草、酒精、处方药或非处方药，并且没有意识到这些东西也能成瘾。还有一些你不了解的东西，比如羟基丁酸盐（GHB）和"迷奸药"，更不用说你可能知道的一些东西了，包括可卡因、吸入剂、迷幻药、海洛因、安非他明、巴比妥类药物和致幻剂。

如果毒品让父母们这么害怕，并会给十几岁孩子造成潜在危害，那为什么这些东西还那么流行？有些十几岁的孩子说他们想试验一下，看看这些东西会有什么效果；另一些孩子说他们喜欢随大流；还有一些孩子说他们认为这会让他们不那么羞怯、不那么无聊、更自由、更敏捷、更性感、更有趣、更放松、更快乐。很多十几岁的孩子使用毒品是为了模仿他们在娱乐圈的偶像，或者美化吸毒的著名作家。有些孩子喜欢逃离到另一种现实或"感觉的世界"。孩子们会为了快速减肥或者在期末考试前保持清醒而使用毒品，或者会在约会中为让女孩神情恍惚并失去记忆而给她一些镇静剂，以便他能强制发生性行为而不被抓到。有些十几岁的孩子使用毒品是因为他们认为这能让自己更像个大人。还有一些孩子说他们认为很酷的人提出让他们使用毒品，而他们希望像那个人一样，所以他们开始吸毒。

尽管使用毒品会损害与父母、原来的朋友的关系，造成头痛、恶心、呕吐、失去知觉、情绪波动、呼吸困难甚至可能导致死亡，但十几岁的孩子会继续使用这些东西，除非他们自己决定停止。十几岁的孩子成长在一种强调"今朝有酒今朝醉"和"快速解决"的文化中。因此，使用毒品符合这种文化规范。很多十几岁的孩子缺乏描述感觉的词汇。他们找不到一个能让他们安全地表达自己的感受的人或场合。对于这些十几岁的孩子来说，毒品提供了一种麻痹感受并让各种问题似乎能消失的方法。受到过度控制和过度保护的孩子，将使用毒品看做是反抗父母控制的一种办式。

父母的恐惧是一种自然反应

你感到恐惧，一点都不奇怪。或许，你想起了自己使用毒品的经历，或者想起了一位在成瘾中挣扎的朋友或家人。现在的很多书籍都建议你要知道你的十几岁孩子在任何时候的状况。这些书让你监督十几岁孩子的交友，监控他们的人际关系，与其他父母交流情况，监视十几岁孩子的派对，并拒绝让孩子去任何可能会遇到毒品的场合。

这里遇到的问题是："你应该检查自己孩子的房间吗？"这些书籍建议你：如果你觉得需要这么做，就不要偷偷摸摸地进行，而要敲开孩子的房门，让你的孩子知道你对他或她的行为感到担心，你害怕你的十几岁孩子的房间里藏了一些会影响到他或她的安全的东西。让你的十几岁孩子知道，你很愿意他们能和你真诚地谈谈，这不会让他们陷入麻烦。如果你的十几岁孩子拒绝跟你谈，你要明确说你会不经他们的同意就检查他们的房间，并且你会寻求专业帮助。要明确地告诉孩子，你太爱他们了，不能让他们冒伤害别人或他们自己的风险，而且情况已经失去控制了，不能再忽视或希望问题自动解决。

这些书告诉你，这些方法（检查孩子的房间、随时了解孩子生活的每一个细节、监督孩子交友、监控他们的人际关系、与其他父母交流情况、监视十几岁孩子的派对，并且拒绝孩子去任何可能会遇到毒品的场合）能够保护你的孩子免于使用毒品。当你考虑到实际情况以及这些方法多么低效时，就会发现它们过于简单和不现实了。

我们跟数以百计的十几岁孩子——都是很好的孩子——聊过，听到他们说他们感觉在父母面前如何不得不小心翼翼，真让人难过。他们喜欢和父母聊，喜欢和父母进行客观的交谈，以探讨他们的体验并搞清楚这些体验意味着什么，但是，他们害怕父母的责难、失望，害怕自己会陷入麻烦。所以，他们实际上会怎么做呢？他们做事背着父母，他们说谎，他们躲避，他们叛逆。他们感到难过、伤心、焦虑和愤怒。

当父母想知道他们的孩子为什么撒谎时，我们会告诉他们：

"因为孩子们爱你。他们需要个性化（搞清楚自己是怎样一个独立于父母的人），而且他们不想让你失望。所以，他们会探究、试探并打破规矩；然后，他们会撒谎，以便不必体验你的失望或大怒。"

并不是所有的孩子都感觉自己不得不撒谎。有些孩子会跟父母谈。两个十几岁的孩子说了他们对一个能跟父母无话不谈的朋友的羡慕。这个朋友甚至告诉父母，他曾在一次派对上试过喝酒。他的父母没有勃然大怒，而是帮助他探讨了这次经历。他们问了一些启发式问题，是从问他对此有什么感受开始的——然后，他们就倾听。他们问他对负责任地饮酒和不负责任地饮酒有什么感觉，以及他是否知道两者的区别。然后，他们就倾听。

他们一点都不惊讶儿子对自己的人生有那么多思考，因为他们一直在教他独立思考，并在父母的支持帮助下探究自己的选择带来的后果（这与强加后果有很大的不同）。显然，他们的儿子对喝酒的问题有过很多思考。他告诉他们，他真的不想喝醉，做出像其他孩子那么愚蠢的行为。他知道他不想让喝酒成为自己的日常习惯，当然也不想成为酒鬼。他说自己永远不会酒后开车，而且，他有一次甚至把车钥匙从一个喝醉后想开车的朋友手中夺了下来（非常负责任）。

他们想知道他是否有过在不想喝酒时因为同伴的压力而喝酒。他承认有过这种情况。他们没有进行任何说教，只是让孩子自己想一想。几个星期后，他告诉父母，自己已经决定在不愿意喝酒时就不喝，而且没有感觉到任何同伴的压力，相反，他的朋友们说："太好了。你可以做我们的专职司机了。"

另一个十几岁的孩子说："我希望能够跟我的父母谈任何事情，但我只能跟他们谈那些比较安全的事情，比如运动。我的父母知道我擅长运动，但他们并不真正了解让我内心挣扎的问题。他们知道的是他们想象中的我，或者他们希望我成为的那个我，但不了解真正的我。"

处理孩子涉及毒品问题的建议

　　了解了这么多有关使用毒品的问题后，你可能仍然会问："我该怎么办？"对于有些十几岁的孩子来说，如果你告诉他们，你不希望他们使用毒品，他们就不会使用，所以，如果你感觉你的孩子就是这样，就对他们说出来吧。

　　你可以选择通过参加无毒品舞会、安全派对、安全驾驶活动以及"对毒品说不"活动，表明你对毒品问题的关切。尽管认为这些活动本身能解决毒品问题是不现实的，但所有的努力都是重要的——而且，这些活动已经让事情有了改观。总之，知道自己在做一些事情——任何有一定效果的事情——或许能让你感觉好一些。

　　即便你认为自己的十几岁孩子不会喝酒，也要确保他们了解酒精对身体的影响。听到十几岁的孩子因为喝酒太多，在睡着后被自己的呕吐物窒息而死，真是太悲惨了。这些悲剧本来是可以避免的，假如大人告诉孩子们，正因为伏特加酒混合果汁容易下咽，他们血液中的酒精含量就会高到让身体系统中毒的水平——即便他们当时感觉不到这种影响——当发生这种情况时，人会失去知觉，并可能死亡。

　　要警告你的孩子，如果他们看到一个朋友出现以下任何迹象，就需要立即得到帮助：意识模糊或者喝得烂醉并且唤不醒；呕吐；惊厥；呼吸缓慢（每分钟少于 8 次）；呼吸不规律（两次呼吸之间超过 10 秒钟以上）；低温症（体温过低）；肤色发青或苍白[1]。并且，在拨打急救电话后，要轻轻地使醉酒者侧躺，防

---

　　① 见 www.hazelden.org/web/public/ade90201.page。——作者注

止因为呕吐而窒息。

帮助你的孩子对毒品做出明智决定的最好办法，就是以我们在本书中建议的各种方法赋予孩子力量。当你的十几岁孩子有机会做出贡献，当他们感觉自己得到了倾听和认真对待并知道他们能告诉你真实情况，并且当你为他们提供学习技能和体验成功的机会的时候，他们就不大可能滥用毒品。注意，我们说的是滥用毒品，而不是使用毒品。你的十几岁孩子可能会选择使用毒品，无论你是否喜欢，无论你是否保持警觉。这就是现实。那些拥有我们讨论的这些自信和技能的孩子，有可能会试验喝酒和毒品，但他们不大可能滥用。

使用程度

使用毒品有多种不同的情况。不了解情况的人认为除了戒绝，就是滥用。如果将使用毒品的情况按程度分，则一个极端是戒绝（完全不使用），另一个极端是化学品依赖，在这两者之间则是试验性使用、社交性使用、经常使用和造成问题的使用。了解这些区别，会对你有帮助，并且你对问题的反应要以孩子使用毒品的程度相应。而且，与你的孩子谈谈毒品的使用程度也是有益的。没有迹象表明一个人一旦使用毒品，就会自动地日趋严重。

试验性使用，意味着"我听说过，我想要试一下。我想知道是什么感觉。我们一群人要聚在一起，看看喝醉或服用药物后会发生什么事"。一个十几岁孩子的试验性使用，可能是尝试一次，然后就再也不接触了。这可能并不会减轻你对毒品的恐惧，但我们建议你不要过度反应。要鼓励孩子与你进行友好的讨论，说出你对孩子可能会陷入危险的事情中的担心，以及你希望他或她能够现在就停止。有些父母在知道十几岁的孩子在派对上看到了一些孩子的"恐怖幻觉"时，可能会感到安慰，这些孩子会有自己的界限和方法，只尝试自己感觉安全的事情。很多孩子对毒品的使用永远都不超越试验性阶段。

社交性使用，是在社交场合使用毒品，而不让毒品控制自己。社交性使用者在少量使用后就会停止，而成瘾者不会只少量使用，也停不下来。你可能仍然会担心，因为人们做任何事情都是越做越擅长，并且有很多成瘾者开始都只是在社交场合使用毒品，而最后却成了一个十足的瘾君子。要说出你的想法、感受和希望，并确保孩子明确地理解。然后，问问你的十几岁孩子的想法、感受和希望。一定要认真倾听。要知道，现在很多在社交场合喝醉的人，就是为了喝醉而喝酒。要问孩子一些启发式问题，和你的十几岁孩子一起探究这种喝酒方式可能会造成的后果。

经常使用，是毒品的使用成了一种例行的行为，因而潜藏着更大的危险，因为这可能会变成上瘾。我们曾治疗过很多十几岁的孩子，他们每天都喝醉或经常喝酒，但能够保持正常的人际关系，正常完成学校功课，保护自尊和尊严。然而，很多人会发展到下一步——造成问题的使用。

造成问题的使用，就是十几岁的孩子因使用毒品而导致无法正常生活。他们在学校、家庭和工作方面都出现了问题。

特别是对于十几岁的孩子来说，使用毒品越多，他们培养自己面对挑战并发展能力的技能就越差。他们用化学物质来压抑自己的感受，而不是表达感受。长期使用甚至会给他们造成严重的身体伤害。如果你认为你的十几岁孩子使用毒品已经到了这个程度，要告诉孩子你爱他，并且说你想帮助他解决这个问题。不要接受孩子保证改正的承诺。尽管你的十几岁孩子可能是真诚的，但他或她可能没有意识到化学物质对其身体的控制。而且，当你与一个成瘾的人谈话时，你并不是在与一个理智的人交谈。不要期待理性，这是不可能的。然而，如果你在这个阶段确实得到了帮助，就能避免问题发展到下一个阶段。造成问题的使用与化学品依赖之间的界限，对于每个人来说是不一样的。有的人永远不会跨过这条界限，而有的人却会。有的人不经历上述各个阶段，就直接变成了化学品依赖者。

化学品依赖，就是毒品主宰了你的十几岁孩子的生活。有些事情开始是天真的行为，最后可能会发展成主宰孩子的恶魔。我们与几个从 14 岁开始吸大麻，并直到 20 岁、30 岁还在吸的人谈过，下面是他们的一些说法：

> 我一直在毒害自己的身体。
> 我希望能清醒地思考。
> 生命已经离我而去了。
> 我真希望我能够爱自己。
> 过了一段时间后，吸大麻没那么多乐趣了，但我停不下来。
> 这是唯一能让我快乐的事。
> 这比什么也不做要好。
> 这能让无聊变得有趣。
> 这是消磨时间的一种办法。
> 是一种随时的消遣。
> 当我停止吸大麻后，我的身体和精神都经历了一段极度痛苦的时期。我想我要疯了。

这些人中有很多，如果不是大多数的话，是在十几岁时开始吸大麻的。刚开始，他们相信大麻是一种草本植物，所以不会上瘾。但 15 年或更多年之后，他们仍然把吸食兴奋剂作为自己的主要活动，并且已经经历了无数次戒毒失败。他们的生活就是以获得大麻、吸食、飘飘欲仙、失去意识为中心的。他们成瘾了，毒品已经主导了他们的生活。

当你和你的十几岁孩子了解到毒品使用的几个阶段后，你们就能更好地评估问题的严重程度，以及应该怎么办。对于成瘾的形成，仍然有太多陈旧的看法。最流行的一个错误看法是，有一些入门毒品（尼古丁和大麻似乎是最常见的），一旦你的孩子使用了它们，就打开了通向所有其他毒品的大门。研究告诉我们，这种说法是不对的，而且各种毒品有不同的效果。很多年轻人都喜欢兴奋剂，而不是镇静剂，或者他们更喜欢放松下来，而不是兴奋起来；或者他们喜欢那种能把他们带离现实的毒品，比如迷幻剂或鸦片制剂。

如果你和你的十几岁孩子认为成瘾者看上去就像是睡在门廊里的流浪汉的样子，你们就低估了成瘾的严重性。第237页上的那些话，确切地描述了成瘾者的无助和绝望。如果你在街上遇到这些人，你根本看不出他们是成瘾者；如果你看看他们说的那些话，你听到的只有他们求救的哭喊。他们想要帮助，因为毒品已经让他们无法控制自己。如果你的孩子处于这种状况，无论如何都要带他去治疗。

无论你相信药物滥用是一种疾病，还是一种"解决办法"，每一个造成问题的使用者和成瘾者都知道，当他们决定停止的时候——不是在此之前——吸毒行为才会停止。你作为父母的职责，是帮助孩子做出这个决定——如果你能的话。通常，专业帮助是需要的。化学品依赖就像是坐在一部下降的电梯里。人们并不需要到底层再出电梯——他们可以在任何一层下来。然而，几乎没有例外，一旦一个人形成化学品依赖，打破这种循环的唯一选择就是在外部干预和帮助下（治疗、心理治疗、匿名戒酒会的集体帮助）进行戒毒。

选择一名心理治疗师

如果你需要专业的帮助，最重要的准则就是要考虑选择一名你的十几岁孩子能很好地相处的治疗师。尽管你对治疗师感到放心也很重要，但需要一直选到你的孩子满意的为止。要远离那些建议你通过惩罚和限制方式养育十几岁孩子的治疗师。那只会使情况变得更糟。我们还建议你对推荐使用药物治疗的治疗师要谨慎。这与用胶带去封堵泄露的煤气无异。用药物来掩盖问题，而不是找一个能帮助你解决问题的治疗师，真的有用吗？

如果可能的话，可以让你认识的人推荐他们满意的治疗师。如果你不认识这样的人，可以让匿名戒酒会团体或者教区团体给你推荐。当你找到一位治疗师后，要毫不犹豫地要求他进行一次相互了解的会面，以便你能了解他或她的基本信念，而且你可以告诉治疗师你对自己孩子的看法。

要记住，当十几岁的孩子形成化学品依赖后，他们不会愿意去见治疗师，因为他们想要继续使用毒品。你要为自己找一个匿名戒酒会的小组，并努力介入孩子的治疗。

任何时候都可以干预

你能帮助你的十几岁孩子解决吸毒问题的另一种方式，是进行干预。干预也分为不同的程度，从非正式的干预，到有受过训练的干预人员帮助的正式干预。干预，对你来说是摆脱对现实的否认，并开始处理真实状况的一种方式。进行干预，意味着你不再通过解救、过度保护、控制或任何其他方式为你的十几岁孩子承担责任。相反，要将你的十几岁孩子当做一个状态很好的成年人对待，并且要开始对他说到做到，要用行动坚持到底。干预行动需要你完全真诚，并且不再与孩子博弈。

一些非正式的干预，发生在你开始审视自己无意中向孩子传递的一些有关毒品的信息的时候。你用非处方药或处方药来解决自己的所有感受吗？当你的十几岁孩子抱怨身体疼痛的时候，你都建议他吃止痛药吗？你是以沉迷于电脑、电视、购物、看书、吃东西来逃避面对自己的感受吗？如果你对这些问题的回答都是肯定的，不要害怕与孩子坦诚地谈谈你意识到的问题。

圣雄甘地有一个很好的干预故事。一位母亲来找甘地，对他说："请你告诉我的孩子别再吃糖了。"甘地说："你能三天后再来吗？"这位母亲三天后带着孩子一起来了，甘地对那个孩子说："不要再吃糖了。"这位母亲问："为什么你要等三天才跟他说呢？"甘地说："哦，在我告诉他别再吃糖之前，我自己先要做到不吃。"

更多的非正式干预

阿狄森对他的十几岁的儿子说："我对你喝酒的问题感到很担心。我注意到你喝得很多，也很快。你的祖父就是个酒鬼，而研究表明，那些有一个或多个亲戚有化学品依赖问题的孩子，自己形成化学品依赖的风险比较大。我希望你认真思考我说的这些话。我爱你，我不想让你经历成瘾的痛苦。"

克拉拉对她的几个十几岁的孩子说："我知道你们可能会决定使用毒品，虽然你们知道我反对。我不能容忍在我们家里或者家里举行的派对中有任何毒品。我意识到这可能会给你们造成一些问题，但我很愿意以任何方式帮助你们一起筹划没有毒品的派对。如果你们决定使用毒品，我希望你们知道，虽然我不愿意你们那么做，但我爱你们，如果你们需要我的帮助或者愿意跟我谈这个问题，我会随时倾听，并且不会批评你们。"

鲍勃的双胞胎儿子坚持认为吸大麻不是什么问题，并且说他太保守、不懂。鲍勃对他们说："我对此不感兴趣。你们说得对，我对大麻不太了解，但我真的不喜欢大麻，我甚至不赞同使用大麻。但是，我想知道大麻对你们而言是什么。我希望你们多告诉我一些。我希望你们帮助我了解大麻对你们的意义。"

麦克是一位14岁男孩的父亲，他对于儿子要在家举办派对说得很清楚："我知道你们这些孩子在派对上会喝酒、使用药物，而且我知道你们的价值观和我的不同；但是，我不希望你在家里和那些吸大麻、喝酒的人举办派对。如果我看到任何人这么做了，我会让他们回家。如果这会让你尴尬，你就要想办法在派对上不出现毒品，或者在我把那些吸毒、喝酒的朋友赶走之前，你把他们赶走。我知道你的感觉和我的不一样，我理解这一点。我知道你会认为我是老古板，但这是我在家里处理这种事情的方式。我很担心和害怕十几岁的孩子使用药物所造成的短期和长期影响，而且，尽管我知道我无法阻止你们，但我宁愿这种事情不发生在我们家里。"

有时候，干预会让你面临艰难的选择。托马斯到18岁时，严重依赖可卡因和大麻。他去过一次治疗中心，有一段时间做得很好。然而，后来他又开始吸毒了。他的母亲在很长一段时间里都不愿正视这个问题，直到她最终鼓起勇气告诉托马斯，如果他选择吸毒，就不能在家里住了。托马斯离开了家，发誓永远不会原谅母亲。一个月之后，托马斯想回家在沙发上睡"几天"，直到他能找到别的住处。尽管母亲在一定程度上知道托马斯是在哄骗和操纵她，但她还是发现自己很难拒绝这么合理的一个要求——只住几天。

成瘾的人会说谎和操纵，所以，完全可以料到托马斯会说"我今天晚上能在沙发上睡吗？我很快就会搬到一个公寓里去了"，或者"我明天就去找工作"，或者"我无法相信你真把我从你的生活中永远抹去了"之类的话。

妈妈记得托马斯擅长于"显得像个好孩子",而不是"做得像个好孩子",最后进行了一种干预,她说:"托马斯,我想停止控制你的行为,但我还计划在你遇到麻烦时不再解救你。我相信你能自己作决定,从你所犯的错误中学习,并且能想出办法解决你遇到的问题或你造成的问题。具体来说,这意味着我不会再给你提供住的地方。这还意味着我不会再软磨硬泡地让你去接受治疗,但是,当你能帮助自己时,我会知道的。你知道,当你愿意自助时,我始终愿意帮助你。"

妈妈无疑找到了一种把爱的信息传递给她成瘾的儿子,而又不介入并解救他的办法。她说了这么多话,是在告诉儿子:"就这样做吧,就这么感觉吧,想怎么做就怎么做吧。我爱你,因为你是你。我可能不会总是喜欢或同意你的一些决定,而且我或许会让你知道我的想法和感受,但这不会改变我对你的爱。"

托马斯知道了妈妈这次会说到做到。他在街上住了一个星期,然后给母亲打了电话,让她知道他愿意接受治疗。只有坚强的父母才能做出这种选择。太多的父母怕自己的孩子会在街头度过余生,所以,他们继续解救孩子。大多数孩子不会流落街头。他们暂时会找到住的地方,而且,很快,他们就又准备回家或者进行治疗了。正是那些一次又一次被解救的孩子,最终成了严重的瘾君子,甚至会自杀。

如果你正在与一个十几岁孩子的滥用药物问题作斗争,你周围有很多能帮助你的资源。得到帮助,意味着你要有足够的智慧使用通过朋友、治疗师、匿名戒酒会之类的组织、养育书籍、介绍毒品知识的书籍以及有干预专家参与的治疗项目可以得到的各种支持。

我们经常对来寻求治疗的顾客解释说,他们现在是在一个冠军同盟里,这里的人知道他们需要一个教练。即便是奥运冠军或冠军球队，都不会考虑在没有一个好教练的情况下正常运转。队员们仍然必须做自己该做的所有事情，但教练可以远远地站在他们身后，以洞察力和客观性看待问题。教练要教给队员必要的技能，但队员们仍然必须练习运用这些技能。你要找一名能够帮助你用非药物方法对抗吸毒的"教练"，一个理解药物滥用行为，并且不会说服你相信你的十几岁孩子有精神疾病的人。

匿名戒酒会对于帮助你在对待自己成瘾的孩子时保持信心，会有一些很好的建议。你或许看到过汽车保险杠上有人贴着"放手，交给上帝"，或者你可能听到过平静的祷告："上帝赐给我宁静去接受我所不能改变的，给我勇气去改变我所能改变的，并给我智慧去分辨事物的不同。"要用这些鼓舞人心的话语帮助你记住，大多数十几岁的孩子终会长大成人。十几岁的时光不会永恒。你也曾是一个十几岁的孩子，你成功地度过了，你的孩子也能。

十几岁孩子的性行为、怀孕和性传播疾病

作为父母，你或许想认为自己的十几岁孩子是没有性欲的，只是等着他们长大后再跟他们"大谈"一次这个问题。再想一想吧。你的十几岁孩子对性行为的价值观可能与你的有很大不同。很多十几岁的孩子不仅在很小的时候性就很活跃，而且还可能经历了多个性伙伴。性游戏在十几岁孩子的派对上很流行。很多十几岁的孩子认为口交只是一种行为，而不是"性"行为。

跟孩子讨论你对性传播疾病的担心、分享你的价值观，并以开放的心态听听孩子的价值观，是很重要的。永远不要通过骂你的孩子诸如"荡妇"、"变态"、"色鬼"之类的话，给孩子贴标

签,或不尊重他或她。相反,要带着好奇问问他们对十几岁孩子的性问题的看法,并且要让他们知道你希望他们不要参与自己不喜欢并且不尊重自己的行为。

对于有些孩子来说,试验双性恋并怀疑自己的性取向并不是不寻常的。因为很多孩子对于跟父母公开地谈性感到很尴尬,你应该找一个让你的孩子感到安全的地方讨论你的关切和问题。

造成十几岁孩子怀孕的最重要原因是缺乏性教育,以及在孩子的生活中起着重要作用的大人没能承认并妥善对待十几岁孩子的性行为。你真的无法躲避性教育,因为即便避免谈性,也是一种形式的性教育,这会导致孩子得出一些有害的结论,比如"性是神秘的、坏的,是不能跟父母讨论的"。在大多数情况下,这些结论并不能阻止孩子的性试验,而只会在事情发生之后造成负疚感、羞耻感以及闭口不谈。我们建议父母双方都要与孩子谈性问题,讨论性和爱之间的区别。要将讨论——而不是达成一致看法——作为这种性教育谈话的目的。

预防性传播疾病的最好办法,就是使用安全套,但大多数十几岁的孩子没有勇气、金钱或意愿走进一家商店去买。十几岁的孩子们确信自己是不可战胜的,甚至可能会认为自己对性传播疾病有免疫力。由于这个原因,有些父母决定在孩子衣柜里备用的肥皂、牙膏和手纸旁边放一些安全套,即便他们对跟孩子谈性感到不自在,或者孩子对跟父母谈性感到不自在。然而,这些父母会注意到安全套需要不时地补充,他们觉得,如果自己的十几岁孩子或他们的一些朋友决定要发生性行为的话,这是他们至少能够为孩子做的。

那些为自己的十几岁孩子买安全套的父母,可能赞同孩子发生性行为,也可能不赞同,但他们不希望看到孩子感染性病,或者在十几岁的孩子还没有准备好当父母时就有孩子。十几岁的女孩子中,每四个就有一个在20岁之前怀孕。因而,在你的宗教信仰、道德和伦理信念范围内，确定一个对待你的青春期孩子性问题的办法是很重要的。

性虐待和乱伦

性虐待，对于任何一个需要面对的人来说，都是最痛苦的家庭功能失调问题之一。艾米丽，一位 13 岁的乱伦受害者，在一次心理咨询中谈到了她的痛苦。她说："我的内心非常痛苦，但没有人想看到它。有时候，我痛苦得想去死，但我告诉自己这种伤害不会持续到永远。我自己哭着睡着，试图让痛苦停止，但创伤是很深的。我知道我活不下去了，但我知道我必须努力活下去。我希望相信事情会好起来，并且我想给那些与我有同样痛苦的人以希望。我们必须相信幸福在等着我们。"艾米丽的遭遇一直没被发现，直到她母亲去心理治疗师那里解决一些别的问题。母亲感觉到家里有很大的压力，但又找不出具体是什么事情。她只知道家里的感觉不对，所以，她决定去做心理咨询。由此，她变得更加坦诚，并且能更真诚地表达自己的情感了。沟通技能的改善，使她在相处中开始对 13 岁的女儿产生影响。有一天，女儿告诉她，她的一位亲戚在猥亵她。最后，她才知道女儿在这个亲戚家遭受性虐待已经好几年了，并且没有人知道。这在一个功能失调的家庭里并不罕见。因为否认现实是这种失调的重要特征，很多人不会承认存在的问题，直到问题自己暴露出来。

艾米丽的家教一直很严格，而且父母对她一直过度保护。艾米丽的家人教她要听话，并且要听大人的话。因为她的兄弟姐妹都反叛，所以艾米丽在家里就扮演着"顺从的好孩子"角色。她只想着做别人要她做的事。在某种程度上，艾米丽受到的猥亵是她的思维方式的延伸——她看不到除了按照大人的要求去做之外，还有其他什么选择。当那个加害者要求她配合时，她担心如果说"不"就得不到爱了。对艾米丽来说，幸运的是，当她说出性虐待的事情时，母亲没有质疑她说的是不是事实。

当孩子告诉你这一类事情时，你一定要认真对待，这一点再怎么强调都不过分。他们已经经受了巨大的羞耻感、负罪感，并认为自己很堕落。他们感觉自己很孤独，认为自己是"坏人"。他们最不需要的就是质疑或责备。

这也是一个需要通过心理治疗或群体支持来处理的领域。很多社区都有父母联合会的项目（Parents United Programs），以及其他类似的服务来帮助你处理性虐待和乱伦问题。

大多数情况下，性虐待或乱伦的加害者会否认发生过这种事情，并指责受害人说谎。他们的否认与瘾君子为继续吸毒所做的是一样的。在这里，加害者还有可能是为了保全面子。然而，他或她也需要帮助。当加害者发现自己只要立即停止某些行为，就还是个有价值的人时，他们就会开始康复。他们需要知道自己能够得到帮助，处理当初使他们陷入这种情形的感受、想法和行为。

对一些受到猥亵的人来说，恢复是一个长期的过程，但是，如果你的孩子能够在他或她把情况压抑在心里之前得到帮助，恢复就会容易得多。否则，就可能在经历多年的痛苦之后，事实才会再次浮现出来，并得到处理。压抑永远不会让痛苦消失。只有把问题谈出来并使感受得到处理，才能消除痛苦。

正如化学品依赖一样，康复的过程会涉及到整个家庭，因为家里的每个人都会有反应，并受到影响。那些不愿意参与心理治疗和自我帮助小组的家庭成员，会继续遭受痛苦，直到他们得到帮助为止。

自伤

你怎样知道孩子在自伤呢？通常很难知道，因为十几岁的孩子很擅长隐藏自己的行为。他们会在能够遮盖的部位自伤，穿长袖上衣或长裤来掩盖伤疤或伤口。他们不会说自己做了这种事情，而且，通常情况下，他们甚至会向自己的朋友隐瞒这种行为。你的最好线索，是要注意自己的十几岁孩子是不是露出胳膊或腿。有时候，能够让你了解情况的最好办法，是你的十几岁孩子不像他或她自己了，或者他们的朋友在你面前表现的很担忧。他们可能看到了一些伤口或伤疤，或者因为你的孩子（他们的朋友）不像他或她自己而担心。你可以直接问你的十几岁孩子："你在自伤吗？我已经很长时间没有看到你的胳膊或腿了，我想看一看。你不会遇到麻烦，但如果你在自伤，我们就需要得到一些帮助，因为你一定是感觉非常失望。"

一个自伤过的年轻女孩提出让我们分享下面这篇文章，希望能够帮助其他处理自伤问题的人。这真是太好了！

首先，父母最不应该做的就是告诉孩子他们没有什么可烦恼或难过的。一方面，这种说法通常并不对，十几岁的孩子可能会有很多事情不告诉父母，而如果父母总是告诉一个十几岁的孩子他或她的生活很轻松、没有任何问题，只会造成孩子完全不想跟父母谈自己的烦恼，并且会让他们觉得父母对他们不够关心，不愿意参与他们的生活。父母们会犯的另一个错误，是问孩子是不是在做某一件事，因为别的孩子都在做。这会被十几岁的孩子理解为对自己人格的侮辱。与很多大人的信念相反，我们不会因为别人从桥上跳了下去，我们就也要跳下去。自伤是一个个人问题，而不是一个同龄人压力问题。而且，自伤在高中生的圈子无论如何都是被看不起的行为。

  我想，知道为什么十几岁孩子会自伤，并且每个孩子自伤的理由不一样，对父母们来说是有益的。有些自伤是为了摆脱麻木感。在经历过痛苦的事情后，有些十几岁的孩子常常会感到麻木，而这不是一种愉悦的感受。没有感觉，并不是人们想要的，而自伤是"猛然摆脱"麻木状态的一种办法。这是一种让自己有感觉的办法，因为他们宁愿感觉到疼痛，也不愿没有感觉。

  有些孩子自伤，是因为他们认为这是自己应得的，这是他们惩罚自己的方式，因为他们太恨自己了。总的来说，当十几岁的孩子自伤时，他们处于一种游离的状态。他们不像平常那样能够感觉到疼痛。父母不应该把自我伤害与喜欢疼痛混为一谈，因为他们喜欢的不是疼痛，而是疼痛加在他们身上的东西。我听到过有人说自伤就像和一个你绝对鄙视的人被关在一个房间里，并且问你，难道你不想也伤害那个人吗？有些父母真的不理解自我伤害的概念，而我认为他们了解这些很重要。你的孩子不是疯了，他们只是一个需要帮助的人，你需要像对待一个人那样对待他们，而不是像对待一个疯子。

  而且，我相信长期的习惯性自伤是一种比一次性自伤严重得多的情况。如果一个十几岁的孩子自伤过一次，并且认定这是一个坏主意而不再那么做，这就是一种正常得多的情况。我认识一些尝试过自伤的人，他们都没有潜藏的问题，并且现在都很健康。一次性的自伤与多次自伤的处理方式应该有所不同。通常，如果一个十几岁的孩子多次自伤，背后就有潜藏的问题。带这个孩子去见心理治疗师会有帮助，或者让他们与父母、关系亲密的兄弟姐妹或他们敬佩的人谈谈。但是，你不能强迫一个自伤的孩子谈这件事。他们很可能不愿意谈，并且不愿意让任何人帮助他们。陪伴这个十几岁的孩子是最重要的。要让他们知道你就在他们身边，无论发生什么事你都爱他们。但是，要让他们有自己的空间。关心到让他们窒息，不会有任何帮助。彻底停止自伤是另一件事。一个自伤的孩子不会因为别人让他们别再这样做就不再自伤，他们需要经历一个过程，以认识到自伤不是解决问题的办法，而且，这是他们必须自己完成的一个过程。只有当他们自己想停止时，才会不再自伤。

最后一件事情是，如果一个十几岁的孩子在自伤，这通常不是他或她尝试过的伤害自己的唯一方式。火烧、吃泻药、饿自己都是常见的几种自伤行为。所以，这些也是需要处理的问题。十几岁的孩子还需要知道，这些都是严重的问题，并且会造成长期的影响，比如，刀割得太深并失血过多会造成影响到他们成年生活的严重血液问题。

尽管这个年轻女孩没有提到，但有时候，孩子们自伤是因为他们不喜欢自己的感受，并且想努力控制那种感受；他们自伤，是因为自伤造成的感受完全处于他们自己的控制中。孩子们说："我宁愿感觉到自己造成的疼痛，也不愿感觉朋友和家庭强加给我的感受。"

十几岁孩子的自杀问题

失去一个孩子是父母最难面对的经历，而因为自杀失去一个孩子，父母的痛苦将成倍增加。我们真希望能提供一个方法，以确保不会有人经历这种痛苦，但这是不可能的。我们能说的只是，注意一些危险的预兆并立即寻求帮助，是极其重要的。

自杀，常常是人在极度失望时做出的一种选择。当你的十几岁孩子丧失自信时，自杀就成了他们的一个选择。自信的丧失，再加上自己已经无法控制事情的发展，可能会导致十几岁的孩子自杀。很多十几岁孩子自杀还与毒品有关。如果你的孩子还没有学会如何自己面对生活中的困境，或者如何解决自己的问题并自立，自杀可能看上去就是他们的唯一选择。很多孩子不知道，犯错误只是再次尝试的一个机会，而不是世界末日。遗憾的是，因为十几岁孩子的情感很强烈并且变化很快，他们可能会选择"一个暂时性问题的永久解决办法"。

在孩子13岁之前，就要找机会跟孩子讨论一下上面这句话。问问他们对自杀是"一个暂时性问题的永久性解决办法"的含义是怎么认为的。要问他们，一个丧失信心的人可以选择其他什么方法。如果孩子们能在选择自杀之前考虑其他方法，他们就更可能知道如何寻求帮助，直到度过失望阶段。

下面这些自杀预兆，来自于"预防十几岁孩子自杀"网站[1]：对自己喜欢的课外活动不再感兴趣；在工作中出现问题并失去对工作的兴趣；化学物质滥用，包括酒精和药物（非法与合法药物）；行为问题；躲避家人和朋友；睡眠习惯改变；饮食习惯改变；开始忽视个人卫生和其他个人形象；难以集中精力和注意力；学习成绩下降；对学校功课失去兴趣；冒险行为；更经常地抱怨无聊；对于鼓励不像以前那样做出反应。

如果你的十几岁孩子出现了自杀迹象，你要认真对待他们。要鼓励他们与你谈谈，或者帮助他们找一个他们能谈的人。要表现出关心，并要真正倾听，即便他们以前曾威胁过要自杀但并未付诸行动。他们需要一缕希望之光，让他们知道无论现在看上去多么糟糕，总会有"这也会过去"的明天。

---

[1] http://www.teensuicide.us/articles2.html。——作者注

一位怀疑女儿正在考虑自杀的母亲，对女儿说："宝贝，我记得自己曾有过几次想自杀。我当时感觉太糟糕了，无法想象事情会好转。但确实好转了。我不敢想，如果当时我自杀了，会失去多少好东西。起码有一点，我会失去你。"

在与你的孩子谈自杀问题时，重要的是要使用"自杀"和"死亡"之类的词。不要因为害怕让孩子知道这些你认为他们从未有过的想法而回避这些字眼。要问他们是否有了自杀的计划，或者是否已经尝试过了。搞清楚孩子是否有了自杀计划，能让你知道他们已经考虑到了哪一步——一个有了自杀计划的十几岁孩子，就像一个点着引信的大炮。

你可以问问孩子，如果他自杀，会让他的生活有什么不同。这样，你或许能搞清楚让他烦恼的真正问题。如果有任何自杀的迹象，要毫不犹豫地立即寻求专业帮助。

斯黛拉在解决女儿特莱西的沮丧问题时感觉很无奈。特莱西越来越不快乐了。斯黛拉问她是否愿意去看心理治疗师。特莱西同意了，但要求妈妈和她一起去。心理治疗师让特莱西填一张图。这张图列出了生活中的四个方面：家庭、朋友、学校和爱。治疗师让特莱西给每个方面按照 1~10 打分，10 分代表最好。特莱西给"家庭"一项打了 2 分（她的父母正在讨论离婚，但她既爱父亲，也爱母亲），给朋友一项打了 0 分（她刚刚与最好的朋友大吵了一架，并认为没有和好的希望），给学校一项打了 1 分（她刚刚考试不及格——或许是由于所有其他原因），给爱一项打了 10 分（她觉得生活中唯一的好事是有一个愿意帮助她的男朋友）。

治疗师说："难怪你感觉这么失望。在你的生活中，四项里有三项似乎都很令人沮丧。但是，你知道自杀是对暂时性问题的永久解决方法吗？"

特莱西想了想，然后问："你真的认为其他这些问题都是暂时的？"

治疗师问："你是怎么想的？"

特莱西说："我想是暂时的，但是我现在看不到任何解决办法。"

治疗师问："你想得到一些帮助来找到解决方法吗？"

特莱西说想，治疗师就建议他们每次处理一个问题。特莱西选择了"朋友"一项。治疗师和她一起角色扮演了跟她的朋友交谈以解决两人之间问题的几种方式。特莱西离开时感觉很受鼓舞，并满怀希望。她说："我知道事情会变好。我当然不想用永久的办法解决一个暂时问题。"那句话显然对她产生了深刻影响。

饮食紊乱

在涉及到诸如性行为、自杀、性虐待等可怕行为时，你可能会倾向于忽视这些话题，并希望这些问题会自动解决。但是，当涉及到饮食问题时，你或许会像大多数父母一样采取相反的做法，并过分牵扯进这个常常不是你的问题的问题。

父母对孩子健康的担心，会在饮食问题上变得很没有分寸，尤其是因为很多父母自己就有体重、外貌和节食问题。你会努力通过确保孩子吃得正确，来做一个好父母。通常，你不是向孩子提供健康的选择，并相信孩子能够在饿的时候吃、不饿的时候就不吃，而是在不知不觉中干预这个自然的过程，埋下了饮食紊乱的种子。

媒体对现在的潮流有强烈的影响。十几岁孩子看到的是骨瘦如柴的摇滚歌星和舞者（没有意识到他们从这么大运动量的舞蹈和练习中得到了多少身体锻炼），以及十几岁孩子的偶像照片

（没有意识到这些照片经过了多少电脑美化）。要与你的十几岁孩子讨论一下他们在媒体和杂志上看到的这些东西。要用启发式问题让他们思考需要怎样做才能达到那种状态，以及他们对接受自己的样子是怎么想的。

大多数饮食紊乱都开始于童年时期。由于各种原因，有些孩子不再根据自己的身体需要进食，不再倾听自己身体的暗示，并且不再相信自己能吃得对自己有益。因为孩子到十几岁时会对每一件事情都产生强烈的情感并且很极端，小时候存在的饮食问题到十几岁时可能会表现得更严重，甚至会威胁到孩子的生命。有一个十几岁的女孩，小时候就挑食。然而，当她进入高中，因为超重受到嘲笑后，她的挑食就变得更极端了。她开始只吃一点点，然后，又发现通过催吐吐出自己吃下去的东西感觉那么好。因而，她变成了一个贪食症患者。

在像上面这种最极端的案例中，十几岁的孩子完全不再倾听自己身体的暗示，以至于到了濒临死亡的边缘。

我们在十几岁孩子中看到的最常见的一些饮食紊乱，包括：过度肥胖；厌食，或者由于严格限制食物摄入处于饥饿状态；以及贪食症，这是一种不加节制地狂吃，然后又催吐或使用泻药以保持苗条的病症。最后两种情况是最常见的，但并不是只发生在女孩身上。

正如化学品依赖的人一样，饮食紊乱的十几岁孩子会达到没有帮助就无法停止这种损害自己身体的行为的程度。他们的饮食方式不再是自愿的了，而成了强迫的。

如果你的孩子的饮食紊乱已经发展到了这种极端程度，就要寻求专业帮助，包括去医院检查孩子的身体状况，与心理治疗师安排一系列的见面，以及必要时向营养学家求助。在极端情况下，在你的十几岁孩子能够学会改变病症并在心理治疗中解决更深层的问题之前，可能首先需要进行药物治疗以稳定症状。同样要强调，家庭成员越多参与心理治疗过程，孩子的康复就会越快。

不愿离家的年轻人

现在，我们遇到了一种新现象——孩子们不离开家。这是指那些到了20多岁还没有成为一个具有良好判断力的负责任的成年人的人。

从我们本章探讨的问题的角度来看，把孩子不离开家看做是一种功能失调的行为可能让人很惊讶，但是，我们认为，那些缺乏勇气或动力离开家并开始自己的生活的孩子，有严重的问题。我们还担心我们的文化发生的变化——很多父母认为给自己成年的孩子提供食宿、建议、汽车、金钱以及仆人式服务是自己的职责。曾经，母亲们非常害怕空巢的那一天——孩子们都离开了家，让她们感觉自己不再被需要。今天，很多父母都渴望着空巢，想知道他们已经成年的孩子什么时候会离开家过自己的生活。

为什么成千上万已经成年的孩子还和父母一起住在家里呢？很多孩子想住在父母家里，是因为他们在别的地方找不到像在父母家里那样已经习惯了的、不需自己付出多少努力的生活方式。其他孩子们住在父母家，是因为过度保护的父母让他们完全相信了他们无法自己独立生活，而且尝试没有意义。他们已经对自己失去了信心。有些孩子与父母住在一起，是因为他们有一个酗酒或严重沮丧的父母，他们相信，如果没有他们，这位父母就会死去。

有些孩子住在父母家里，是因为他们找不到工作，并且付不起住到外面去的费用。如果你的孩子在努力寻找工作，并在家里帮你做一些事，让孩子住在家里可能是一个比较好的临时解决办法。如果他们的行为看上去只是想坐享其成，那就有问题了。即使工作很难找的时候，孩子也可以与他们的朋友合住，分担租金，共用房间和沙发。他们还可以寻找没有报酬但提供免费食宿的公益性工作。有时候，这可以作为未来更好发展的阶梯。

如果你的已经成年的孩子仍然住在家里，你能做的最好的事情就是让他们最后搬出去。你可以给他们设定期限，并提出帮助他们找工作、做预算或找一个住处。如果你能给一个上大学的孩子提供经济资助，就考虑一下帮助不再上大学的成年孩子每个月一小笔津贴，直到他或她开始自立吧。最好的经验法则就是，要帮助那些自助的人。

总结

我们愿意给你提供一束希望之光，即便在艰难的时候，仍然有能够学习的东西和成长的机会。你总是可以控制自己的心态，即便你无法控制行为和外界因素。通过采取一种没有什么事情会永远不变以及黑暗中总有一线曙光的心态，谁知道呢，你或许会在走出一段可怕的时光时，感激你和你的孩子从这种经历中学到了、成长了，并且变得适应能力更强了。

需要记住的和善而坚定的养育工具

1. 当你的十几岁孩子做出一些让你害怕的事情时，要告诉他们这种事情让你害怕。要让他们停止这种可怕的行为，要让他们知道，他们做的这种事情可能对他们不是一个问题，但对你来说，想到会失去他们就是个大问题。如果他们理解你的理由，他们可能就会听从，尤其是如果他们尊重你的观点的话。

2. 不要指望你的孩子能够独自处理团伙、恃强凌弱和暴力问题。要找到办法帮助他们解决遇到的任何困境。

3. 如果你开始对孩子接触毒品惊慌失措，要提醒自己想想吸毒的不同程度，再看看父母对于每种程度应采取的不同行为。

4. 无论你多么担心应该如何以正确的方式把事情说出来，都要放弃你对自己可能会犯错误的恐惧，并努力与你的十几岁孩子谈，说出你的想法和感受。不谈会更糟。

5. 如果计划好了进行干预，就要试一试。即使第一次、第二次或第三次都不管用，你还有很多机会再试一次。

6. 现在的大多数十几岁的孩子都是有性生物，无论你是否赞同，所以，要开始与你的十几岁孩子谈并营造一种对话氛围，而不要试图得到一个可能不会被遵守的承诺。

7. 如果你认为你的家里发生了性虐待或身体虐待，要尽快寻求帮助。你不会因此被人批评，你和家里的其他人会从痛苦中解脱出来的。

8. 要足够认真地对待所有的自杀威胁，要与你的十几岁孩子谈一谈，要么由你自己跟孩子谈，要么在一个心理咨询师的帮助下跟孩子谈。即便你的十几岁孩子用"我会杀了自己"这种话作为一种强调的方式而不是威胁，你也要解释为什么这句特殊的话是无益的，并建议孩子以其他方式表达自己的感受。

9. 别再试图控制你的十几岁孩子的饮食或身材，你会看到很多饮食紊乱都像施了魔法一般消失了。

练习

十几岁孩子的秘密

十几岁孩子的正常行为结果很容易被你"灾难化",你也很容易认为你的十几岁孩子现在的样子就是他们一辈子的样子。回忆一下你自己十几岁时的情景,可以减轻你的担心,并恢复你对孩子的信心。

1. 列出你在十几岁时做过的、不愿让父母知道的至少三件事。

2. 在你所列的事情中,有没有至今还从来没对别人说起过的?

3. 如果有的话,你认为你自己十几岁时的秘密与你现在对孩子的担心或评判之间有什么联系?

4. 你的十几岁孩子喜欢你跟他们分享一些你的秘密,这样他们就不会觉得自己是家里唯一的"坏人"了。这还会让你看起来更像一个普通的人,这在孩子十几岁这些年是你的一项真正的资产。

第 14 章

你自己十几岁时没能解决的问题在妨碍你吗

再养育你自己

养育一个十几岁的孩子,会引出你自己在青春期没有解决的很多问题。你在十几岁时没有解决的全部问题都依然在你的潜意识里潜伏着,等待着另一个机会。即使这些问题没有表现出来,它们也影响着你如何养育你的十几岁孩子。你从十几岁以来就背负的这些包袱,不仅会妨碍你过一种充实、丰富的生活,还常会在你处理自己十几岁孩子的问题时成为绊脚石。

经历你的孩子的青春期,给了你又一次解决你自己的一些问题的机会。在这个过程中,你会体验到难以计数的好处。你会成为更有效的父母,更有同情心,更好地理解你的十几岁孩子,并且治愈你内心的十几岁孩童。

如果你想一想你的十几岁孩子面临的问题,你就离找出自己仍然需要努力解决的问题不远了:力量、自我形象、外表形象、亲密关系、友谊、与父母的关系以及独立。

下面是一个能帮助你了解自己没有解决的问题的小活动。想想你在 13～18 岁之间住在哪里以及在哪里上学。以"是"或"不"回答以下问题。

- 你相信自己,并且知道你能让自己的生活很好吗(力量)?
- 你对自己感觉很好,并且认为你有归属感吗(自我形象)?
- 你对自己的身体满意吗(外表形象)?
- 你有男朋友或女朋友吗?你约会吗?你和异性在一起时感觉自在吗?和同性呢?(亲密关系)
- 你有能跟你混在一起并喜欢和他们一起消磨时间的朋友吗(友谊)?
- 你信任父母,并感觉在你需要大人的指导和智慧时能去找他们吗?(与父母的关系)
- 你有自己选择的自由,还是你的行动是由身边的大人决定并监督?(独立)

当摩根女士回答上述问题时,她发现自己在自我形象、外表形象和亲密关系方面有尚未解决的问题。她思考了这些问题如何影响着她与自己十几岁孩子的关系,并认识到她很害怕他们会遭受自己在十几岁时的那种痛苦。为了弥补她在这些事情上的缺乏自信,在涉及到孩子们交男朋友和女朋友的事情时,她很放任他们,并让他们自己挑选衣服和"外表",而且不理会女儿为保持身材苗条而经常节食。如果她的孩子想要在身上打孔、文身或化妆,她会为孩子们不用她的帮助就知道怎样融入社会而长舒一口气。

在回答过上面这些关于她自己十几岁时的问题之后,她很明智地认识到,在她自己还有未解决的问题的这些方面,她不可能帮助孩子们,但是,她可以带着好奇和关心,与孩子们谈这些方面的问题。她可以请自己的朋友或者兄弟姐妹在这些方面指导孩子们，以便孩子们在需要帮助时能有一个"智慧的"大人。

摩根还在孩子们个性化的这段时期花了大量时间解决自己的问题。她开始学习营养学、参加慢跑和瑜伽，并开始让她的朋友们帮助她改善"形象"。为孩子们做出一个自我照料的榜样，会成为你的十几岁孩子的一个强有力的工具。

列昂也回答了上述问题，从而了解到了自己尚未解决的问题。列昂是由有工作的单身妈妈带大的，她给孩子们很多自由。他们几个孩子都很有上进心，因为身边没有别人管他们或激励他们。

偶尔，他和妹妹会到父亲那里住一夜。他的父亲很严厉，并一再说他们能够做到任何事情，但关键是他们自己要努力。列昂认为自己不能向父母寻求任何帮助。他相信父亲太忙了，而且也不想向母亲要求什么，因为她一个人既要工作又要操持家务。

尽管列昂变得很独立，但他觉得自己被忽视了。现在，他很溺爱自己的两个孩子，因为他想成为一个亲力亲为的父亲，参与他们的生活。他有点没想到的是，两个孩子在家里不承担任何责任，并且期望他开车送他们去这儿去那儿、替他们安排繁忙的日程。列昂犹豫了。一方面，他希望孩子不要被宠坏；但另一方面，他真的想把自己小时候没得到的给他们。

另一位母亲说了她与自己 16 岁的儿子科迪之间的一个问题。科迪的经济学老师打电话来，说科迪 10 天中有 6 天迟到或者旷课。这位老师想知道她会怎么办。这位妈妈不假思索地说，她会去学校与老师见面。

当被问到她为什么做出这种反应时，这位妈妈说，她想给老师一个好印象。经过进一步探究，她意识到自己在听到老师的声音时不自主地感觉到了害怕，并立即认为自己做错了什么事。由于被吓呆了，她就将自己的权力交给了老师。

这位妈妈在养育小组的帮助下意识到，自己从童年开始就有一个信念，认为自己要得到别人的喜爱和友谊就绝对不能犯错误。当她认为自己犯了一个错误时，就立即试图解决得让那位老师满意。所以，由于想要做别人眼中"正确"的事，她看不到什么事对儿子和她自己"正确"。在这种情况下，她更关注避免和老师之间出现麻烦，而不是帮助她的儿子。

如果这位妈妈不是在自己尚未解决的问题中陷得这么深，而是将老师所说的问题就事论事地接受下来，她可能会与儿子谈谈，了解儿子对这件事的感受，以及准备怎么解决这个问题。她可能会问老师是否跟她的儿子讨论过这个问题。她还可以让老师知道，尽管她不赞同儿子的行为，但她认为这件事应该由他和老师一起解决。她可以问问儿子是想让她和他一起去学校跟老师讨论这个问题，还是他愿意自己解决。

知道自己在十几岁时哪些方面是强项或弱项，将有助于你避免让自己以前的不安全感影响你如何养育自己的十几岁孩子。你可以用下面这些信息来帮助你解决自己的老问题，以便你能成为一个赋予孩子力量、鼓励孩子的父母。

站在你自己一边，往往对孩子有益

如果有人问你："你站在你的十几岁孩子一边吗？"你很可能会说："当然！"（即便你的行为可能相反）但是，你站在自己一边吗？你或许认为是这样，尽管你可能像大多数父母一样，没有意识到自己有权力拥有独立于孩子的权力，并且父母不是必须每一件事都以孩子为中心。

站在你自己一边，意味着你要像为孩子考虑那样，同样考虑你自己的需要。当你的恐惧成为你思考和行动的基础时,你的行动就会变成"错乱的舞步",这是一种忽视自我尊重和自我关爱的舞蹈。这里的"错乱"就是所做的任何事情都不符合情形的需要,并且是不尊重别人和自己的。

错乱的舞步

"错乱的舞步"(一种人际关系之舞,不要与 iPod 中的歌曲混淆),是由那些会妨碍你的长期养育目标和自尊的想法和行为造成的错乱组成的。这种"错乱"不仅会让你无法站到孩子一边,还会让你无法以尊严和尊重的态度关爱自己。这种舞蹈的最常见特征,会让你为自己注重短期效果的养育方式(比如控制或娇纵)寻找正当理由。

让你无法站在自己一边的"错乱的舞步"

1. 试图解决每一件出错的事情,而不是让十几岁的孩子通过解决自己的错误而成长。这种心态还会让你不能集中精力解决自己的错误,而只是忙于解救你的十几岁孩子。要站在你自己一边,你需要从自己的错误中学习,并让你的孩子从他们自己的错误中学习。

2. 担心别人会怎么想,这会造成表面上显得好比搞清楚什么对你的十几岁孩子和你自己最好还重要。当你忙于取悦那些不相关的人时,你就不可能站在自己一边。

3. 试图保护你的十几岁孩子免于任何痛苦,这会使他们无法学习并成长为有能力的成年人。站在你自己一边,意味着要面对你自己的一些痛苦,原谅自己,并让自己成长。

4. 害怕你的十几岁孩子生气，这意味着放弃、妥协，或者为避免他们发怒而做任何事情。这会教给孩子知道愤怒是不好的，是应该避免的，或者可以用来操纵别人。相反，应该向孩子表明，愤怒是一种正当的情感，并且可以得到妥善的处理。站在你自己一边，会让你的孩子有时候发怒，尤其是在你相信说"不"是正确的时候。

5. 相信如果你不做出自我牺牲，就是自私，这意味着你永远不允许自己快乐。站在你自己一边，意味着要在你为自己和为孩子或和孩子一起做事之间找到平衡。

站在你自己一边，意味着要理解你自己的个性，就像你要理解你的十几岁孩子的个性一样；要以尊严和尊重的方式支持你自己的成长，就像你以尊严和尊重的方式支持孩子的成长一样。你的十几岁孩子会给你很多机会致力于照顾好你自己。

如果你感觉你陷在自己的老问题中无法自拔，我们建议你多看看这一章。试试本章结尾的练习，有助于你明确自己十几岁时未能解决的问题，并消除其影响。你在这个过程中学到的东西，将丰富你和你的十几岁孩子的人生。

需要记住的和善而坚定的养育工具

1. 要将拥有一个十几岁的孩子看做是摆脱你自己十几岁时的包袱的一个大好机会，而不是一直背负着它，或将它扔到孩子身上。

2. 如果你在自己的自我形象上存在问题，你的十几岁孩子肯定会让这些问题表现出来。现在到了你把自己的问题与孩子的问题区分开来的时候了。

3. 关注你自己的恐惧，是准确地找出你以前的问题的一种极好的办法。当你了解到自己的恐惧是什么时，你就能放下这些恐惧，根据情形的实际需要进行处理，而不是只处理你想象出来的问题。

4. 有了新视角，选择就会神奇地出现。

5. 要回忆你自己十几岁时的状况，并寻找你的记忆与自己十几岁孩子目前状况的相似之处。

6. 不要忘记，你体验到的大多数因失去而造成的痛苦都是短暂的，你的十几岁孩子会不断地走进和走出你的生活。

练习

用下面这个活动来明确你自己十几岁时未能解决的问题，并让你与自己十几岁孩子的世界相通。不要用父母"应该"的方式思考，你就能回忆起自己十几岁时的想法、感受和行为。你将开始想起一个十几岁的孩子是什么样的，这会让你更好地理解你的十几岁孩子的观念，并且会让你看到，你可能把自己十几岁孩子的一些行为太当成针对你的了。

找出你自己十几岁时未解决的问题

1. 想一个出现在你和你的十几岁孩子之间，并且你但愿能不那样的情形。把这个情形的具体细节写下来。

2. 你当时是什么感受？一定要用描述感受的词汇，而不是"那种"、"好像"、"就像"之类的词。一种感受可以用一个词来描述。如果你用的词多于一个，你就是在描述自己的想法。比如，"我觉得好像我的十几岁孩子恨我"就是一种想法。"我感到伤心"，就是在描述感受（你可能会体验到不止一种感受，可以用很多词汇来描述，但这些词不能组成一个完整的句子，比如：生气、悲哀、无助等等）。

3. 你在当时的情形中是怎么做的？

4. 你的十几岁孩子对你的行为有什么反应？

5. 你对孩子的反应做出了什么决定？

回忆你自己十几岁时的情形

1. 想想你十几岁时一次事情没能如你所愿的情形。把这个情形的具体细节写下来。

2. 你当时对这个情形有什么感受？

3. 你当时是怎么做的？

4. 你身边的大人或父母当时是怎么做的？

5. 你当时对他们的行为有什么反应？

6. 你当时对这个情形做出了什么决定？

利用你对自己的过去的领悟来帮助你的现在

1. 回顾一下你对前面两种情形写下来的东西。描述出你现在尚未解决的十几岁时的一个问题。

2. 你从自己十几岁的记忆里得到了什么信息——如果有的话——能帮助你更有效地处理目前的问题。

3. 如果你难以找到这种联系，把你对上述两种情况的回答与你的配偶或能更客观地看待你的一个朋友分享。或许，他们能够看到解决办法以及你自己很难看到的联系。

结　语

从基于恐惧的养育到基于勇气的养育

在不太久以前，teenager（十几岁的孩子）这个词在字典里还找不到。那时，青春期被作为学习一项技能、结婚的学徒期，而且人的寿命常常不超过 36 岁。尽管我们社会中的政治、经济、技术和健康标准已经发生了巨大的变化，但要赶上情感和社会变化似乎更困难。父母们养育孩子的技能绝对没有改善。今天，父母们都关注让孩子们幸福，并帮助他们形成健康的自尊。然而，父母们仍然在用过度控制或过度保护孩子的老办法，这使得孩子们更难对自己感觉良好。他们形成了一种"权利"心态——期待着父母使他们幸福。

对家庭作业和学校分数的强调，已经造成了巨大的压力、权力之争和反叛。当父母们似乎关心孩子们的幸福和自尊，但却花那么多时间唠叨他们的分数并试图控制他们的每一个举动时——要么通过惩罚，要么通过贿赂或奖励——会让十几岁的孩子非常困惑。

作为父母，你的挑战在于要与时代同样的速度成长和改变，并且要与你的十几岁孩子同样的速度成长和改变。改变并不容易,但你当然能够做到——如果你知道这么做值得的话。第一步,是停止像对待婴儿一样对待你的孩子,特别是你的十几岁孩子。你需要像对待值得尊重并有能力学习、贡献和成长的成年人一样对待他们。

放手并相信你的十几岁孩子没有你的控制或过度保护也有基本的学习能力,会非常难。这种困难的一个基本原因,是你不理解基于恐惧的养育和基于勇气的养育之间的区别。

基于恐惧的养育

基于恐惧的养育,是指不放手,因为放手太难。你可能对放手感到恐惧,并害怕会对孩子造成永久的伤害。你可能认为控制管用。另外一种基于恐惧的养育方式的出现,是因为你看不到可以用小步放手代替控制,所以,你认为放手就是什么都不管,而这是你无法接受的。你可能认为控制或娇纵是唯一的选择。

基于恐惧的养育,是更担心别人会怎么想或怎么说,而不是按照对你的十几岁孩子最好的方式去做,包括允许他们从错误中学习。这意味着对完美比对你的十几岁孩子的成长更感兴趣。你认为你的任务就是"过度养育"。或许,你是没有更好的办法。基于恐惧的养育是被动反应式的,因为你确信,对任何一种给定的情形,你只有一次处理的机会,你不敢犯任何错误,否则你的孩子会遭受无法弥补的损害。恐惧的父母并不想伤害自己的孩子,但他们在不知不觉中做的很多事情都会妨碍孩子的成长和发展。过度保护、控制、死板的规矩、娇纵以及缺乏沟通,仅是会偷走十几岁孩子的力量和能力的养育方式中的几种而已。

基于勇气的养育

　　基于勇气的养育，意味着要面对恐惧（是的，放手并允许你的十几岁孩子犯错误在你看来是很可怕的），并且，无论如何都要做需要做的事。勇敢的养育意味着要花时间教给孩子技能，即便批评和解救可能更容易。勇敢的父母相信自己的孩子会在一种没有批评或解救的支持性氛围中从他们的错误中学习。勇敢的养育是你相信，你的十几岁孩子有基本的能力，并且知道当给予他们所需的空间和支持时，孩子就能够学习。

　　当你把自己十几岁的孩子当做能从自己的经历学到有用东西的有才干、能胜任的人时，你就更容易变得勇敢了。

意外中赋予孩子力量

　　有时候，孩子得到自己解决问题的机会，只是因为他们的父母不知道孩子在做什么，所以他们没有干预。罗伊分享了下面这个意外赋予孩子力量的例子：

　　我很高兴不知道伊安这学期大多数时间都逃课去玩冲浪。他有一个朋友在考勤办公室帮他掩盖。而且，他的成绩一直是"A"和"B"，所以我一直没发现。当伊安最后告诉我他逃课的事情时，我说："我怎么会一点儿都不知道呢？"他说："你难道不为此感到高兴吗？如果你早知道了，我们会经常争吵，而这不会改变任何事情，只会毁掉我们的关系。当我因为分数不够没进入知名大学，而不得不去州里的学院时，我也学会了我需要学的东西。但是，你知道吗，爸爸，如果再来一次，我可能还会这么做。我在冲浪和学院里都交了很多特别棒的朋友，没费多大力气就搞清楚了我想学什么专业。"

如果你是一个勇敢的父母，你需要：
·在你身边聚集一些和你有同样目标的人（这可能意味着要开始形成一个你自己的养育支持群体，或者与一位理解并提倡正面管教的心理治疗师一起解决问题）。
·运用和善而坚定的养育工具。
·教给十几岁的孩子技能，以便他们能管好自己的生活。
·反复读这本书。每读一次，你都能学到一些新东西。

养育十几岁的孩子是一门艺术，并且需要你做出很多奉献。你需要花时间训练自己，因为很多正面管教的方法都不是与生俱来的。好消息是，你越多实践与孩子相互尊重的关系，你的技能和孩子的技能在所有的关系中就会越好。

《正面管教》
如何不惩罚、不娇纵地有效管教孩子

畅销美国 400 多万册 被翻译为 16 种语言畅销全球

自 1981 年本书第一版出版以来,《正面管教》已经成为管教孩子的"黄金准则"。正面管教是一种既不惩罚也不娇纵的管教方法……孩子只有在一种和善而坚定的气氛中,才能培养出自律、责任感、合作以及自己解决问题的能力,才能学会使他们受益终生的社会技能和生活技能,才能取得良好的学业成绩……如何运用正面管教方法使孩子获得这种能力,就是这本书的主要内容。

简·尼尔森,教育学博士,杰出的心理学家、教育家,加利福尼亚婚姻和家庭执业心理治疗师,美国"正面管教协会"的创始人。曾经担任过 10 年的有关儿童发展的小学、大学心理咨询教师,是众多育儿及养育杂志的顾问。

本书根据英文原版的第三次修订版翻译,该版首印数为 70 多万册。

[美]简·尼尔森 著
玉冰 译
京华出版社出版
定价:29.00 元

《正面管教 A-Z》
日常养育难题的 1001 个解决方案

养育畅销书《正面管教》作者力作
以实例讲解不惩罚、不娇纵管教孩子的"黄金准则"

无论你多么爱自己的孩子,在日常养育中,都会有一些让你愤怒、沮丧的时刻,也会有让你绝望的时候。

你是怎么做的?

本书译自英文原版的第 3 版(2007 年出版),包括了最新的信息。你会从中找到不惩罚、不娇纵地解决各种日常养育挑战的实用办法。主题目录,按照 A-Z 的汉语拼音顺序排列,方便查找。你可以迅速找到自己面临的问题,挑出来阅读;也可以通读整本书,为将来可能遇到的问题及其预防做好准备。每个养育难题,都包括 6 步详细的指导:理解你的孩子、你自己和情形,建议,预防问题的出现,孩子们能够学到的生活技能,养育要点,开阔思路。

[美]简·尼尔森 琳·洛特
斯蒂芬·格伦 著
花莹莹 译
北京联合出版公司
定价:45.00 元

《孩子,把你的手给我》
与孩子实现真正有效沟通的方法

畅销美国 500 多万册的教子经典,以 31 种语言畅销全世界
彻底改变父母与孩子沟通方式的巨著

本书自 2004 年 9 月由京华出版社自美国引进以来,仅依靠父母和老师的口口相传,就一直高居当当网、卓越网的排行榜。

吉诺特先生是心理学博士、临床心理学家、儿童心理学家、儿科医生;纽约大学研究生院兼职心理学教授,艾德尔菲大学博士后。吉诺特博士的一生并不长,他将其短短的一生致力于儿童心理的研究以及对父母和教师的教育。

[美]海姆·G·吉诺特 著
京华出版社出版
定价:24.00 元

父母和孩子之间充满了无休止的小麻烦、阶段性的冲突,以及突如其来的危机……我们相信,只有心理不正常的父母才会做出伤害孩子的反应。但是,不幸的是,即使是那些爱孩子的、为了孩子好的父母也会责备、羞辱、谴责、嘲笑、威胁、收买、惩罚孩子,给孩子定性,或者对孩子唠叨说教……当父母遇到需要具体方法解决具体问题时,那些陈词滥调,像"给孩子更多的爱"、"给她更多关注"或者"给他更多时间"是毫无帮助的。

多年来,我们一直在与父母和孩子打交道,有时是以个人的形式,有时是以指导小组的形式,有时以养育讲习班的形式。这本书就是这些经验的结晶。这是一个实用的指南,给所有面临日常状况和精神难题的父母提供具体的建议和可取的解决方法。

——摘自《孩子,把你的手给我》一书的"引言"

《孩子,把你的手给我(Ⅱ)》
与十几岁孩子实现真正有效沟通的方法

《孩子,把你的手给我》作者的又一部巨著
彻底改变父母与十几岁孩子的沟通方式

本书是海姆·G·吉诺特博士的又一部经典著作,连续高踞《纽约时报》畅销书排行榜 25 周,并被翻译成 31 种语言畅销全球,是父母与十几岁孩子实现真正有效沟通的圣经。

十几岁是一个骚动而混乱、充满压力和风暴的时期,孩子注定会反抗权威和习俗 -- 父母的帮助会被怨恨,指导会被拒绝,关注会被当做攻击。海姆·G·吉诺特博士就如何对十几岁的孩子提供帮助、指导、与孩子沟通提供了详细、有效、具体、可行的方法。

[美]海姆·G·吉诺特 著
张雪兰 译
京华出版社 中央编译出版社
定价:21.00 元

《孩子,把你的手给我(Ⅲ)》

老师与学生实现真正有效沟通的方法

《孩子,把你的手给我》作者最后一部经典巨著
以 31 种语言畅销全球
彻底改变老师与学生的沟通方式
美国父母和教师协会推荐读物

本书是海姆·G·吉诺特博士的最后一部经典著作,彻底改变了老师与学生的沟通方式,是美国父母和教师协会推荐给全美教师和父母的读物。

老师如何与学生沟通,具有决定性的重要意义。老师们需要具体的技巧,以便有效而人性化地处理教学中随时都会出现的事情——令人烦恼的小事、日常的冲突和突然的危机。在出现问题时,理论是没有用的,有用的只有技巧,如何获得这些技巧来改善教学状况和课堂生活就是本书的主要内容。

书中所讲述的沟通技巧,不仅适用于老师与学生、家长与孩子之间的交流,而且也可以灵活运用于所有的人际交往中,是一种普遍适用的沟通技巧。

[美]海姆·G·吉诺特 著
张雪兰 译
京华出版社　中央编译出版社
定价:27.00 元

《培养孩子大能力的 210 个活动》

让孩子具备在学校和人生中取得成就的品质

本书介绍的这些大能力,也是指导我们终身的自尊、道德、伦理和精神准则的基础。

——希拉里·克林顿

本书作者是教育学博士,美国家庭与学校协会创始人,会长。她是一名资深家庭教育专家,深受父母们的称赞与欢迎。她研发的"大能力"开发训练课程,被美国及其他国家 4000 多所学校采用。她一生致力于家庭教育事业,旨在帮助家庭和教育工作者共同造就孩子们在学校乃至整个人生中获得成功。

在本书中,作者介绍了培养孩子一生成就的 12 大能力和学业能力的 210 个活动,适合父母们在家里、老师们在学校开展。

[美]多萝茜·里奇 著
蒋玉国　陈吟静 译
北京联合出版公司　出版
定价:32.00 元

《如何培养孩子的社会能力》
教孩子学会解决冲突和与人相处的技巧

简单小游戏 成就一生大能力
美国全国畅销书(The National Bestseller)
荣获四项美国国家级大奖的经典之作
美国"家长的选择(Parents'Choice Award)"图书奖

[美]默娜·B·舒尔 特里萨·弗伊·迪吉若尼莫 著
张雪兰 译
京华出版社出版
定价:22.00元

　　社会能力就是孩子解决冲突和与人相处的能力,人是社会动物,没有社会能力的孩子很难取得成功。舒尔博士提出的"我能解决问题"法,以教给孩子解决冲突和与人相处的思考技巧为核心,在长达30多年的时间里,在全美各地以及许多其他国家,让家长和孩子们获益匪浅。与其他的养育办法不同,"我能解决问题"法不是由家长或老师告诉孩子怎么想或者怎么做,而是通过对话、游戏和活动等独特的方式教给孩子自己学会怎样解决问题,如何处理与朋友、老师和家人之间的日常冲突,以及寻找各种解决办法并考虑后果,并且能够理解别人的感受。让孩子学会与人和谐相处,成长为一个社会能力强、充满自信的人。

　　默娜·B·舒尔博士,儿童发展心理学家,美国亚拉尼大学心理学教授。她为家长和老师们设计的一套"我能解决问题"训练计划,以及她和乔治·斯派维克(George Spivack)一起所做出的开创性研究,荣获了一项美国心理健康协会大奖、三项美国心理学协会大奖。

《如何培养孩子的社会能力(II)》
教8~12岁孩子学会解决冲突和与人相处的技巧

[美]默娜·B·舒尔 著
刘荣杰 译
北京联合出版公司出版
定价:28.00元

全美畅销书《如何培养孩子的社会能力》作者的又一部力作!
让怯懦、内向的孩子变得勇敢、开朗!
让脾气大、攻击性强的孩子变得平和、可亲!
培养一个快乐、自信、社会适应能力强、情商高的孩子

　　8~12岁,是孩子进入青春期反叛之前的一个重要时期,是孩子身体、行为、情感和社会能力发展的一个重要分水岭。同时,这也是父母的一个极好的契机——教会孩子自己做出正确决定,自己解决与同龄人、老师、父母的冲突,培养一个快乐、自信、社会适应能力强、情商高的孩子——以便孩子把精力更多地集中在学习上,为他们期待而又担心的中学生活做好准备。

　　本书详细、具体地介绍了将"我能解决问题"法运用于8~12岁孩子的方法和效果。

《孩子顶嘴，父母怎么办？》

简单4步法，终结孩子的顶嘴行为

全美畅销书

[美] 奥黛丽·里克尔
卡洛琳·克劳德 著
张悦 译
北京联合出版公司
定价：20.00元

顶嘴是一种不尊重人的行为，它会毁掉孩子拥有成功、幸福的一生的机会，会使孩子失去父母、朋友、老师等的尊重。

本书是一本专门针对孩子顶嘴问题的畅销家教经典。作者里克尔博士和克劳德博士以著名心理学家阿尔弗雷德·阿德勒的行为学理论为基础，结合自己在家庭教育领域数十年的心理咨询经验，总结出了一套简单、对各个年龄段孩子都能产生最佳效果，而且不会对孩子造成伤害的"四步法"，可以让家长在消耗最少精力的情况下，轻松终结孩子粗鲁的顶嘴行为，为孩子学会正确地与人交流和交往的方式——不仅仅是和家长，也包括他的朋友、老师和未来的上级——奠定良好的基础。

本书包含大量真实案例，可以让读者在最直观而贴近生活的情境中学习如何使用四步法。

奥黛丽·里克尔博士，美国著名心理学家，既是一名经验丰富的教师，也是一名母亲，终生与孩子打交道。卡洛琳·克劳德博士，管理咨询专家，美国白宫儿童与父母会议主席，全国志愿者中心理事。

《给你的孩子正能量》

消除有毒想法，提升亲子关系

[美] 杰夫·伯恩斯坦 著
王俊兰 译
北京联合出版公司
定价：28.00元

父母对孩子的看法影响着孩子的人生。由于各种原因，父母们经常在有意识或无意识中，对孩子抱有"有毒"想法，并且不愿意正视。这些有毒想法会造成负面的情绪和行为，对孩子和家庭幸福造成危害……如何消除对孩子的有毒想法，给孩子源源不断的正能量，就是这本书的主要内容……

《从出生到3岁》
婴幼儿能力发展与早期教育权威指南

畅销全球数百万册,被翻译成11种语言

没有任何问题比人的素质问题更加重要,而一个孩子出生后头3年的经历对于其基本人格的形成有着无可替代的影响……本书是唯一一本完全基于对家庭环境中的婴幼儿及其父母的直接研究而写成的,也是惟一一本经过大量实践检验的经典。本书将0~3岁分为7个阶段,对婴幼儿在每一个阶段的发展特点和父母应该怎样做以及不应该做什么进行了详细的介绍。

本书第一版问世于1975年,一经出版,就立即成为了一部经典之作。伯顿·L·怀特基于自己37年的观察和研究,在这本详细的指导手册中描述了0~3岁婴幼儿在每个月的心理、生理、社会能力和情感发展,为数千万名家长提供了支持和指导。现在,这本经过了全面修订和更新的著作包含了关于养育的最准确的信息与建议。

伯顿·L·怀特,哈佛大学"哈佛学前项目"总负责人,"父母教育中心"(位于美国马萨诸塞州牛顿市)主管,"密苏里'父母是孩子的老师'项目"的设计人。

[美]伯顿·L·怀特 著
宋苗 译
京华出版社出版
定价:35.00元

《实用程序育儿法》
宝宝耳语专家教你解决宝宝喂养、睡眠、情感、教育难题

《妈妈宝宝》、《年轻妈妈之友》、《父母必读》、"北京汇智源教育"联合推荐

本书倡导从宝宝的角度考虑问题,要观察、尊重宝宝,和宝宝沟通——即使宝宝还不会说话。在本书中,她集自己近30年的经验,详细解释了0~3岁宝宝的喂养、睡眠、情感、教育等各方面问题的有效解决方法。

特蕾西·霍格(Tracy Hogg)世界闻名的实战型育儿专家,被称为"宝宝耳语专家"——她能"听懂"婴儿说话,理解婴儿的感受,看懂婴儿的真正需要。她致力于从婴幼儿的角度考虑问题,在帮助不计其数的新父母和婴幼儿解决问题的过程中,发展了一套独特而有效的育儿和护理方法。

梅林达·布劳,美国《孩子》杂志"新家庭(New Family)专栏"的专栏作家,记者。

[美]特蕾西·霍格
梅林达·布劳 著
京华出版社出版
定价:39.00元

《孩子是如何学习的》

畅销美国 200 多万册的教子经典，以 14 种语言畅销全世界

孩子们有一种符合他们自己状况的学习方式，他们对这种方式运用得很自然、很好。这种有效的学习方式会体现在孩子的游戏和试验中，体现在孩子学说话、学阅读、学运动、学绘画、学数学以及其他知识中……对孩子来说，这是他们最有效的学习方式……

约翰·霍特（1923~1985），是教育领域的作家和重要人物，著有 10 本著作，包括《孩子是如何失败的》、《孩子是如何学习的》、《永远不太晚》、《学而不倦》。他的作品被翻译成 14 种语言。《孩子是如何学习的》以及它的姊妹篇《孩子是如何失败的》销售超过两百万册，影响了整整一代老师和家长。

[美] 约翰·霍特 著
张雪兰 译
京华出版社出版
定价：25.00 元

《让你的孩子更聪明》

5 岁前，将孩子的智商再提高 30 分

做正确的游戏和活动
吃正确的食物
避免环境毒素和不当用药
让孩子感受到关爱、安全、快乐和放松

人的大脑在出生时尚未完成发育，但很多父母错过了增进孩子智力和情感幸福的关键时期，不是因为他们疏于自己的责任，而是因为不了解。你只要让孩子在感受到关爱、安全、快乐和放松的同时，和孩子做正确的游戏和活动、吃正确的食物、避免环境毒素和不当用药，就很容易将孩子的智商在 5 岁前再提高 30 分，开启孩子的聪明基因，帮助孩子成为一个聪明、能干、成功的成年人。

[美] 大卫·普莫特 博士 著
林欣颐 译
京华出版社出版
定价：28.00 元

《如何培养情感健康的孩子》

孩子必须被满足的 5 大情感需求

畅销美国 250000 多册的家教经典

　　孩子的情感健康，取决于情感需求是否得到满足。每个孩子都有贯穿一生的 5 大情感需求，满足了这些需求，会为把孩子培养成为自信、理智、有同情心和有公德心的人提供一个良好的基础，让他们更有可能在学业、职场、婚姻和生活中取得成功。

　　杰拉尔德·纽马克博士既是一位父亲，又是一位教育家、研究员，从事与学校和孩子相关的咨询已经超过 30 年，他在教育领域所取得的卓越成就曾得到美国总统嘉奖。

[美] 杰拉尔德·纽马克　著
叶红婷　译
北京联合出版公司
定价：20.00 元

《孩子，妈妈知道你的心理》

0～6 岁孩子的魔幻心理世界

畅销 50 年的经典　心理健康的孩子才有大未来

　　本书第一版问世于 1959 年，一经出版，就立即成为了一部畅销至今的经典巨作，并影响了一代又一代的母亲们。弗赖伯格教授长期致力于家长教育和临床儿童早期心理发展方面的研究，本书从这个角度考虑问题，她深入到 0～6 岁孩子的魔幻心理世界，探微索幽，指出了这个阶段孩子们生活中的兴奋和毛骨悚然，以及孩子们会出现的莫名其妙的恐惧或令人费解的行为，为数千万名家长了解孩子的心理，正确理解、处理孩子在每个发展阶段所面临的问题，培养心理健康的孩子提供了支持和指导。

　　塞尔玛 H·弗拉贝格，儿童心理学教授、旧金山总医院婴儿－父母项目主任，毕业于加州大学医学院。她的文章广泛发表在专业和大众杂志上。

[美] 塞尔玛·H·弗拉贝格　著
张庆　巩卓　译
京华出版社出版
定价：25.00 元

《为了孩子一生的幸福和成功》

教给孩子正确的价值观

全美畅销书第 1 名

本书绝对是一个智慧宝库,是当今的父母们极其需要的。而且,作者的方法真的管用。

——《高效能人士的7个习惯》作者

史蒂芬·柯维

价值观是人生的基石,是成功的前提。一个没有良好价值观的人,成功的概率一定是零。

本书详细介绍了将 12 种价值观教给从学龄前儿童到青春期孩子的方法。

[美]琳达·艾尔 理查德·艾尔 著
叶红婷 译
北京联合出版公司 出版
定价:25.00 元

《4年级决定孩子的一生》

(修订版)

我国著名诗人艾青说过:人的一生很漫长,但最关键的却只有那么几步……小学 4 年级就是孩子成长中最关键几步中的一步。

孩子的生长和发育存在若干关键时期,4 年级就是一个重要的时期。4 年级是培养学习能力和情感能力的重要时期,是养成良好的学习习惯和改变不良习惯的最后关键时机。4 年级是培养孩子学习恒心的关键时期。4 年级是小学低年级向高年级的过渡期,孩子开始从被动的学习主体向主动的学习主体转变,学校教育的内容和方式发生的一些明显变化、孩子自身心理和能力的发展都会表现为比较明显的学习分化现象,有些孩子甚至开始出现学习偏科的端倪。

孩子的成长要求父母对孩子教育的内容和方式也要随之改变,正确的教育将会起到事半功倍的作用,为孩子一生的成功打下坚实的基础。

本书自 2005 年 5 月出版以来,受到了广大学生家长和教师的热烈欢迎,深圳市将其列为"第六届深圳读书月推荐书目"。

张伟 徐宏江 著
京华出版社出版
定价:24.00 元

《孩子爱发脾气，父母怎么办》

孩子发脾气的 11 种潜在原因及解决办法

美国"妈妈的选择"图书金奖

没有哪个孩子会无缘无故地发脾气，也没有哪个孩子在每一件事情上都发脾气。孩子的每一次脾气爆发，都是有原因的，是孩子在试图告诉父母或其他成年人一些什么……有时候，孩子无法用口头方式表达自己的烦恼或不快，而情绪和行为才是他们的语言，为了倾听他们，你必须学会破解这种语言……孩子在小时候改掉发脾气的毛病，在青春期和成年后才能快乐、平和，并有所成就。

道格拉斯·莱利博士，临床心理治疗师，擅长于治疗 3~19 的孩子。他还投入大量精力对父母们进行培训，教给他们改正自己孩子行为的方法和技巧。

[美]道格拉斯·莱利博士 著
王旭 译
北京联合出版公司
定价：28.00 元

《快乐妈妈的 10 个习惯》

找回我们的激情、目标和理智

尽管家教书籍众多，但真正关注妈妈们的幸福的著作却很少。

本书从理解自己作为一个妈妈的价值、维持重要的友谊、重视并实践信任和信仰、对竞争说"不"、培养健康的金钱理念、抽时间独处、以健康的方式给予和得到爱、追寻简单的生活方式、放下恐惧、下定决心怀抱希望等十个方面介绍了怎样才能做一个快乐的妈妈。

本书作者梅格·米克是医学博士、儿科医生、畅销书作者，著名家庭教育和儿童及青少年健康专家。具有 20 多年从事儿童临床治疗和青少年咨询经验，美国儿童医学会成员、美国医学所全国顾问委员会成员。她还是一位青少年问题方面的著名演讲家，经常在电视和电台节目中做访谈节目。

[美]梅格·米克博士 著
胡燕娟 译
北京联合出版公司
定价：28.00 元

《8年级决定孩子的未来》

张伟 著
京华出版社出版
定价：18.00元

八年级的学生无论是从生理和心理发育，还是从道德情操、知识能力的形成来看，都处于一个"特别"的时期。

这一时期，孩子们处于由儿童期向青年期过渡的身心急速发展阶段，身心发展的不平衡导致情感和意志的相对脆弱。八年级的孩子很可能会形成诸如打架、恶作剧、逃课、偷窃等不良品德和行为，心理学家把这一时期称为"急风暴雨"时期，有专家则称八年级为"事故多发阶段"。对于八年级的孩子身心所发生的各种变化和带来的各种社会影响，有些教育工作者或者专家形象地称之为"八年级现象"。

八年级的孩子在学习上处于突变期，要求孩子的学习方法也要随之变化，否则就会出现学习上的落伍；在发育上处于青春期，缺乏生活的体验，其道德认识等有待培养；在心理上处于关键期，在关键期引导不当容易造成教育失误。

所有这些都要求家长对孩子的教育及时作出有针对性的调整，帮助孩子度过这一危险而美好的时期，帮助孩子形成良好的道德品质，并取得学业的成功。

《给孩子的10个最伟大礼物》

[美]斯蒂文·W·范诺伊 著
邓茜 王晓红 译
京华出版社出版
定价：24.00元

用5个养育工具培养孩子的10大成功品质

5大养育工具：向前看、传达爱的信息、用"提问"代替告诉、真诚的倾听、树立榜样。

10个最伟大礼物：充分感受、自尊、同情、平衡、幽默、沟通、富足感、诚实、责任心、明智的选择。

斯蒂文·W·范诺伊是一位美国著名的作家，演说家和培训师。"10个最伟大礼物"项目及"Pathways to Leadership?"的创始人和CEO。他倡导的"10个最伟大礼物"的养育理念深受父母们的欢迎，解决了父母们在养育孩子中的很多具体问题。在本书出版并取得巨大的成功之后，他开始在全美及世界各地推广"10个最伟大礼物"的养育和教育理念，为无数父母提供了最有效地养育和引导孩子的方法和技巧。

《莫扎特效应》

用音乐唤醒孩子的头脑、健康和创造力

从胎儿到10岁，用音乐的力量帮助孩子成长！
享誉全球的权威指导，被翻译成13种语言！

在本书中，作者全面介绍了音乐对于从胎儿至10岁左右儿童的大脑、身体、情感、社会交往等各方面能力的影响。

本书详细介绍了如何用古典音乐，特别是莫扎特的音乐，以及儿歌的节奏和韵律来促进孩子从出生前到童年中期乃至更大年龄阶段的发展，提高他们的各种学习能力、情感能力和社会交往能力。对于孩子在每个年龄段（出生前到出生，从出生到6个月，从6个月到18个月，从18个月到3岁，从4岁到6岁，从6岁到8岁，从8岁到10岁）的发展适合哪些音乐以及这些音乐的作用都进行了详细的说明。

唐·坎贝尔，古典音乐家、教育家、作家、教师，数十年来致力于研究音乐及其在教育和健康方面的作用，用音乐帮助全世界30多个国家的孩子提高了学习能力和创造性，并体验到了音乐给生活带来的快乐。他是该领域闻名全球、首屈一指的权威。

[美]唐·坎贝尔 著
高慧雯 王玲月 娟子 译
北京联合出版公司出版
定价：32.00元

《如何读懂孩子的行为》

理解并解决孩子各种行为问题的方法

孩子为什么不好好吃、不好好睡？为什么尿床、随地大便？为什么说脏话？为什么撒谎、偷东西、欺负人？为什么不学习？……这些行为，都是孩子在以一种特殊的方式与父母沟通。

当孩子遇到问题时，他们的表达方式十分有限，往往用行为作为与大人沟通的一种方式……如何读懂孩子这些看似异常行为背后真实的感受和需求，如何解决孩子的这些问题，以及何时应该寻求专业帮助，就是本书的主要内容。

安吉拉·克利福德－波斯顿（Andrea Clifford-Poston），教育心理治疗师、儿童和家庭心理健康专家，在学校、医院和心理诊所与孩子和父母们打交道30多年；她曾在查林十字医院（Charing Cross Hospital，建立于1818年）的儿童发展中心担任过16年的主任教师，在罗汉普顿学院（Roehampton Institute）担任过多年音乐疗法的客座讲师，她还是《泰晤士报》"父母论坛"的长期客座专家，为众多儿童养育畅销杂志撰写专栏和文章，包括为"幼儿园世界（Nursery World）"撰写了4年专栏。

[英]安吉拉·克利福德－波斯顿 著
王俊兰 译
北京联合出版公司出版
定价：32.00元

以上图书各大书店、书城、网上书店有售。
团购请垂询：010-65868687
Email：tianluebook@263.net
更多畅销经典家教图书，请关注新浪微博"家教经典"（http://weibo.com/jiajiaojingdian）及淘宝网"天略图书"（http://shop33970567.taobao.com/shop/view_shop.htm?tracelog=twddp）